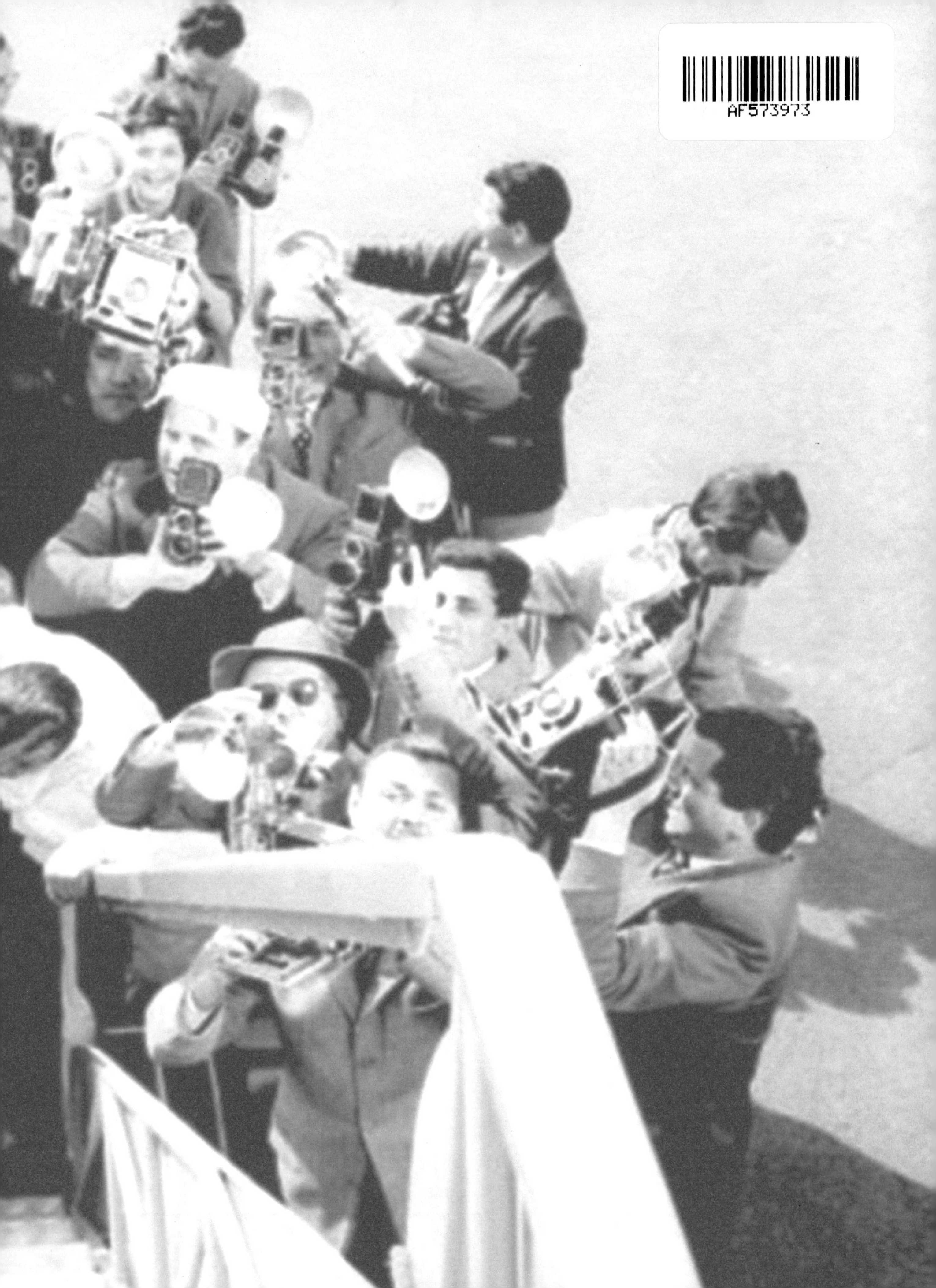

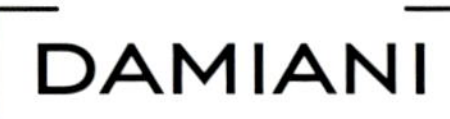

AIRPORTS & STARS

CURATED BY - *A CURA DI*
Andrea Albertini
Silvia Pesci
Giuseppe Villirillo

COORDINATION
Marcella Manni

LAY OUT
Lorenzo Tugnoli
Giuseppe Villirillo

PRODUCTION - *PRODUZIONE*
DAMIANI EDITORE
Via Zanardi, 376
Tel. +39.051.6350805
Fax +39.051.6347188
40131 Bologna - Italy
www.damianieditore.it
info@damianieditore.it

ISBN 88-89431-16-4
Printed in Italy
Grafiche Damiani s.r.l.
www.grafichedamiani.it

Printed on
Magno Satin 170gr.
distribuited by

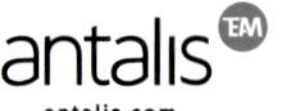

AIRPORTS & STARS

PREFACE - *PREFAZIONE*

The times of air travel, during the *'Dolce Vita'* years, were fantastic times. Travelling for 'pleasure' was an experience reserved for the elite. At the end of the Second World War, the most common images of travelling seen by Italians were those of the emigrant – and certainly not the cheerful chic pictures starring Hollywood divas and royalty, including our exported celebrities.
Thanks to the attraction of Cinecittà, the city of Rome – and naturally its Fiumicino airport – became a set witnessing rituals of smiles, gloved hands waving a greeting, bunches of flowers and haute couture. This brought new welcome ceremonies adapting to the new places and transport means, giving rise to a set of rules that are still with us today. The Aircraft steps, and likewise the runway or the panoramic terrace, became the improvised stage for stars such as Elizabeth Taylor, Peter Sellers, Claudia Cardinale, Audrey Hepburn, Roberto Rossellini and Tony Curtis.
The Paparazzi yet again captured these details in their photographs, offering them to 'common people', codifying a ritual – the arrival after a journey – and endowing it with a magical air. But not only cinema celebrities stopped off in Rome: there were also the Swedish royals, Grace Kelly and the Ranieri family of Monaco, John and Jacqueline Kennedy, and Pope Paul VI. All were invariably immortalised whilst descending the steps or walking up the carpet rolled out specially for the occasion.
And so the airport, depicted in this way and with the eager crowds, created a context of luxury and elegance. The new atmospheres were very distant from the everyday identity of railway stations, thus encouraging onlookers to daydream.
Still today the shots from those years may be recognised as images of the *'Dolce Vita'*: a unique blend of hopes, dreams and illusions – which would find fertile ground in post-war Italy during its reconstruction.

Il tempo del viaggio in aereo, negli anni della "Dolce Vita", è un tempo eccezionale. Un'esperienza destinata a pochi, quella del viaggio "di piacere". Alla fine della seconda guerra mondiale le immagini più comuni dei viaggiatori che si presentano agli occhi degli italiani sono quelle degli emigranti, non certo quelle festose e piene di charme dei divi holliwoodiani, dei re e delle regine, così come delle nostre celebrità da esportazione.
Grazie anche al richiamo di Cinecittà, la città di Roma, e così Fiumicino, diventa un set in cui si compiono rituali di sorrisi, mani calzate da guanti che si levano in saluto, mazzi di fiori e alte uniformi, in un cerimoniale di accoglienza che si adegua alla novità del luogo e del mezzo di trasporto, inventando un codice che si è tramandato fino all'attualità. La scaletta dell'aereo, così come la pista di atterraggio o la terrazza panoramica si improvvisano palcoscenici per personaggi come Elizabeth Taylor, Peter Sellers, Claudia Cardinale, Audrey Hepburn, Roberto Rossellini e Tony Curtis.
La fotografia dei paparazzi ancora una volta ruba questi dettagli offrendoli alla "gente comune", codificando un rituale, quello dell'arrivo da un viaggio, caricandolo di un'aura magica. Non solo le stelle del cinema transitano per Roma, ma anche i reali di Svezia, così come Grace Kelly e Ranieri di Monaco, John e Jacqueline Kennedy, Papa Paolo VI, tutti variamente immortalati nella discesa di un gradino o nel solcare un tappeto steso per l'occasione.
L'aeroporto, così ritratto e popolato, evoca scenari di lusso ed eleganza; atmosfere lontane dal sapore quotidiano delle stazioni ferroviarie e quindi capace di far sognare.
Ancora oggi, gli scatti fotografici di quegli anni sono riconoscibili come le immagini della "Dolce Vita": una miscela irripetibile di speranze, sogni e illusioni che ha trovato terreno fertile nel clima di ricostruzione dell'Italia post-bellica.

WALTER VELTRONI

It was another era when the airplane steps were enough to catch the paparazzi's flash, with that star appeal descending from the sky and that, even before setting a foot on the earth (in that tiny space of just a few steps), constituted a striking performance on a very unlikely stage. It was another era when the paparazzi could come right up to the aircraft to capture the flamboyant or discreet waves given by those soaring stars who even seemed to bring something mythological with them as they emerged from the shadows of the plane door. It was another era when arrivals and departures marked the rhythm of star appeal - the focus of the first broadcast by fledgling Italian television: hosted by a youthful Mike Buongiorno and then by a just-as-youthful Lello Bersani, the pair would become the unparalleled and inimitable chroniclers of that period. It was another era when reporters were happy with improvised or even over-prepared responses that were however always brief, sometimes cutting, but in any case amusing in their silliness. It was another era when clothes were designed for that coming and going and for that climbing and descending of steps, so that everything was accentuated for those few electrifying minutes. It was another era when smiles upon landing concealed a subconscious and underlying sense of averted danger. It was another era that no painter ever depicted, one that has left only photographs, as if in a game of fleeting instances nevertheless giving the impression of paintings. It was another era when the public was capable of focusing attention on looking at a photograph and could be surprised by it. It was another era lived and relived in the opening lines of a song by Paolo Conte:

Aeronautic is the sky...
empty and abyssal,
that journey from stars to ashes
passes without clocks...

Altri tempi quando bastava la scaletta di un aereo per accendere i flash dei paparazzi, per quel divismo che scendeva dal cielo e prima di toccare terra, proprio in quello spazio segnato da una manciata di scalini, rappresentava una commedia fulminante sul palcoscenico più improbabile. Altri tempi quando i paparazzi potevano arrivare fin sotto l'aereo e raccogliere le istantanee di quei saluti ostentati o discreti, di quei divi volatori che sembravano portare perfino qualcosa di mitologico con le loro figure che uscivano dal buio di una porticina. Altri tempi quando a scandire il ritmo del divismo erano gli arrivi e le partenze, a cui venne dedicata la prima trasmissione della neonata televisione italiana con un giovane Mike Buongiorno, a cui seguì un altrettanto giovane Lello Bersani, che divennero gli unici e irripetibili cronisti di quella epopea.

Altri tempi quando i cronisti si accontentavano di battute improvvisate o fin troppo preparate, ma sempre brevi, possibilmente acute, comunque brillanti anche nell'idiozia. Altri tempi quando si studiavano gli abiti per quel via vai, per quel salire e scendere di scale, che tutto esaltava in quegli elettrici, rapidi minuti. Altri tempi in cui i sorrisi d'atterraggio mascheravano quel sentimento incosciente e sottocutaneo di scampato pericolo. Altri tempi che nessun pittore ha mai dipinto, di cui rimangono solo fotografie, come in un gioco di attimi rubati, che però sembrano quadri. Altri tempi in cui il pubblico sapeva dedicare attenzione e stupore nel guardare una fotografia. Altri tempi che vivono e rivivono nell'inizio di una canzone di Paolo Conte:

Areonautico è il cielo...
vuoto, abissale sarà
senza orologi quel viaggio tra stelle
e cenere andrà...

VINCENZO MOLLICA

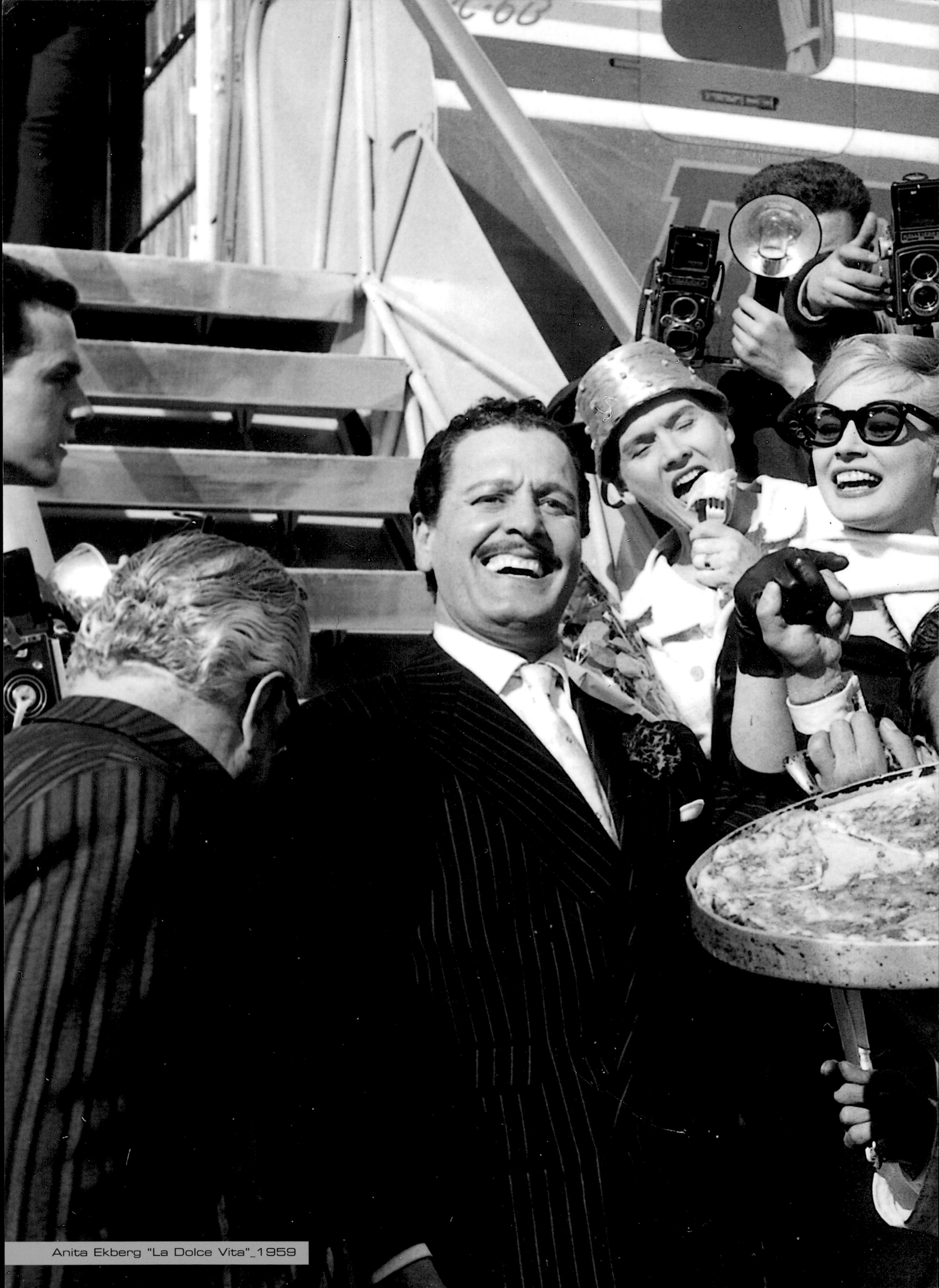

Anita Ekberg "La Dolce Vita"_1959

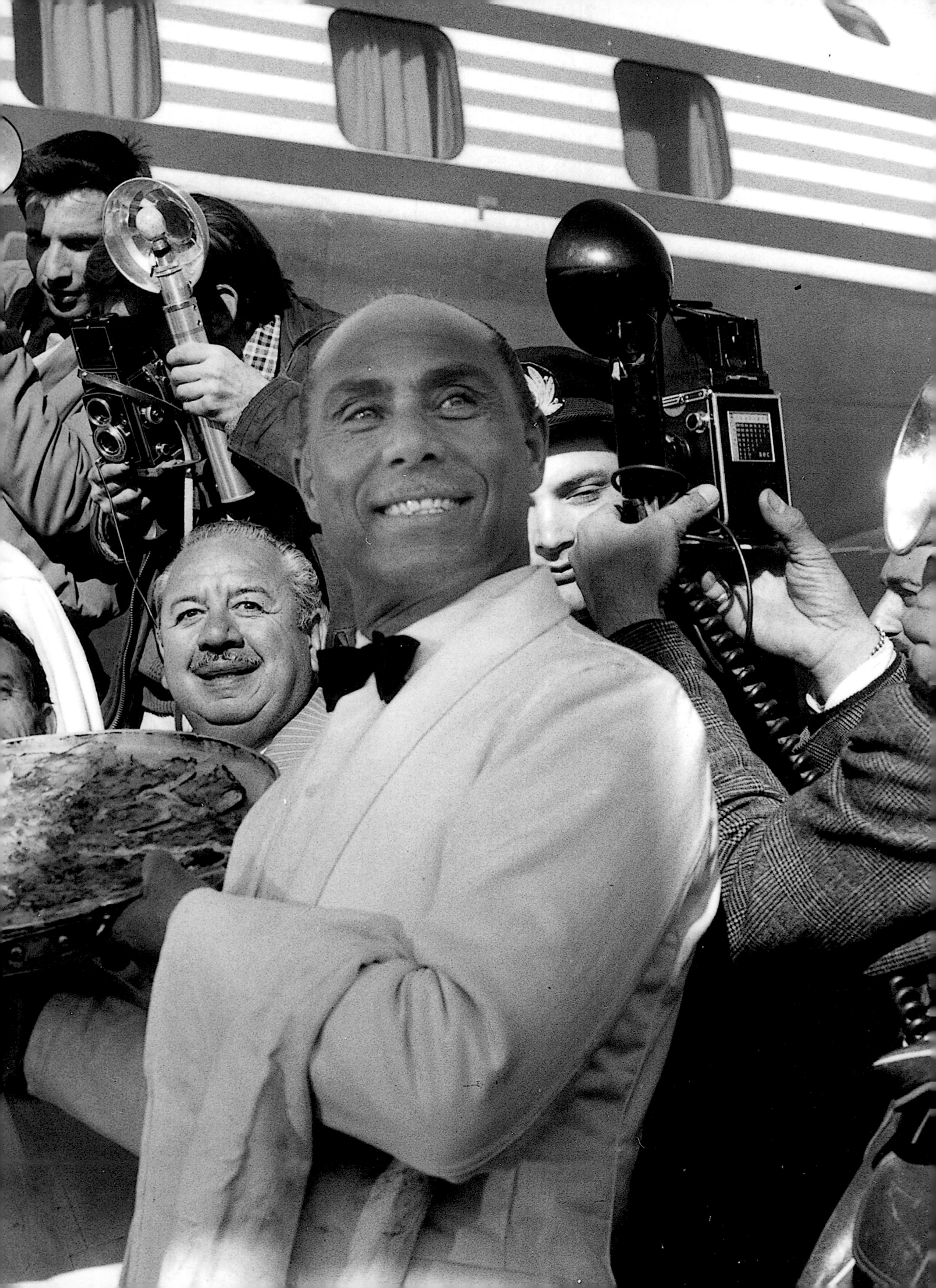

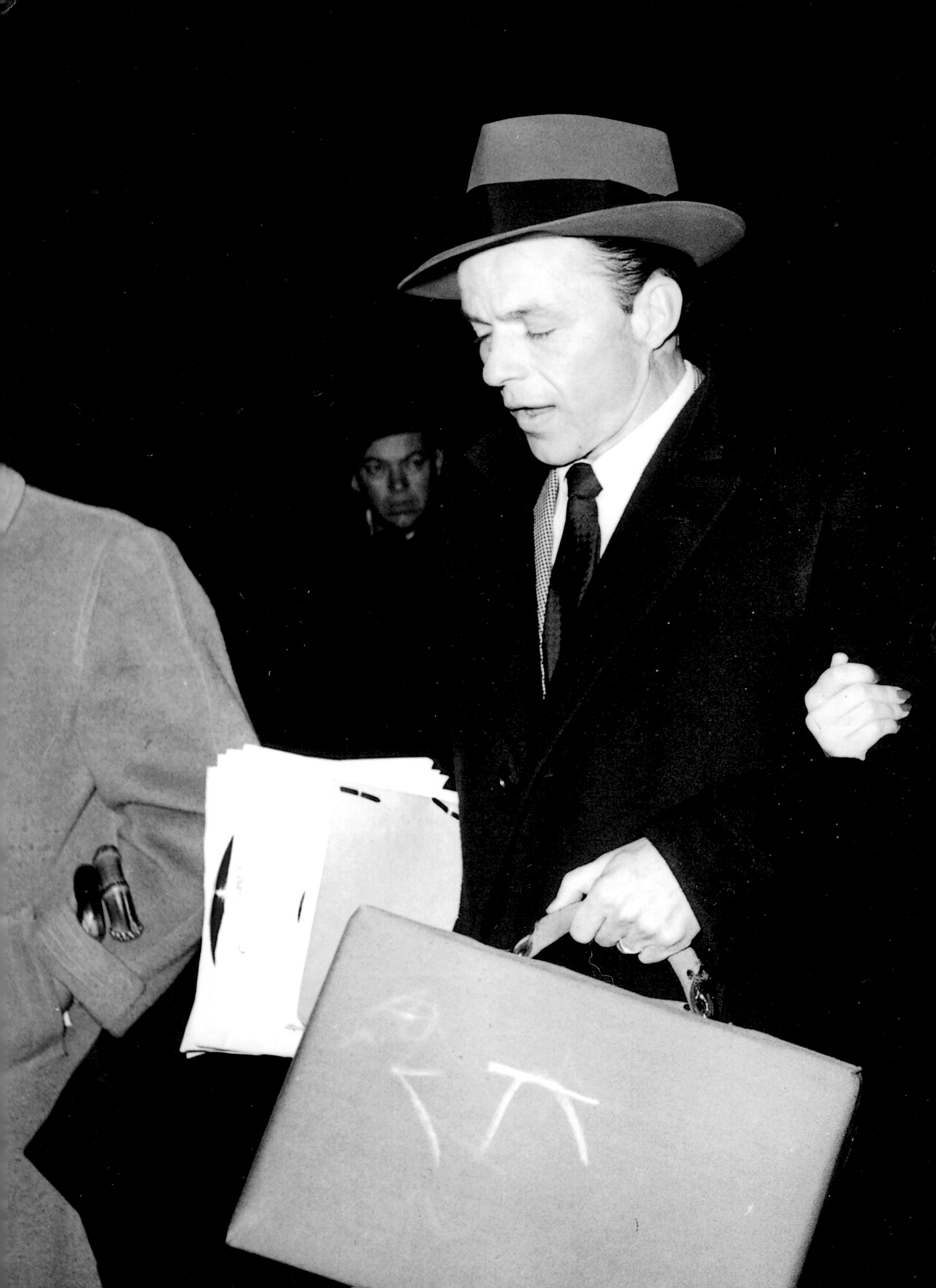

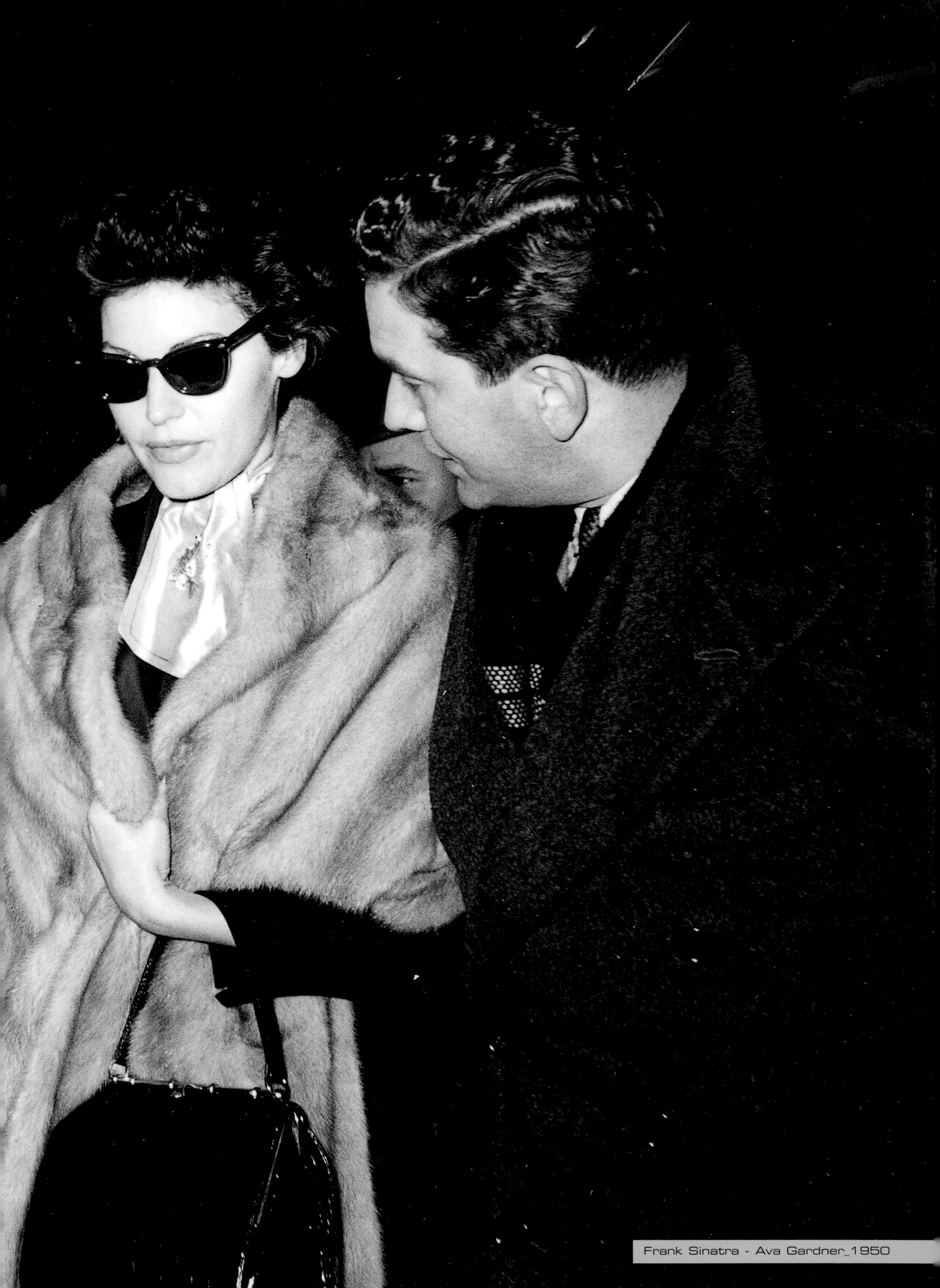

Frank Sinatra - Ava Gardner_1950

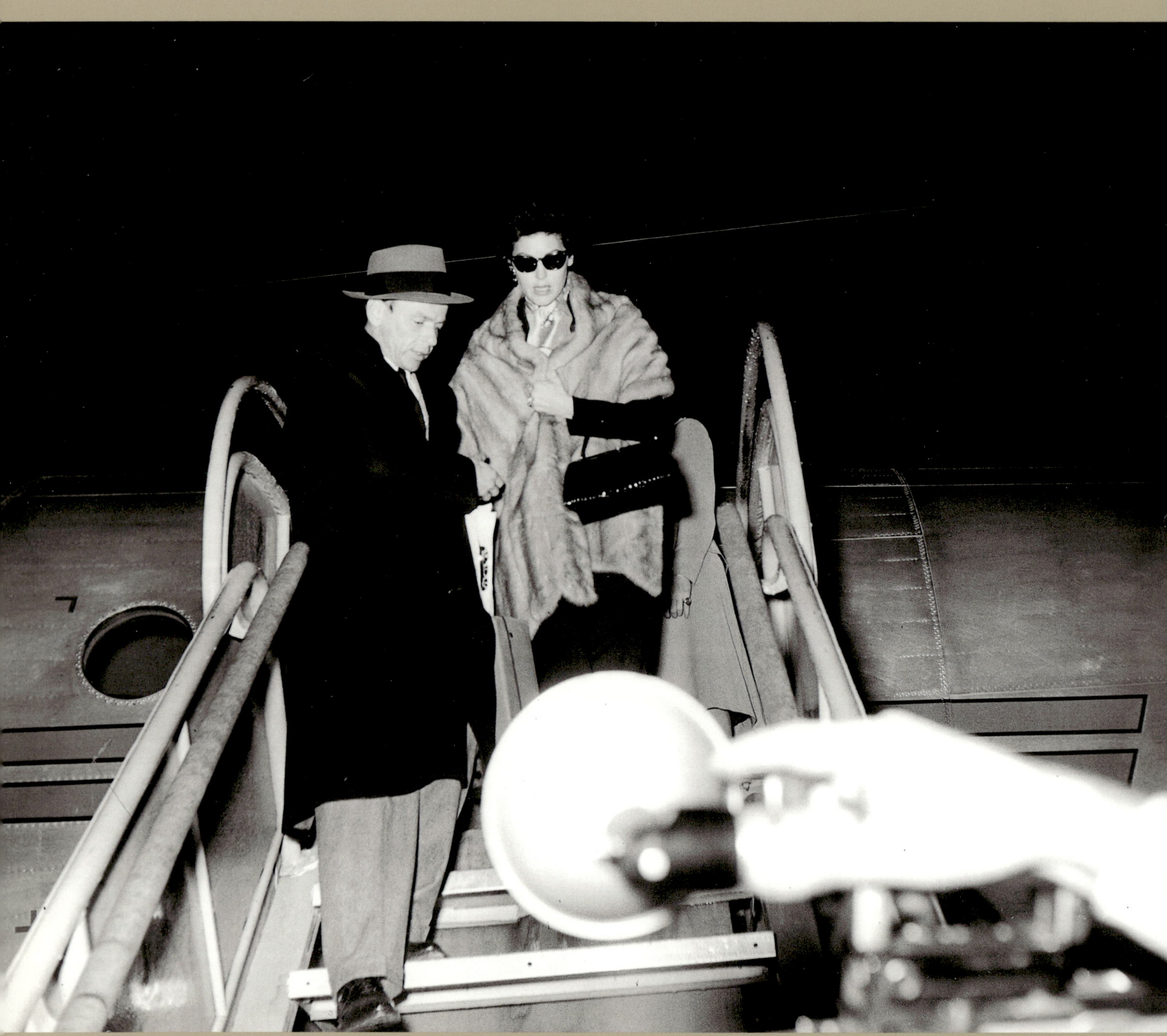

Frank Sinatra - Ava Gardner_1950

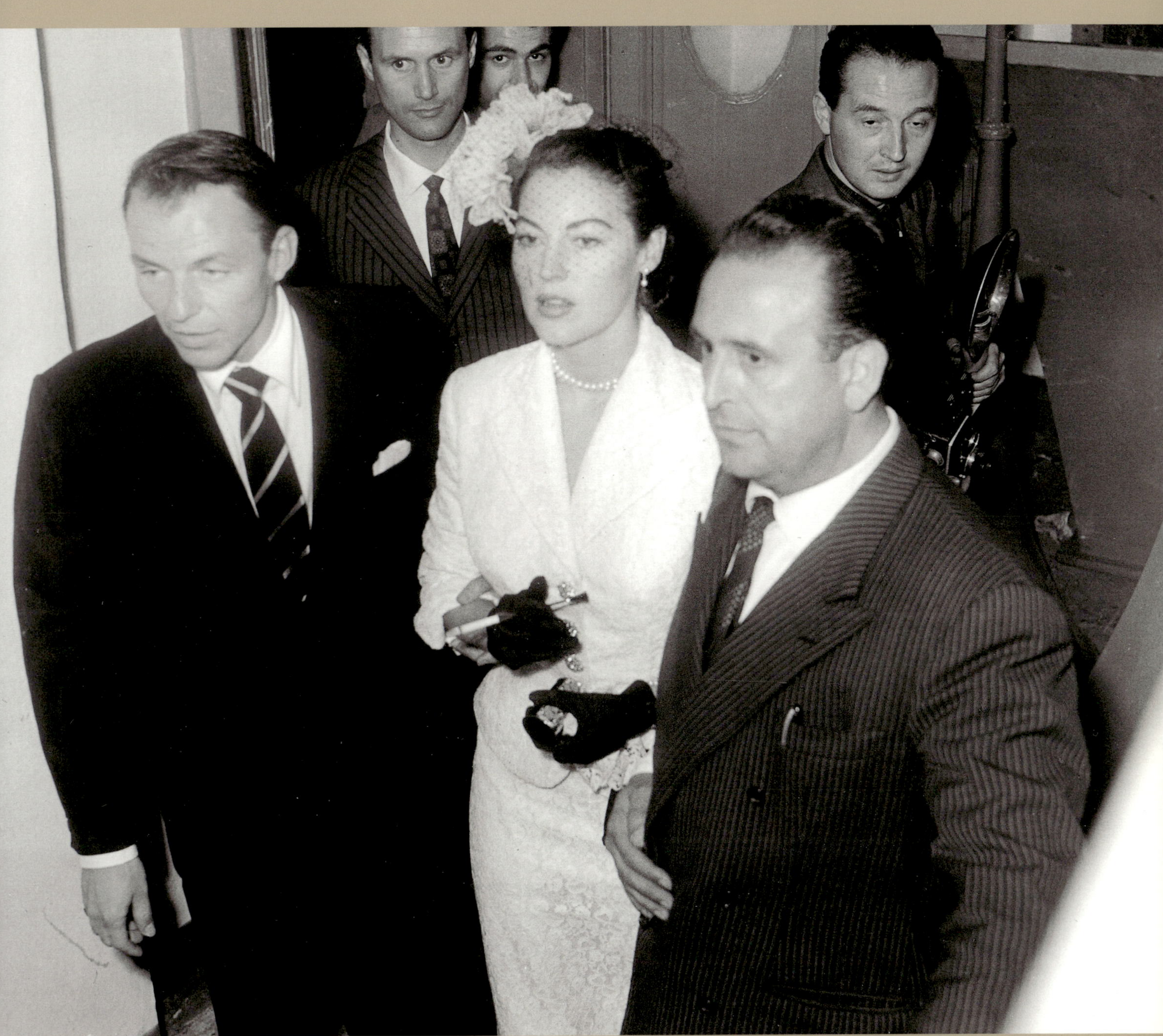

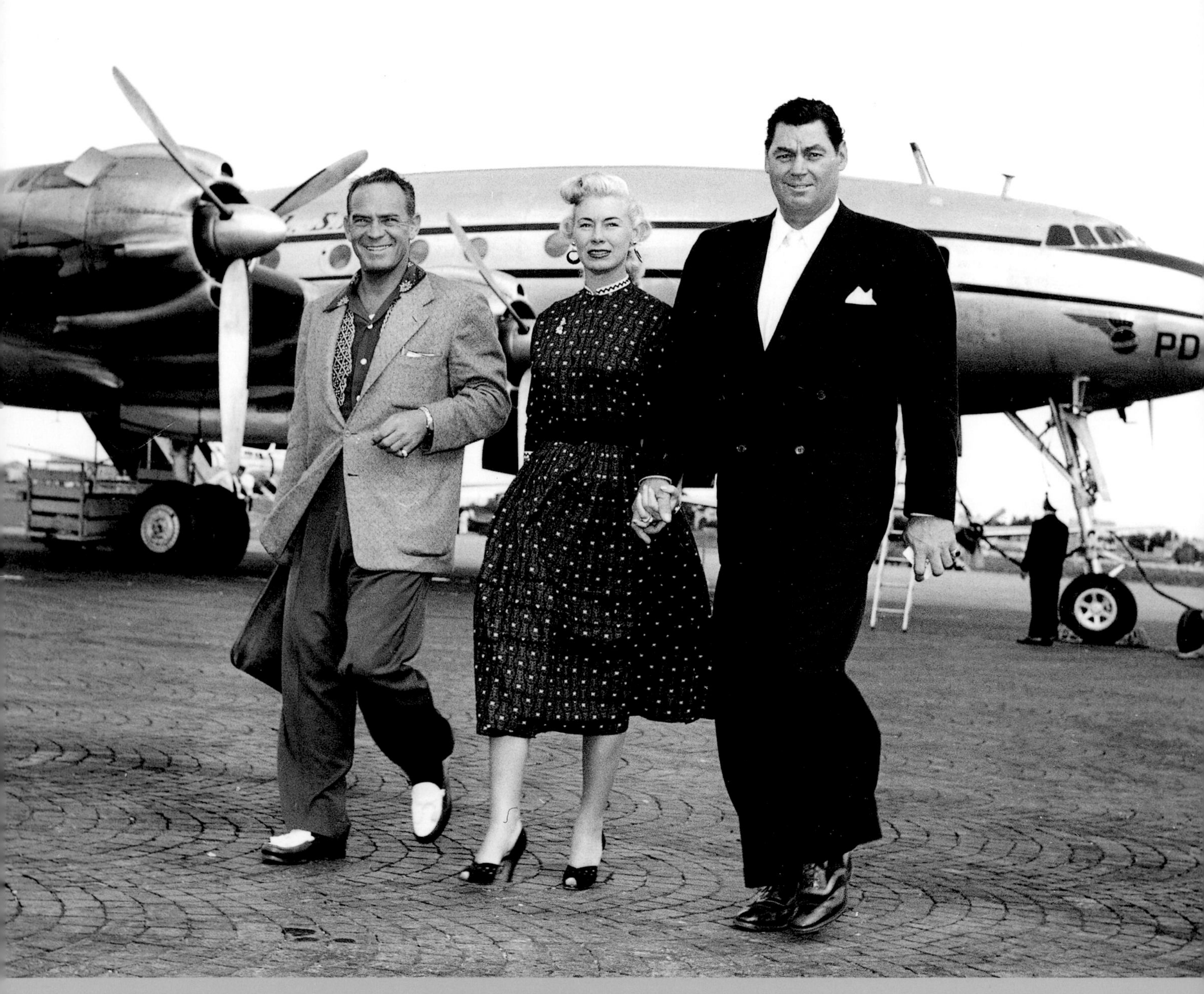

Johnny Weissmuller_1953

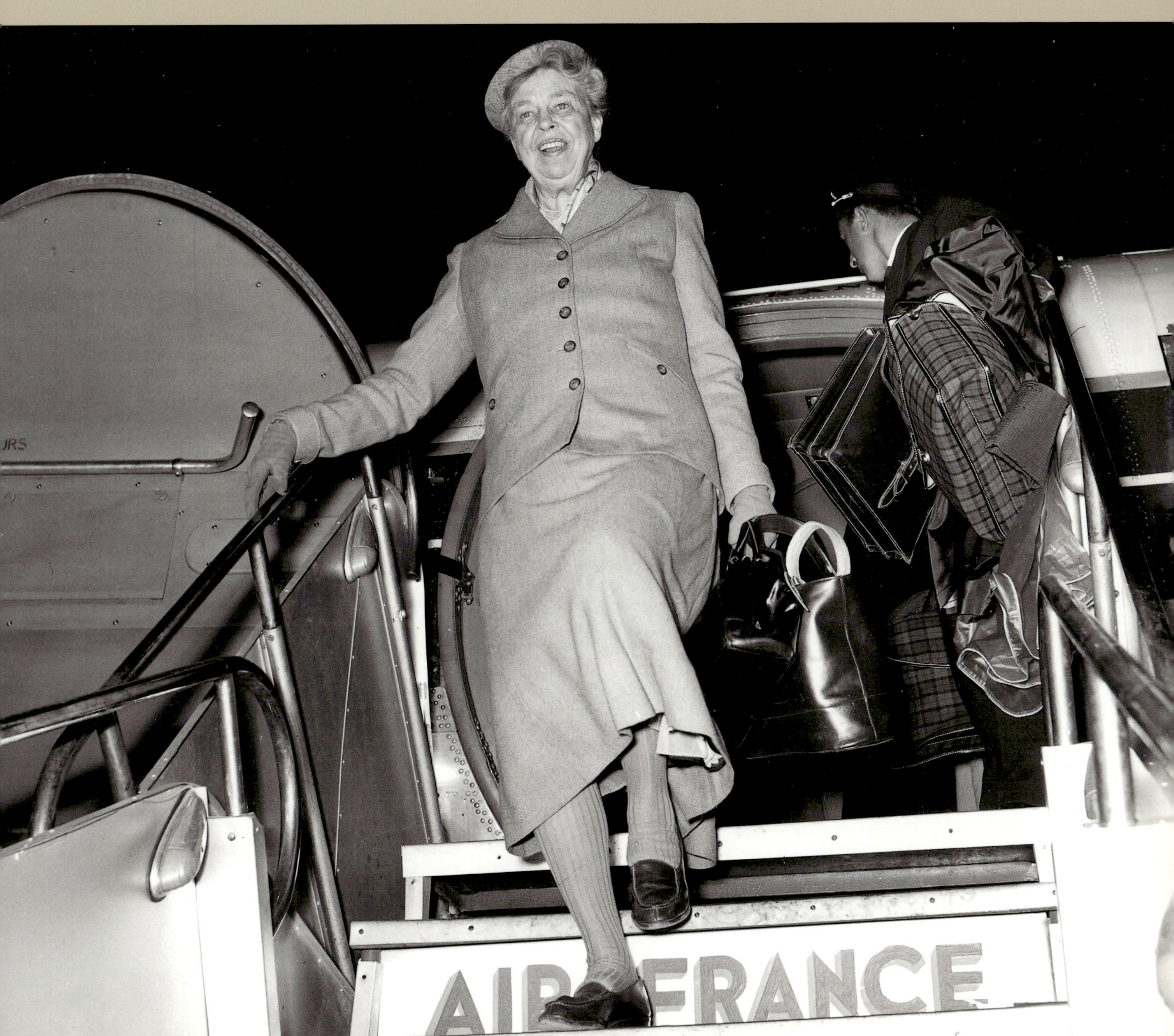

Eleonora Roosevelt _1953

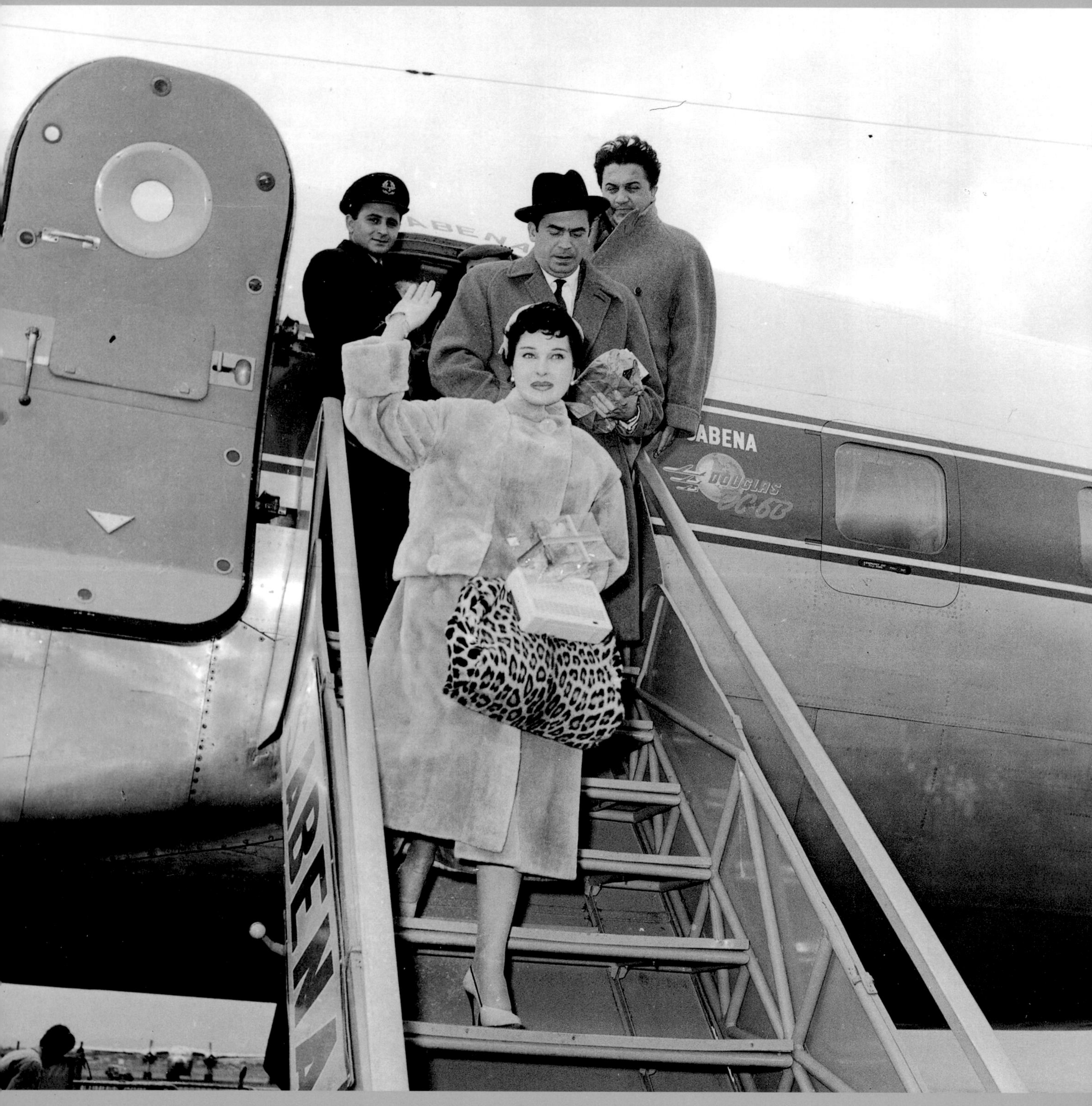

Federico Fellini - Giulietta Masina - Silvana Pampanini_1954

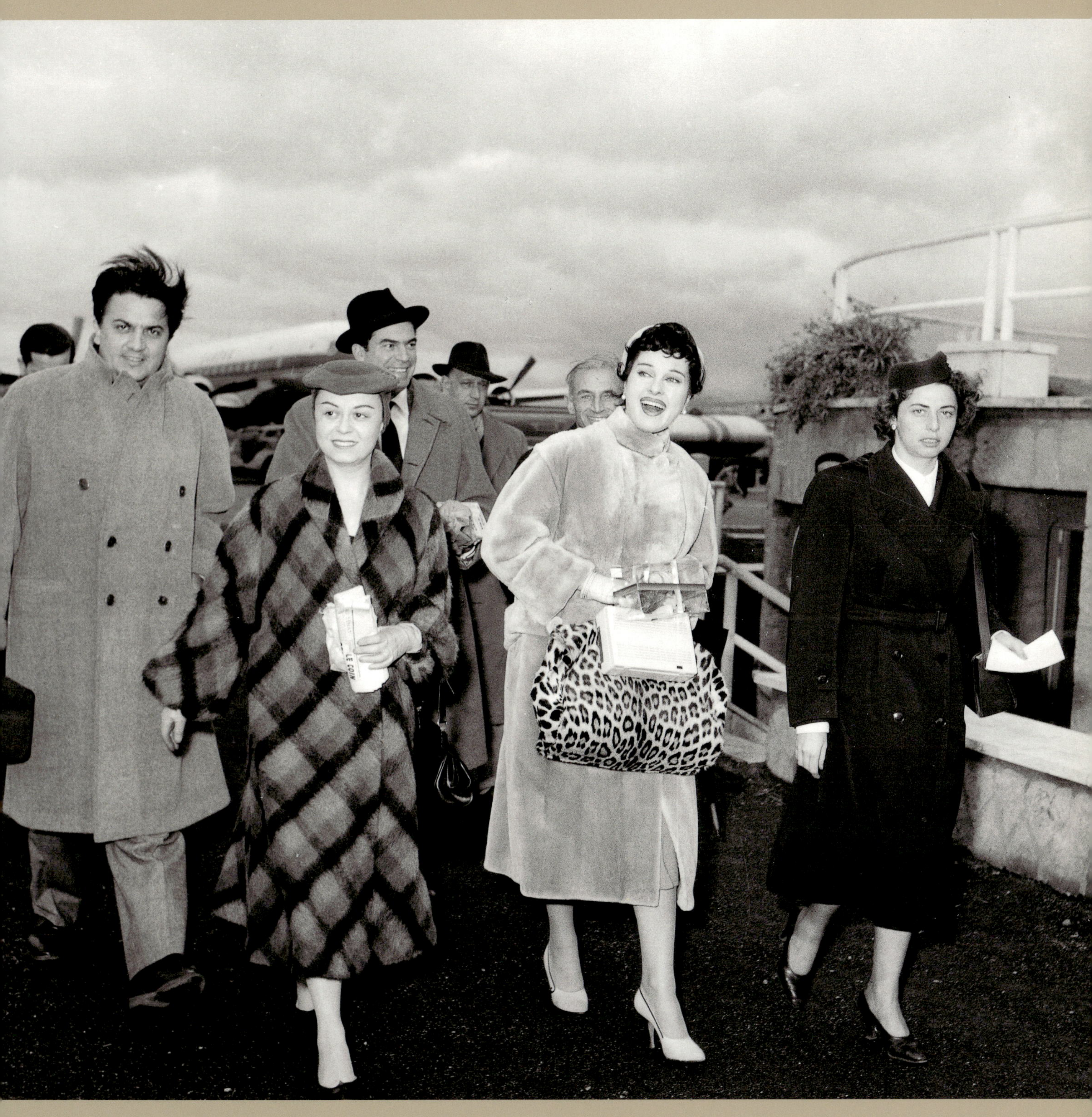

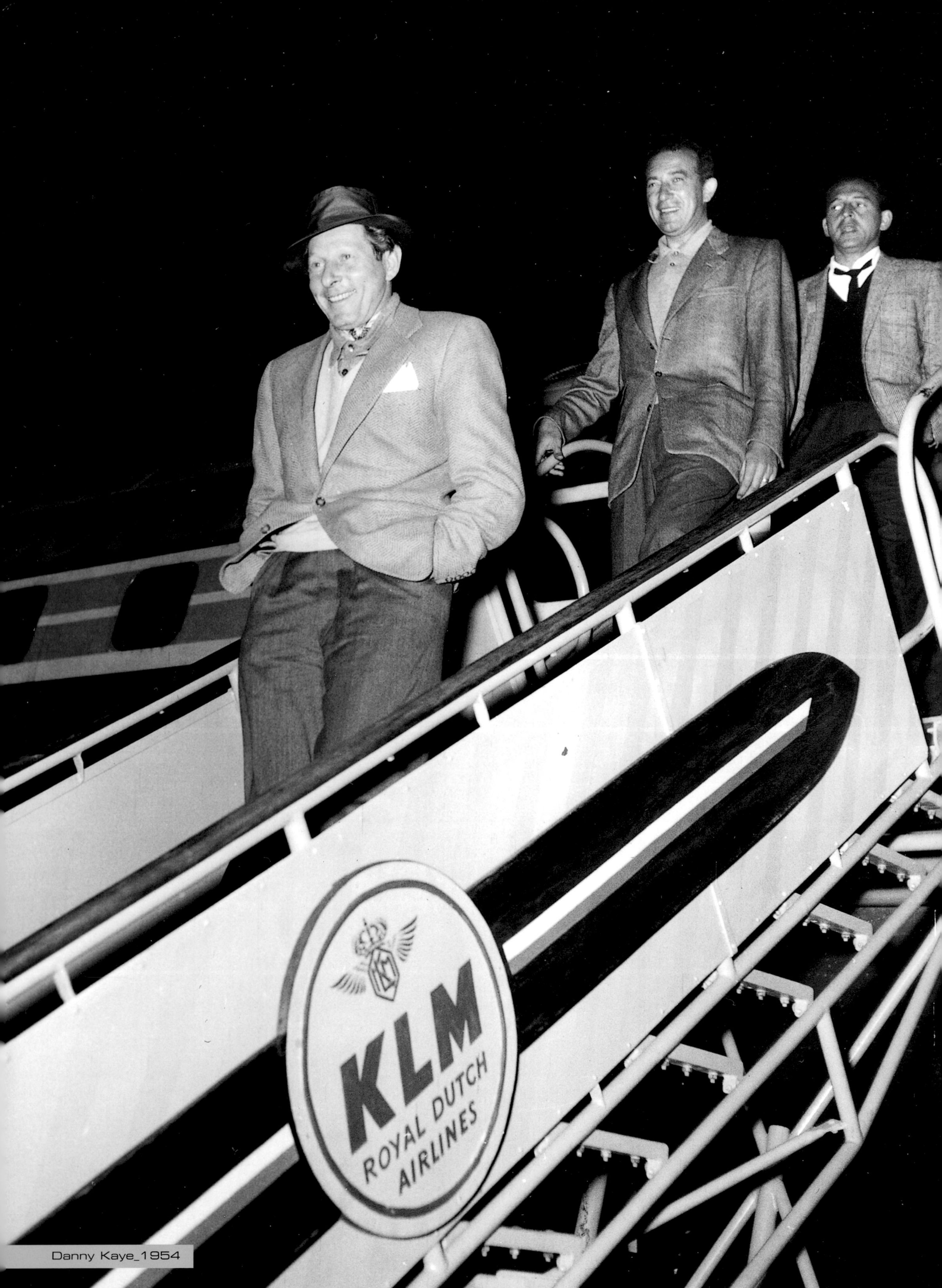

Danny Kaye_1954

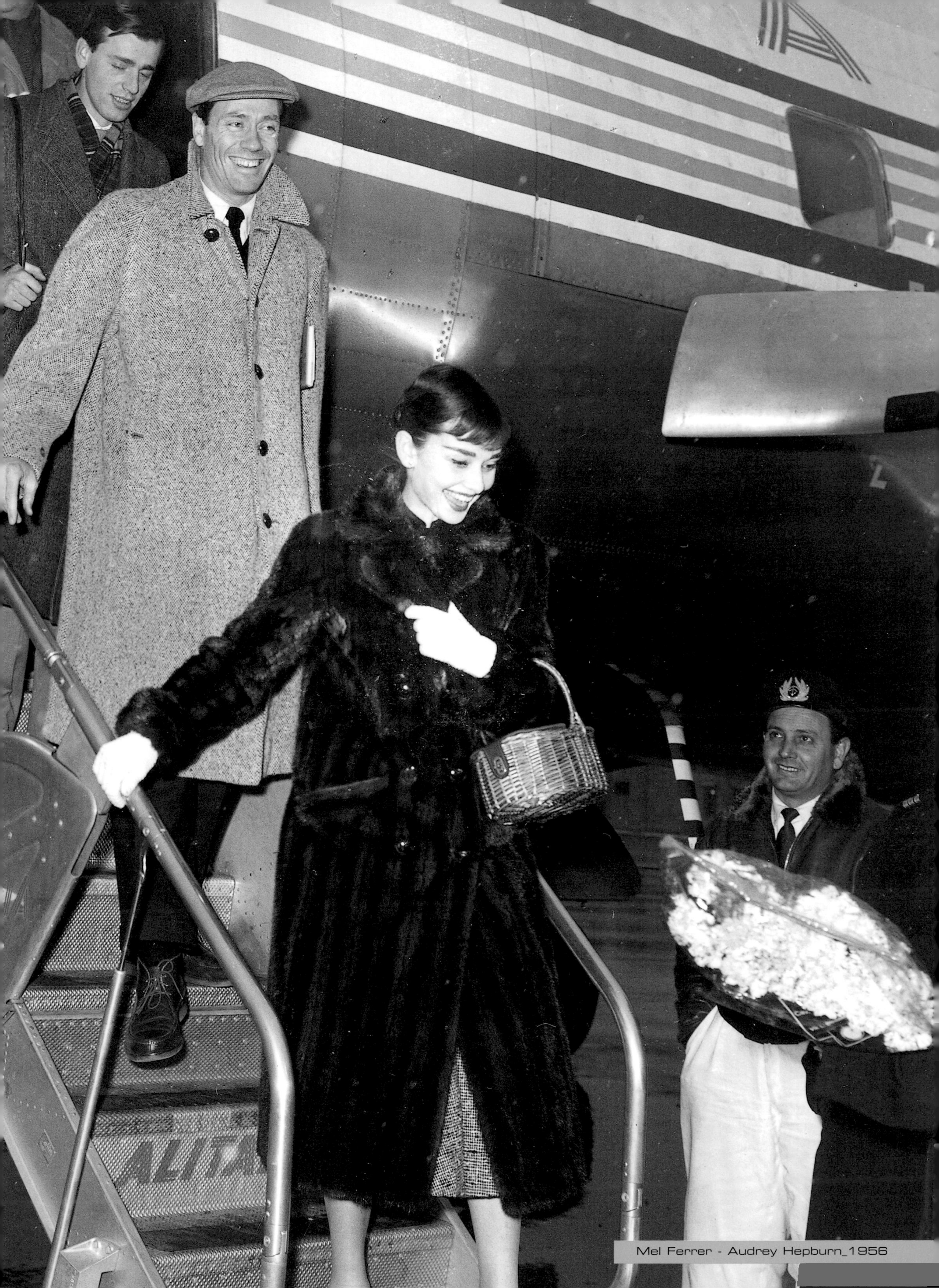

Mel Ferrer - Audrey Hepburn_1956

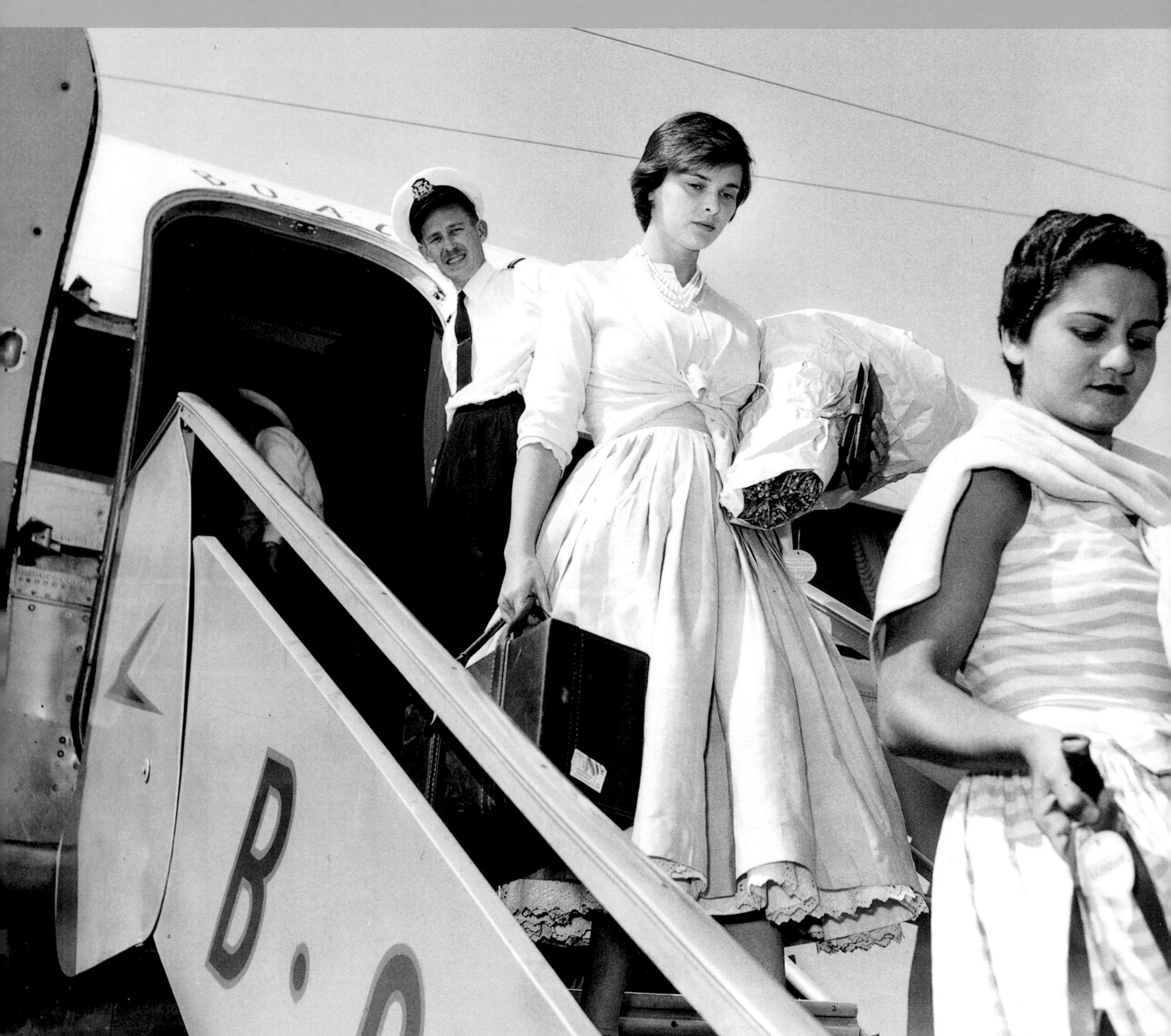

Lucia Bosè_1955

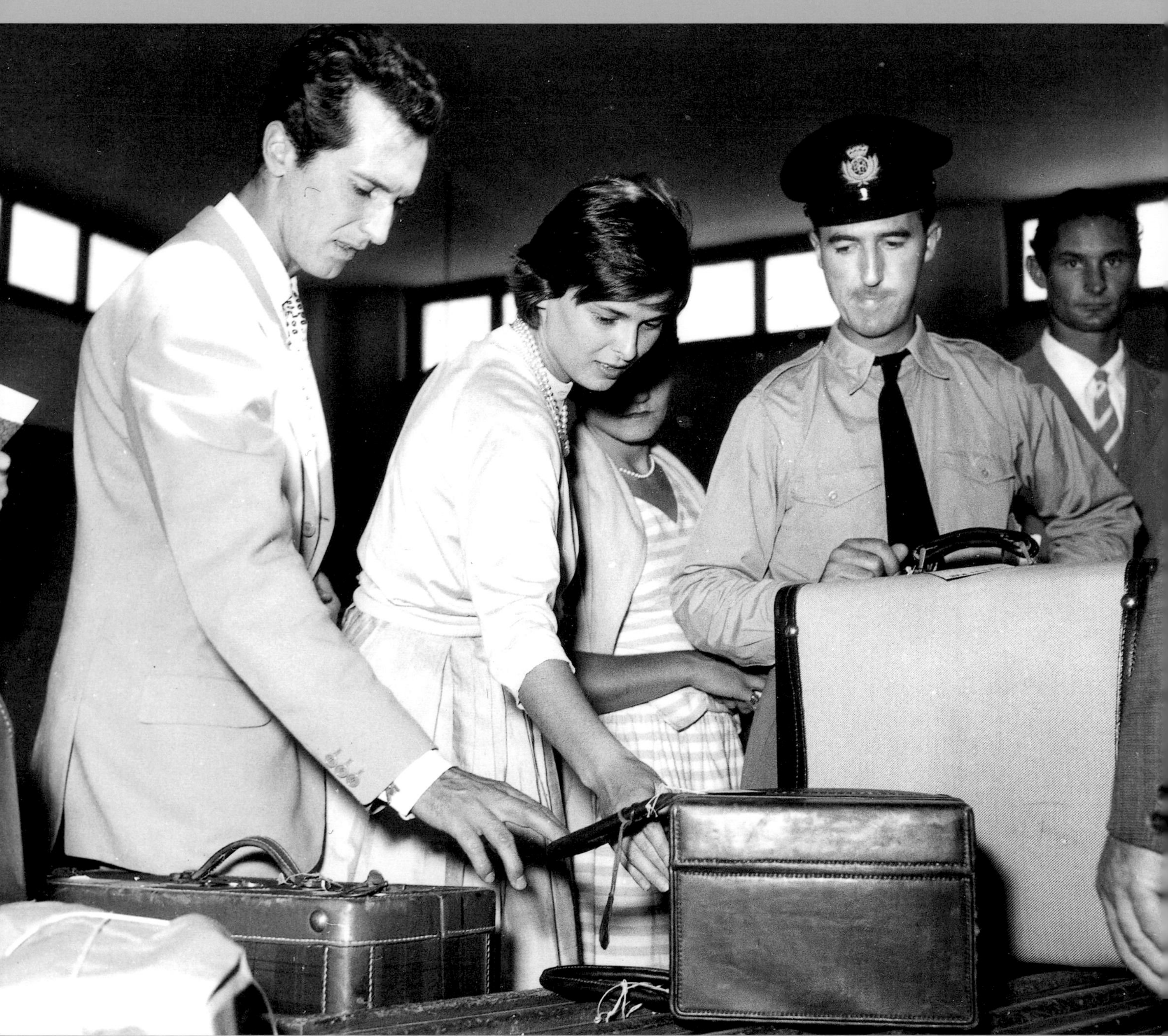

Josè Miguel Dominguin - Lucia Bosè_1955

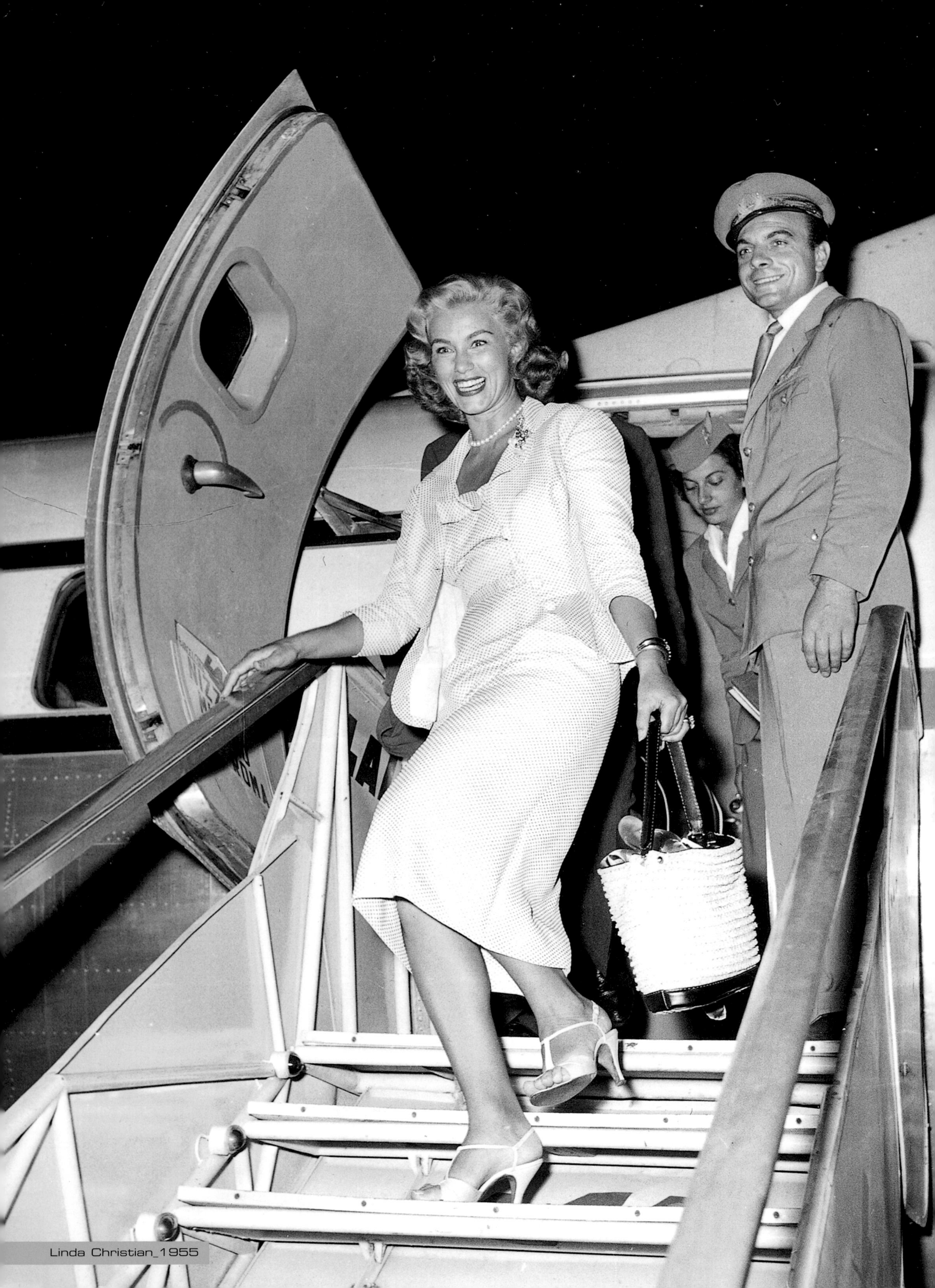

Linda Christian_1955

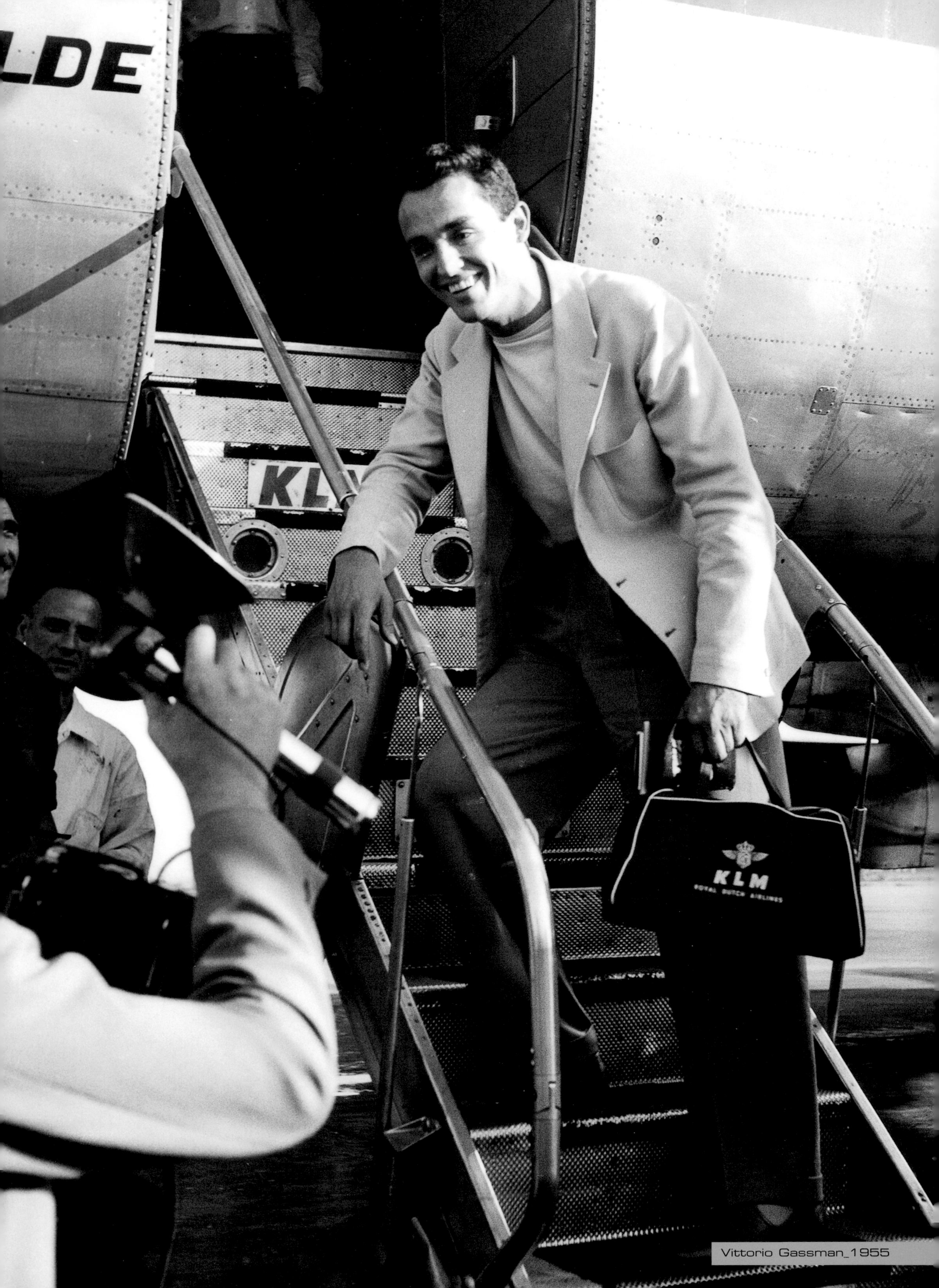

Vittorio Gassman_1955

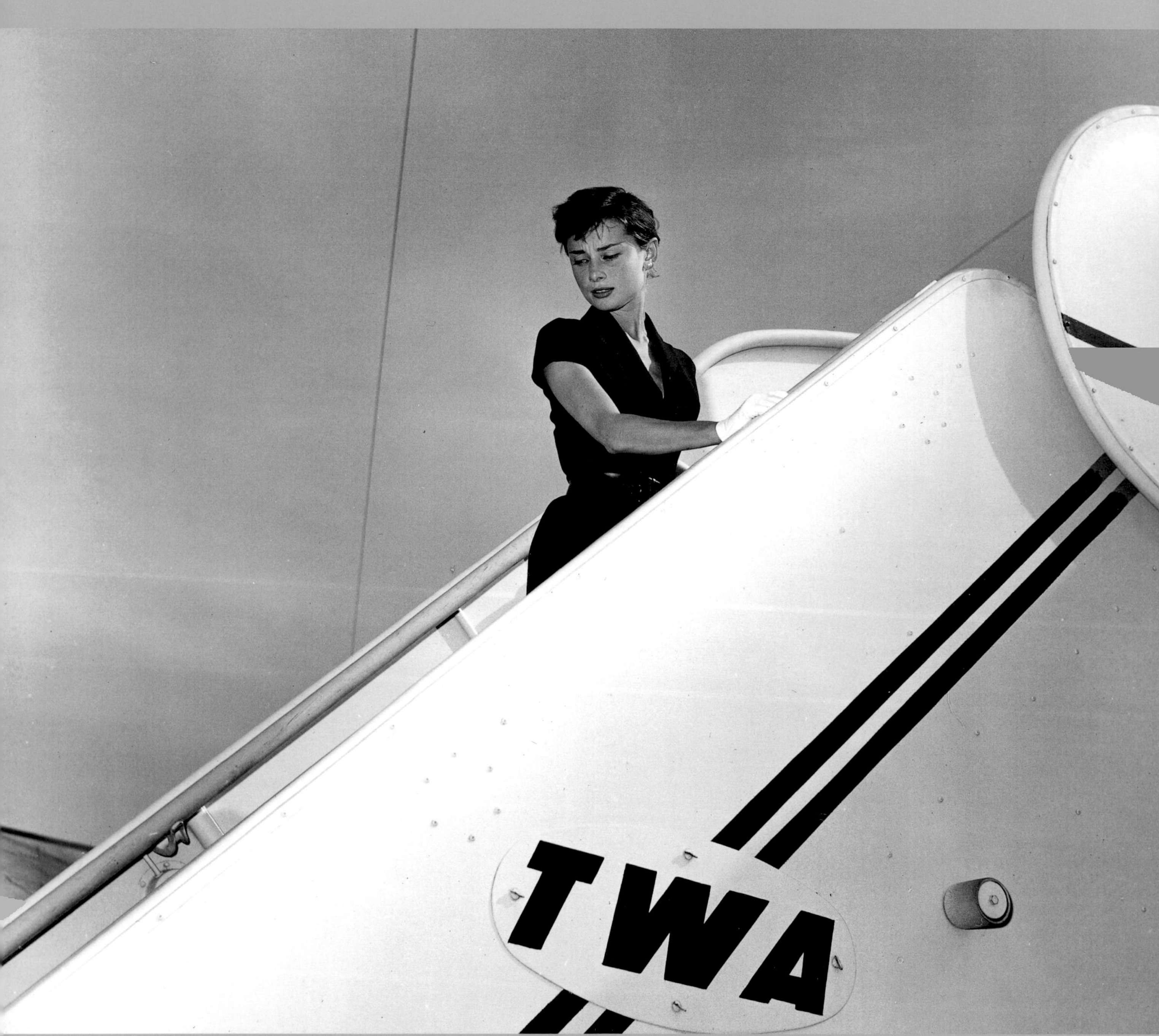

Audrey Hepburn_1955

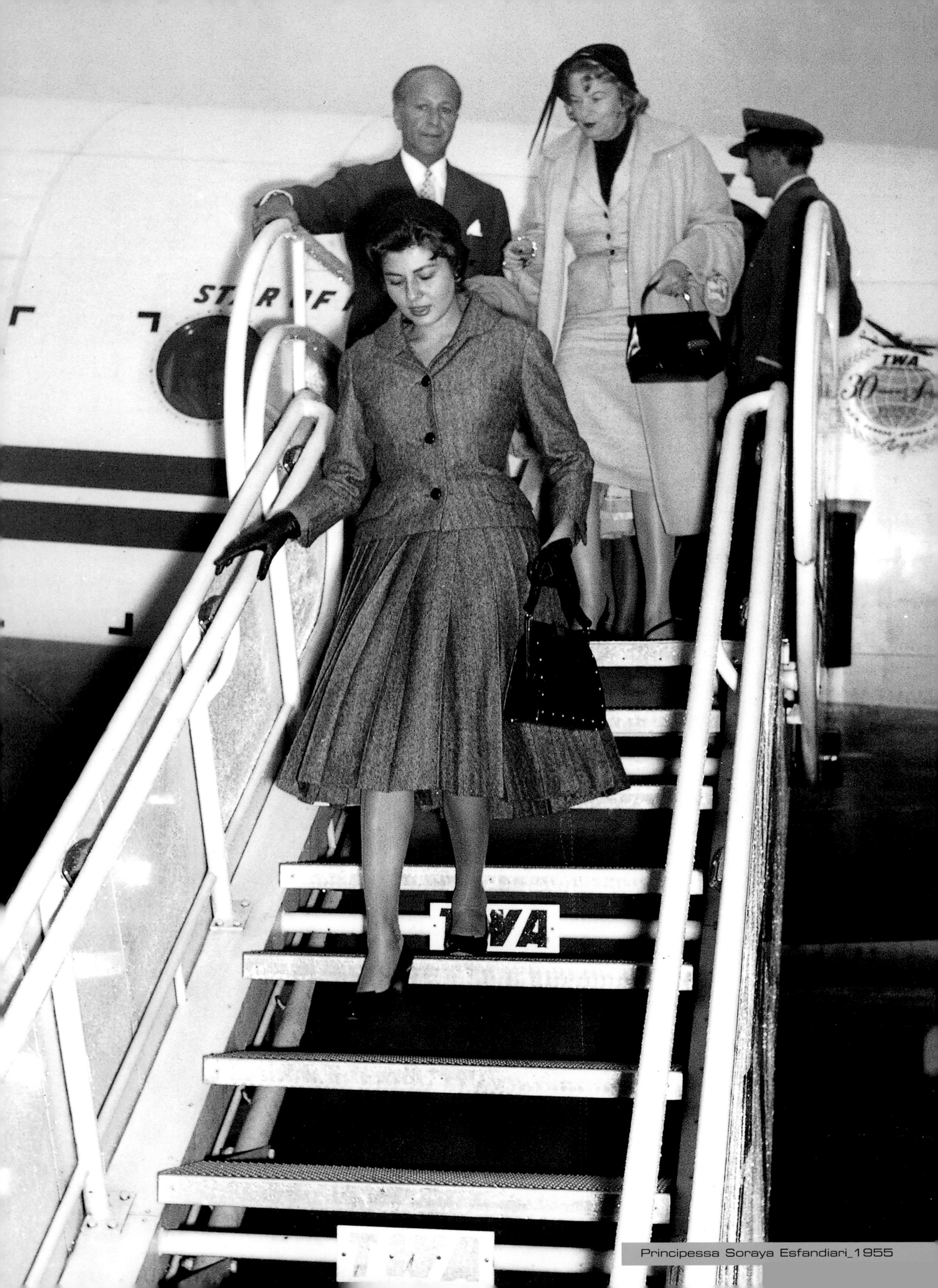

Principessa Soraya Esfandiari_1955

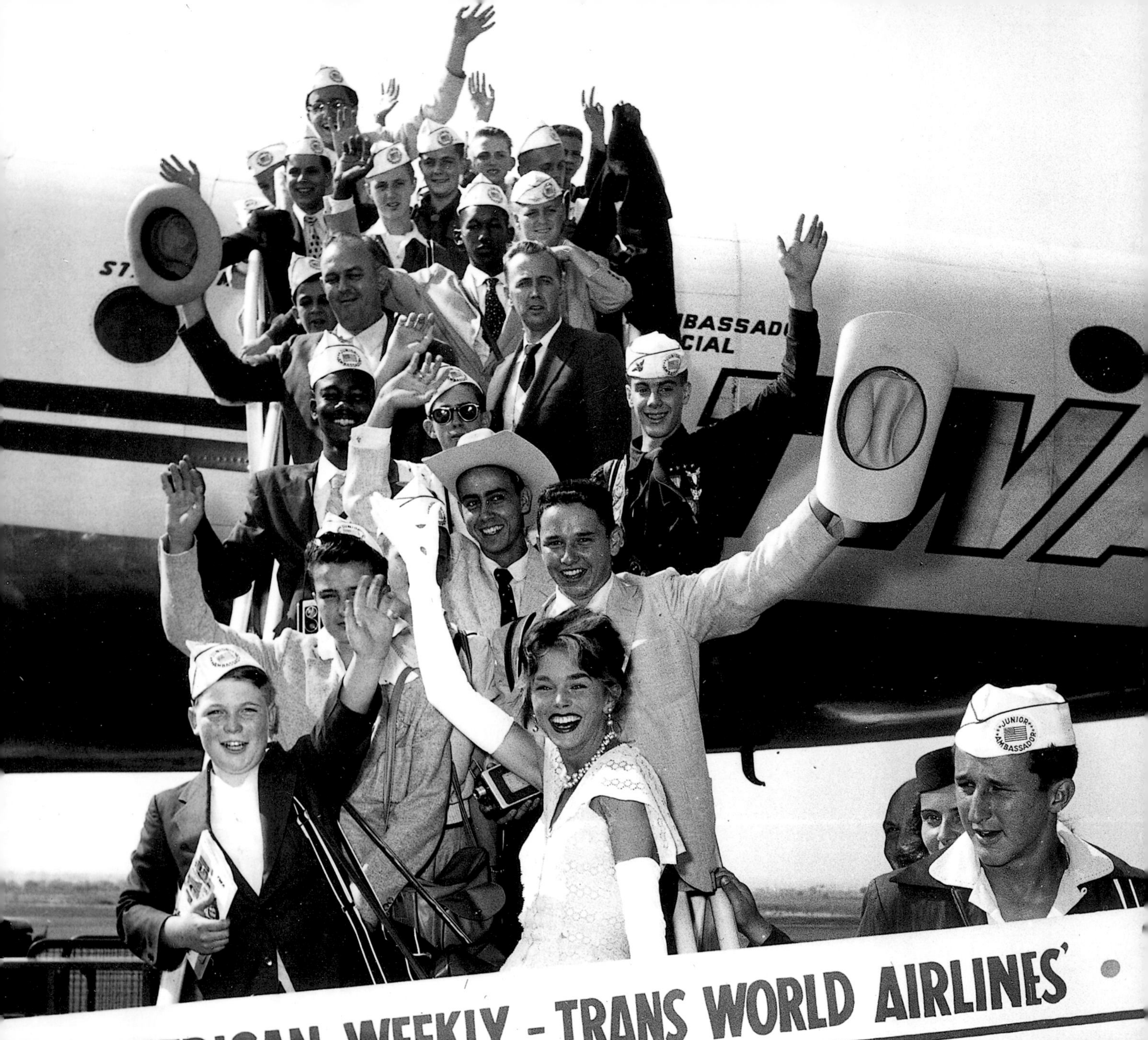

Dawn Addams_1955

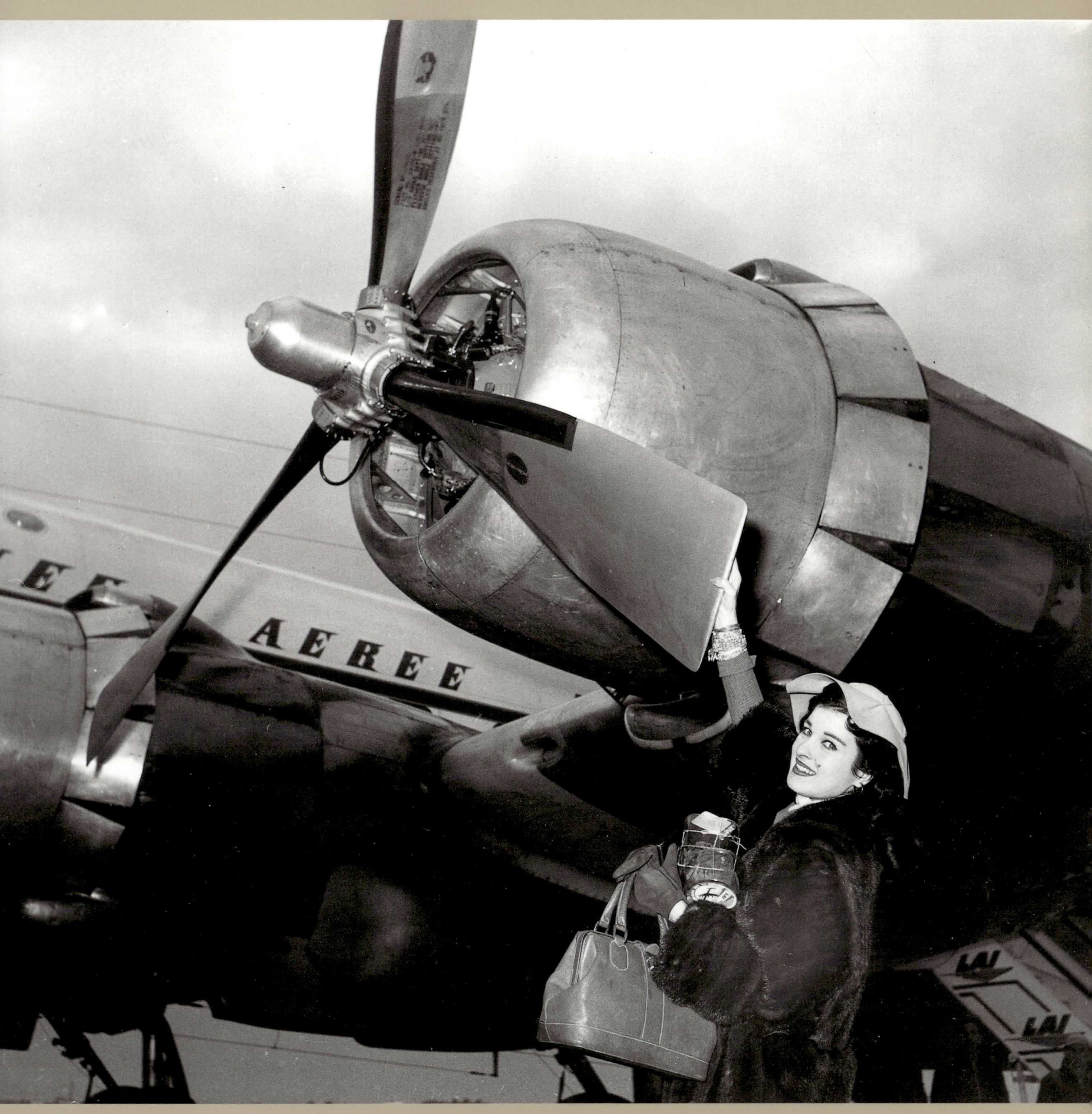

Silvana Pampanini_1954

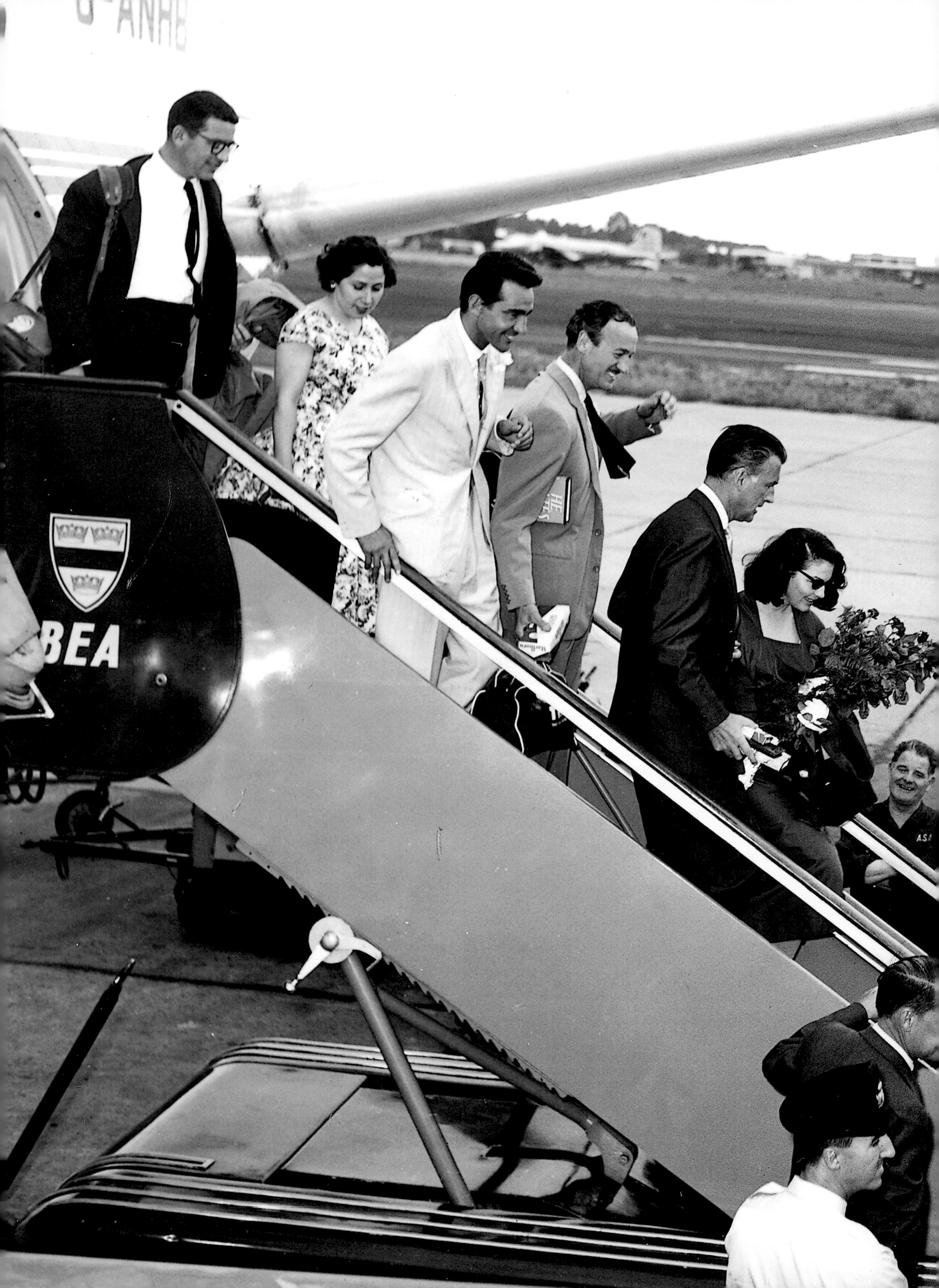

BEA

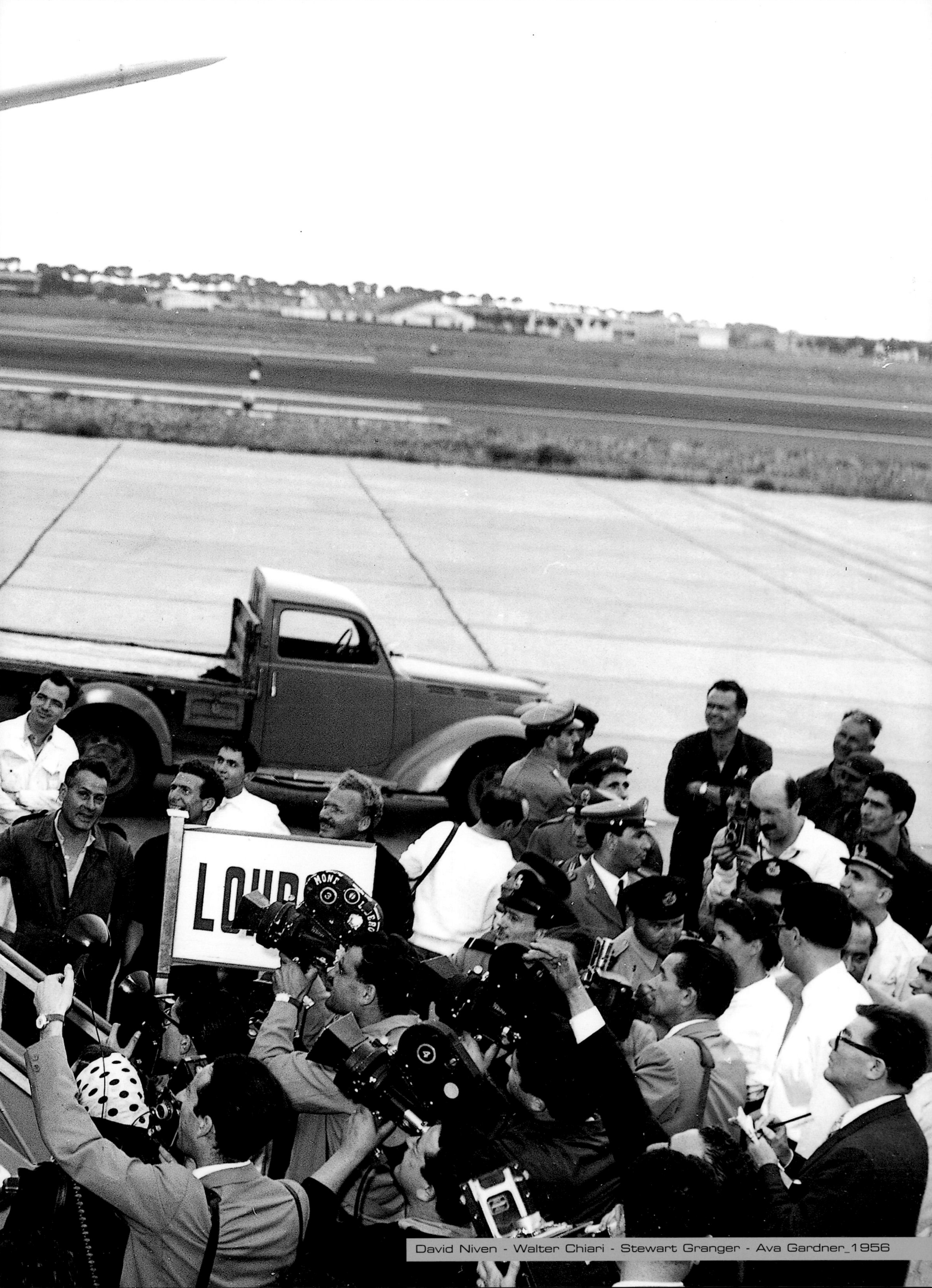

David Niven - Walter Chiari - Stewart Granger - Ava Gardner_1956

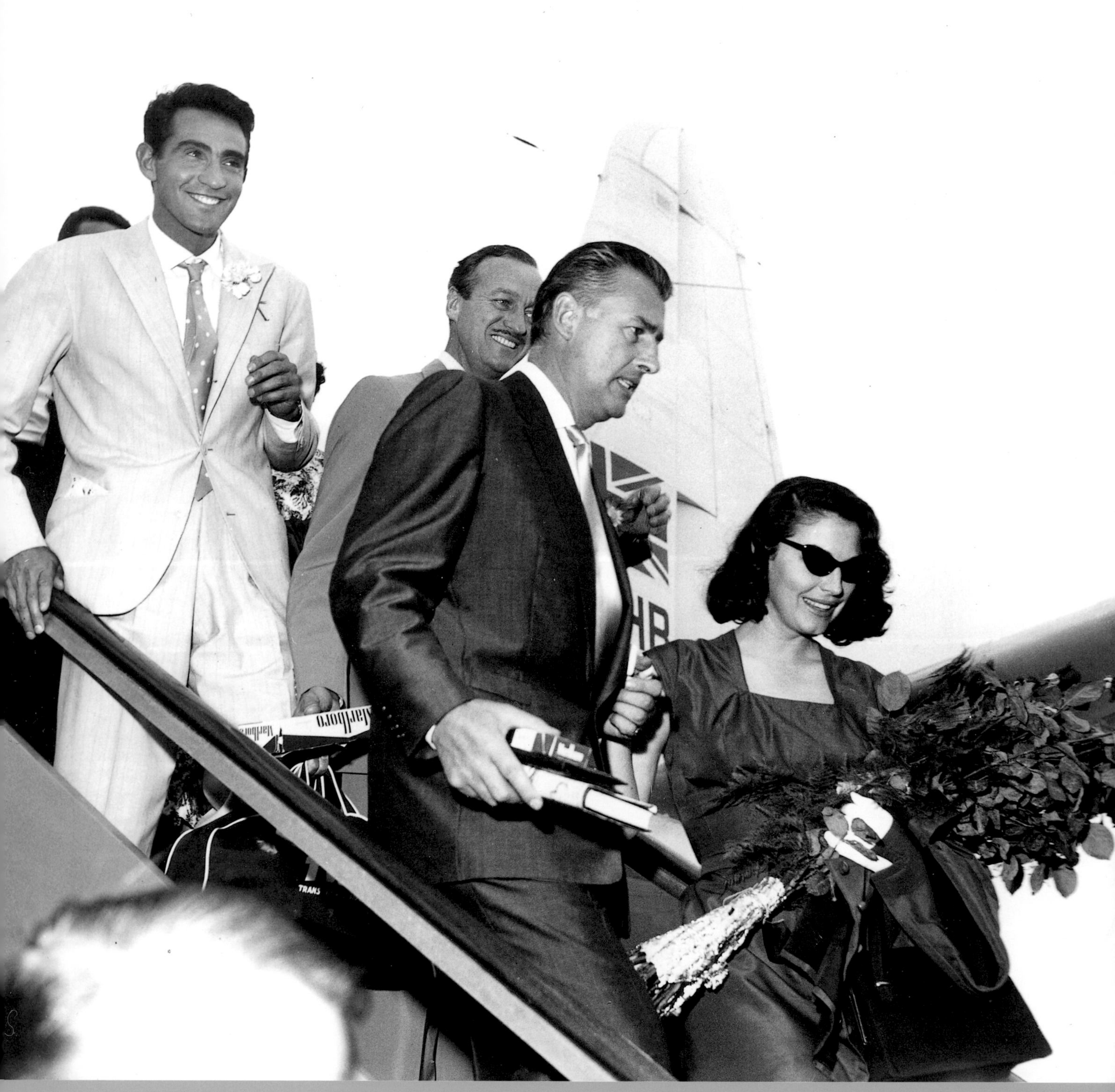

David Niven - Walter Chiari - Stewart Granger - Ava Gardner_1956

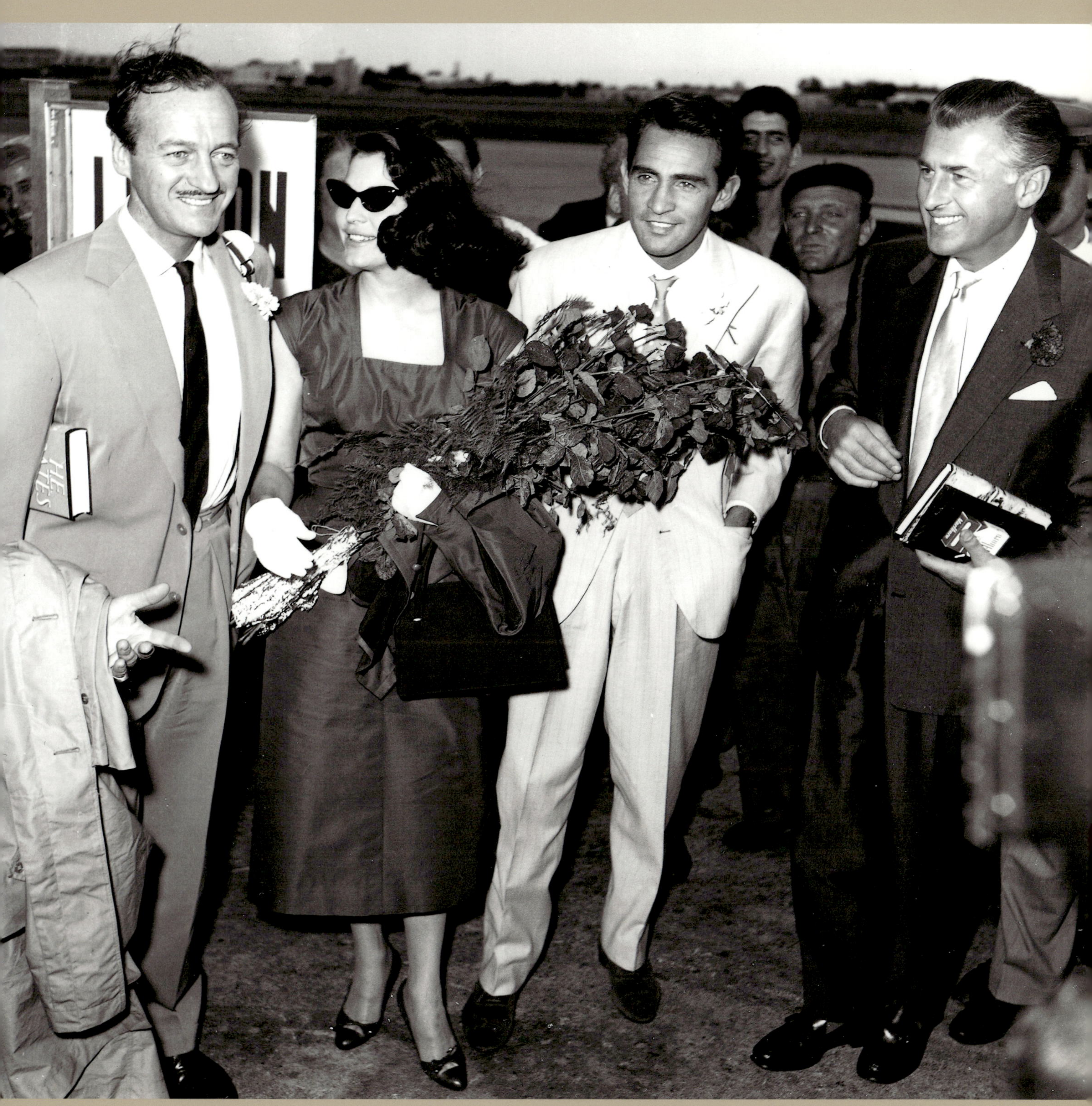

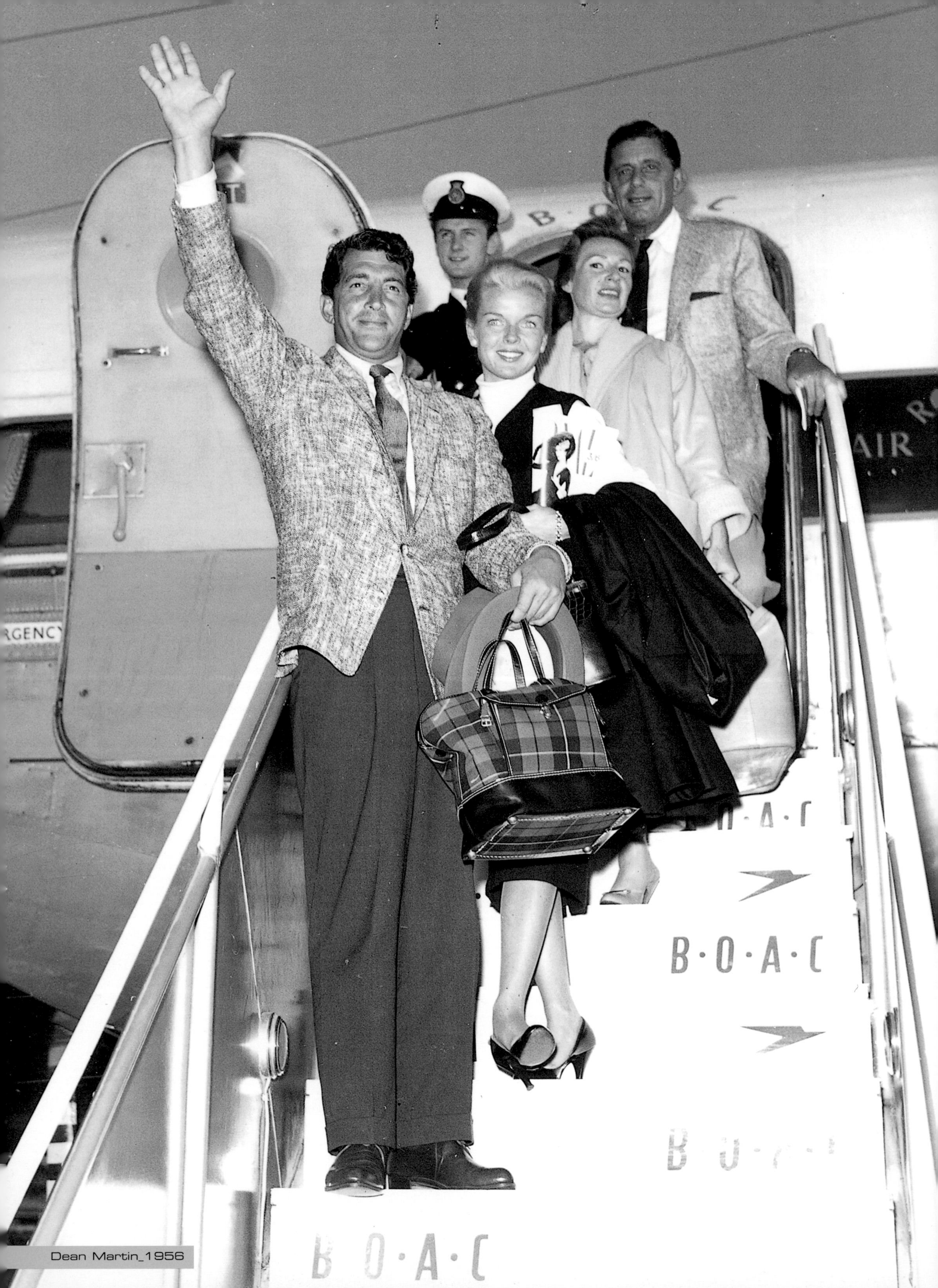

Dean Martin_1956

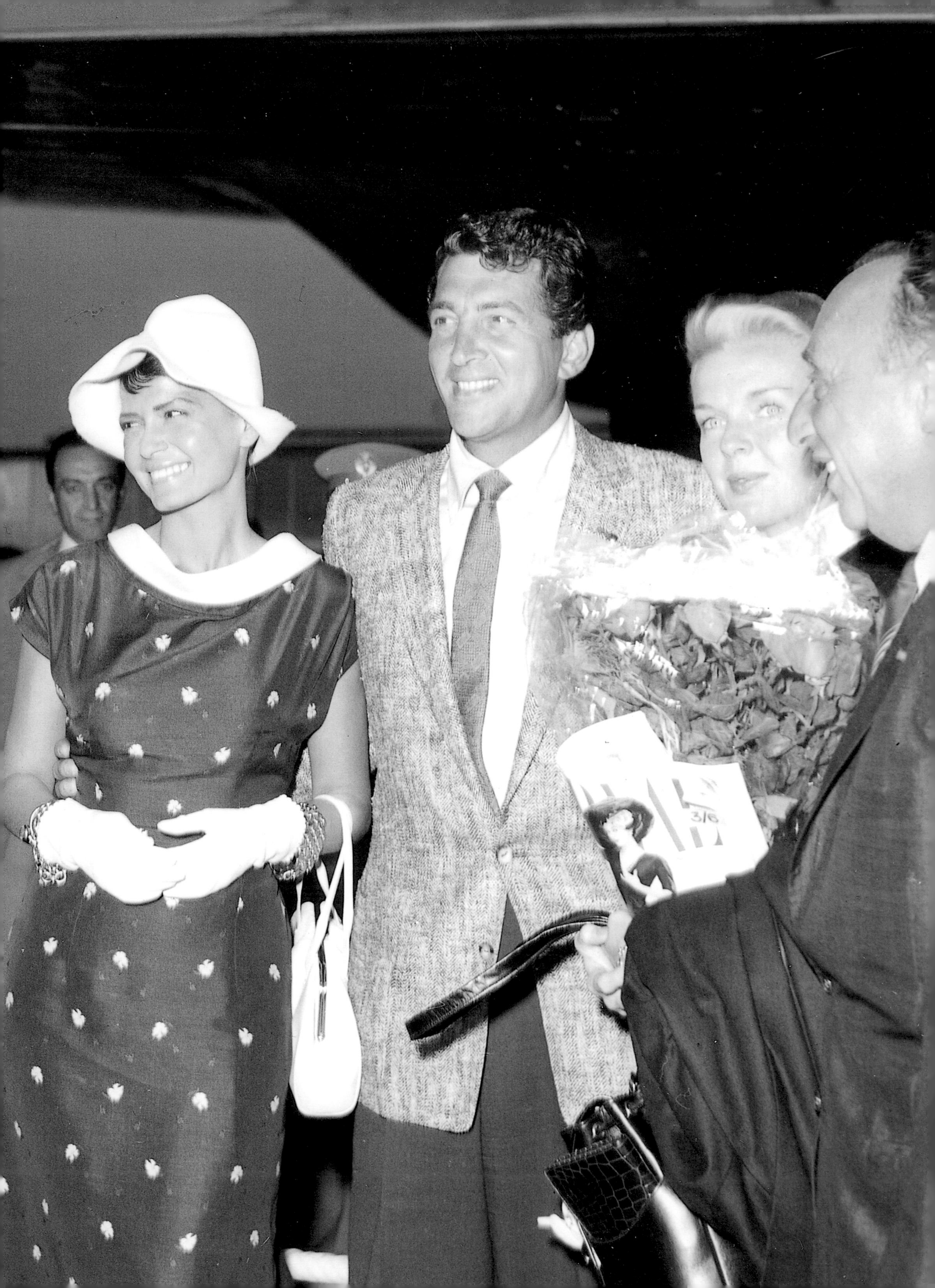
3/6

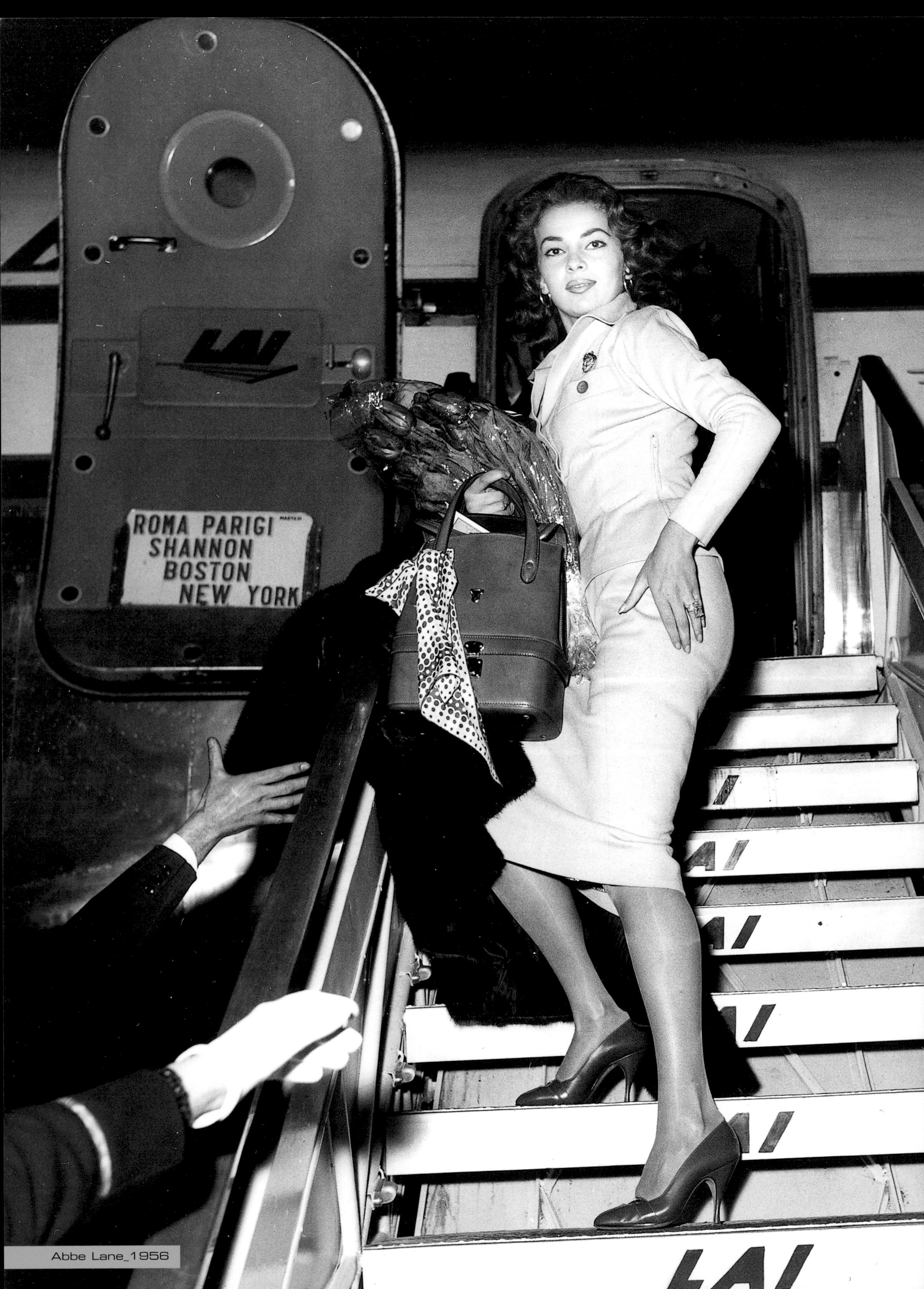

Abbe Lane_1956

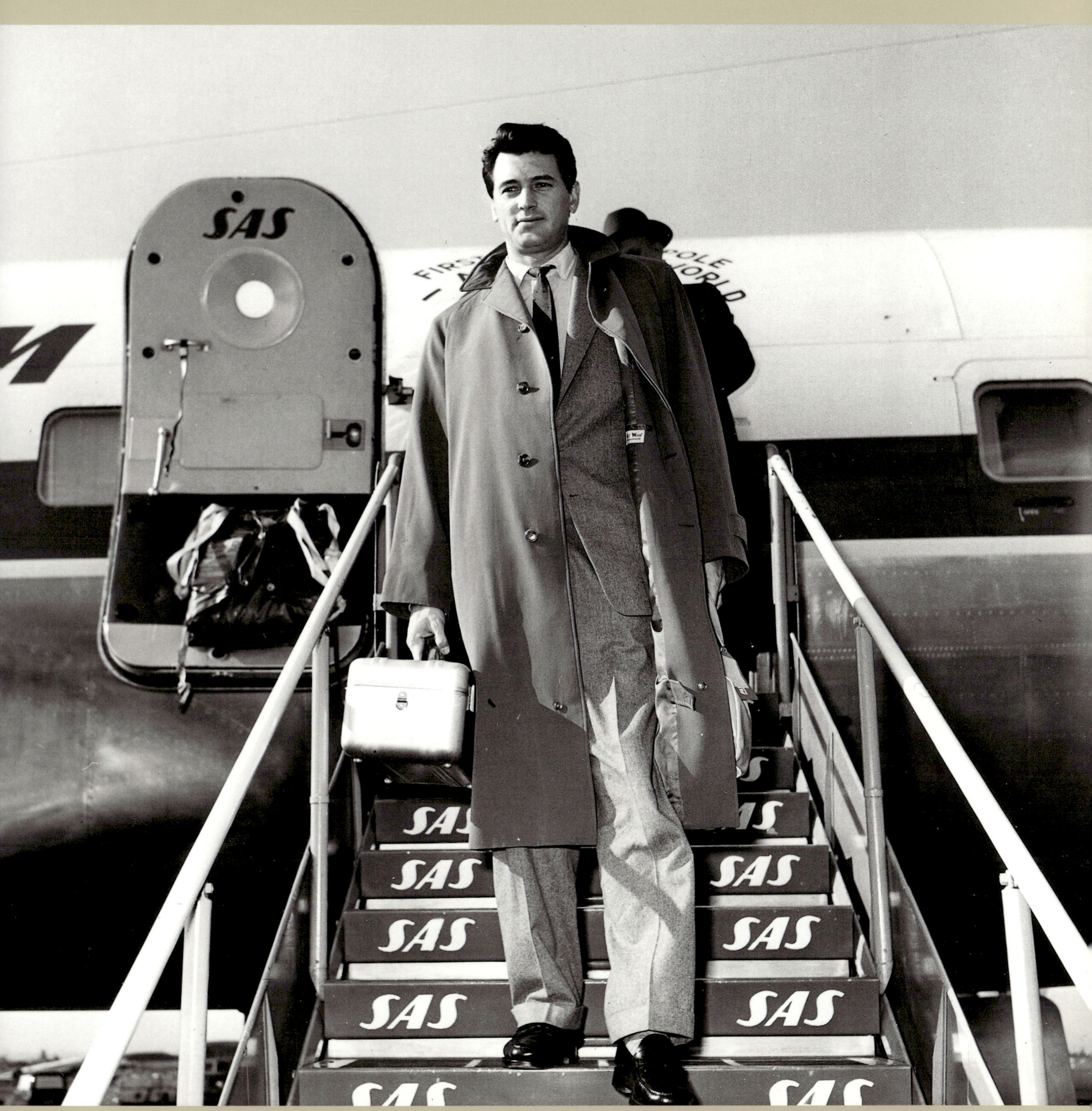

Rock Hudson_1956

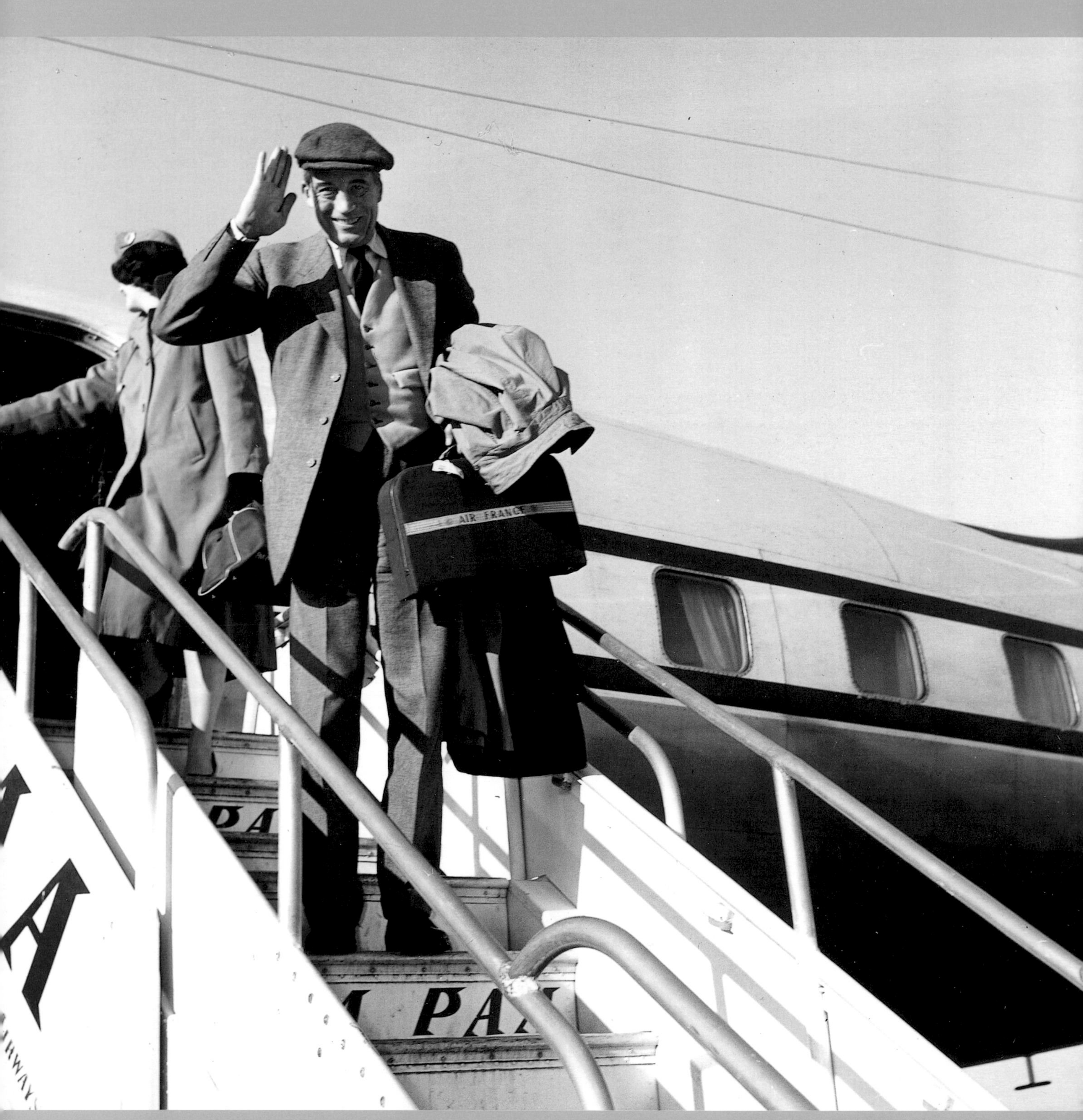

John Huston_1956

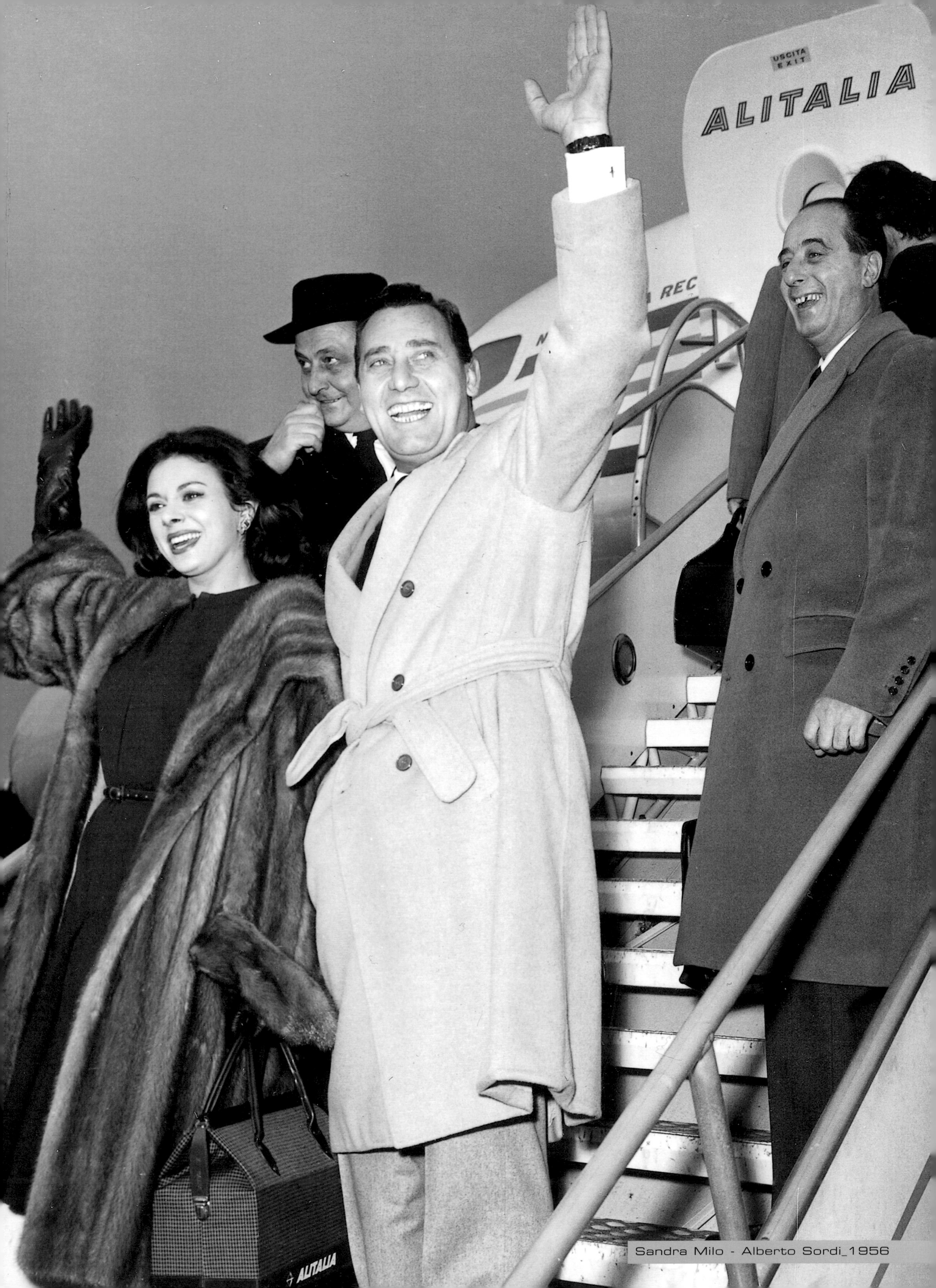

Sandra Milo - Alberto Sordi_1956

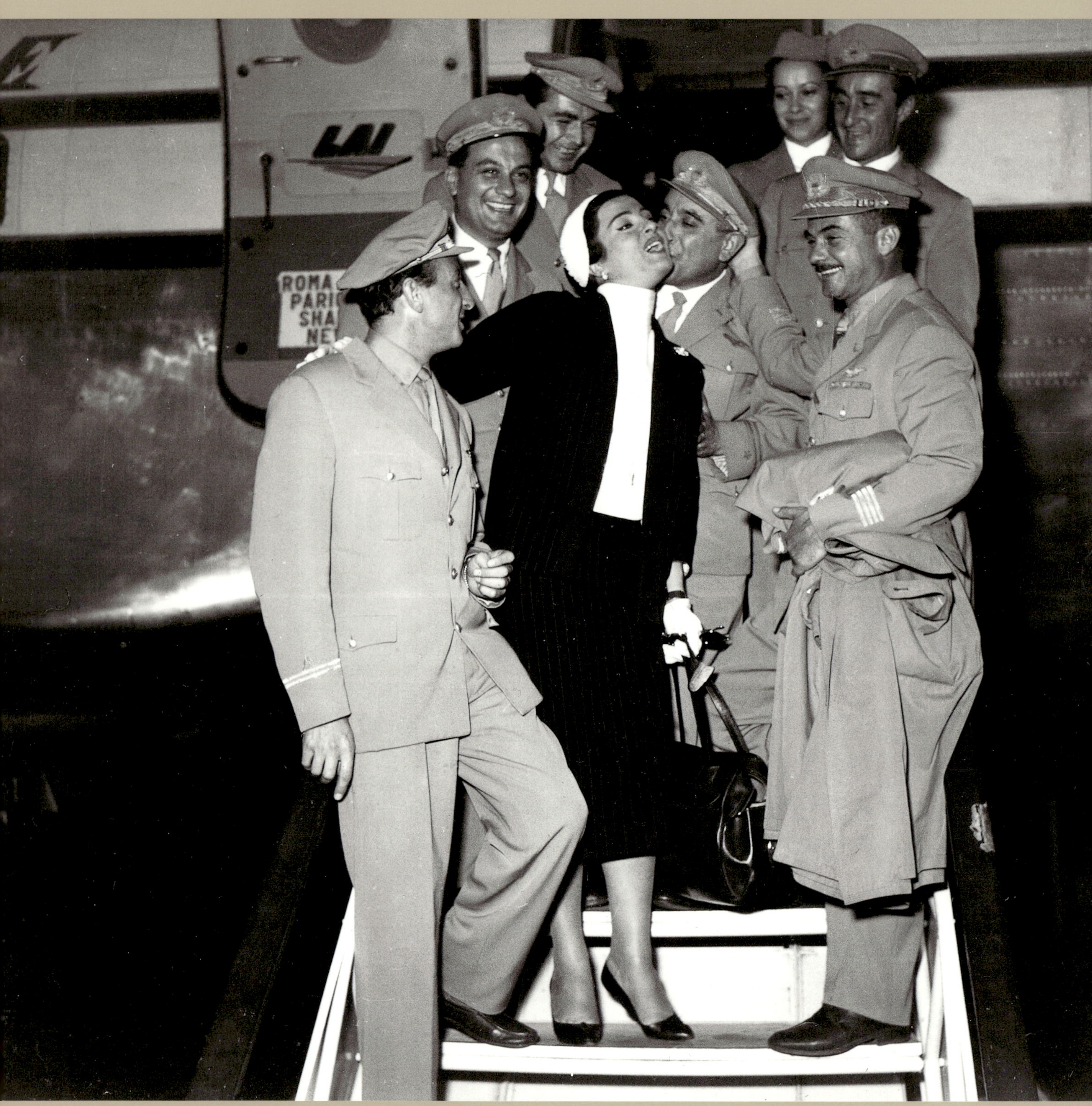

Silvana Pampanini_1955

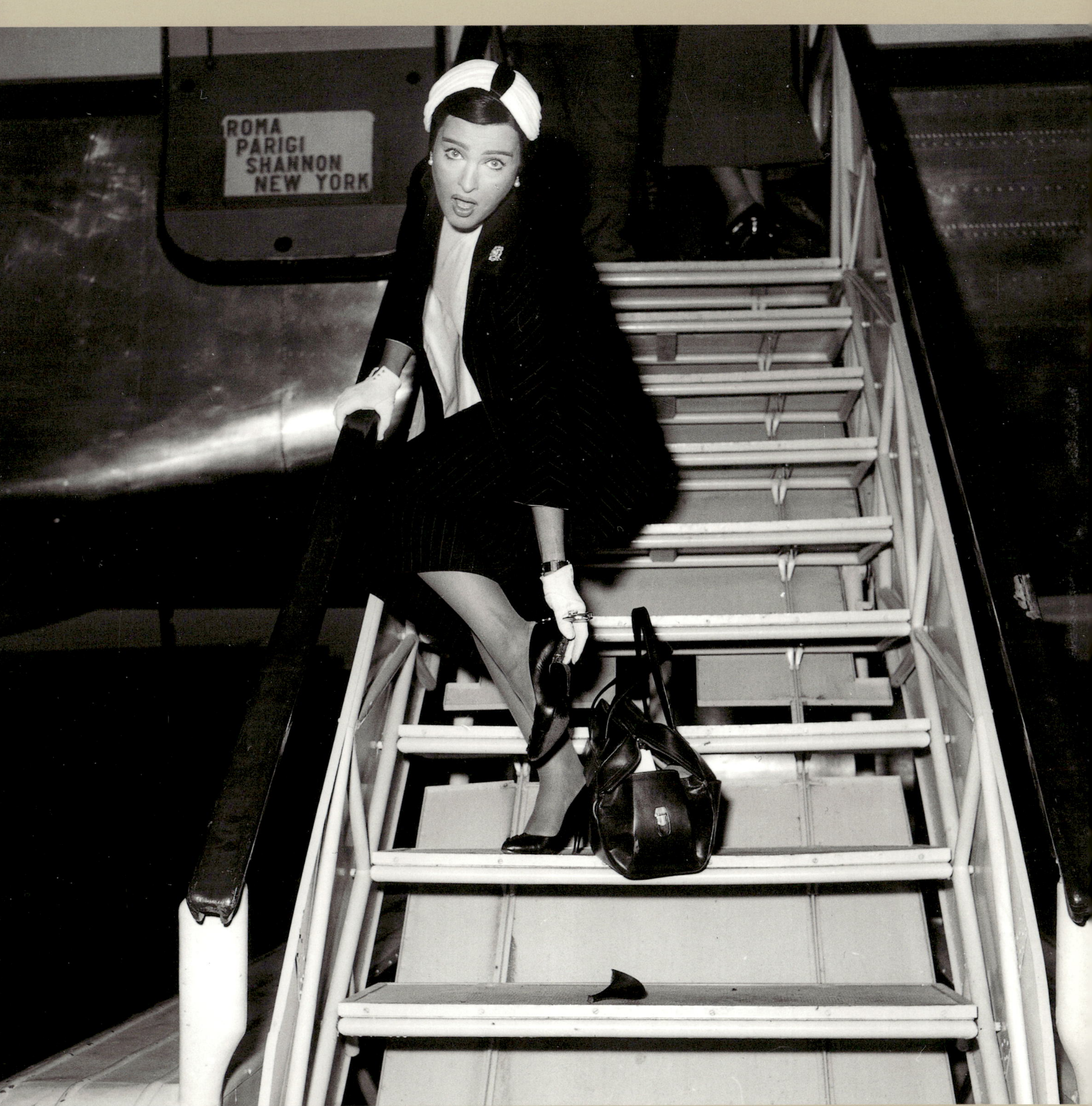
ROMA
PARIGI
SHANNON
NEW YORK

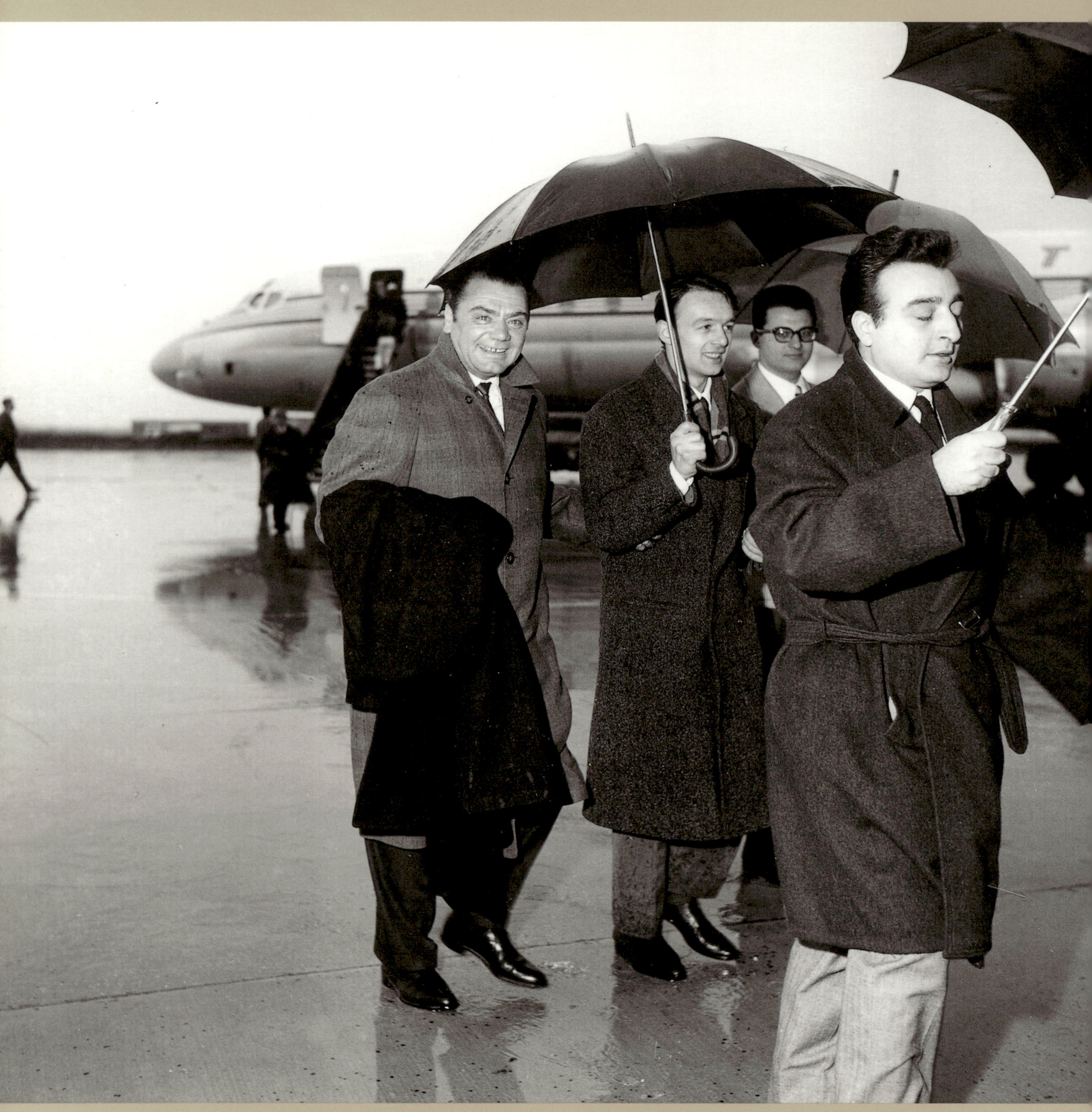

Ernest Borgnine_1956

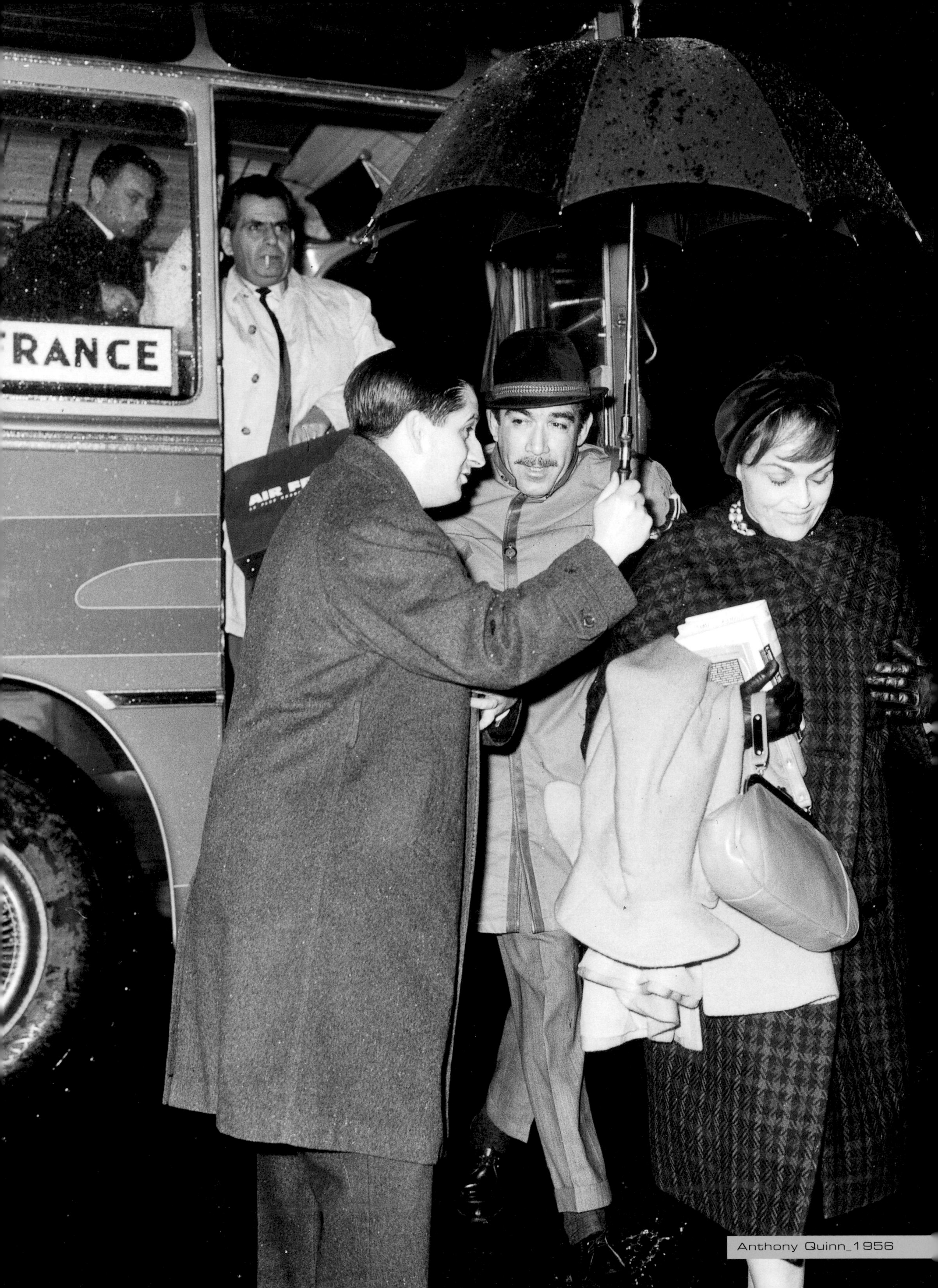

Anthony Quinn_1956

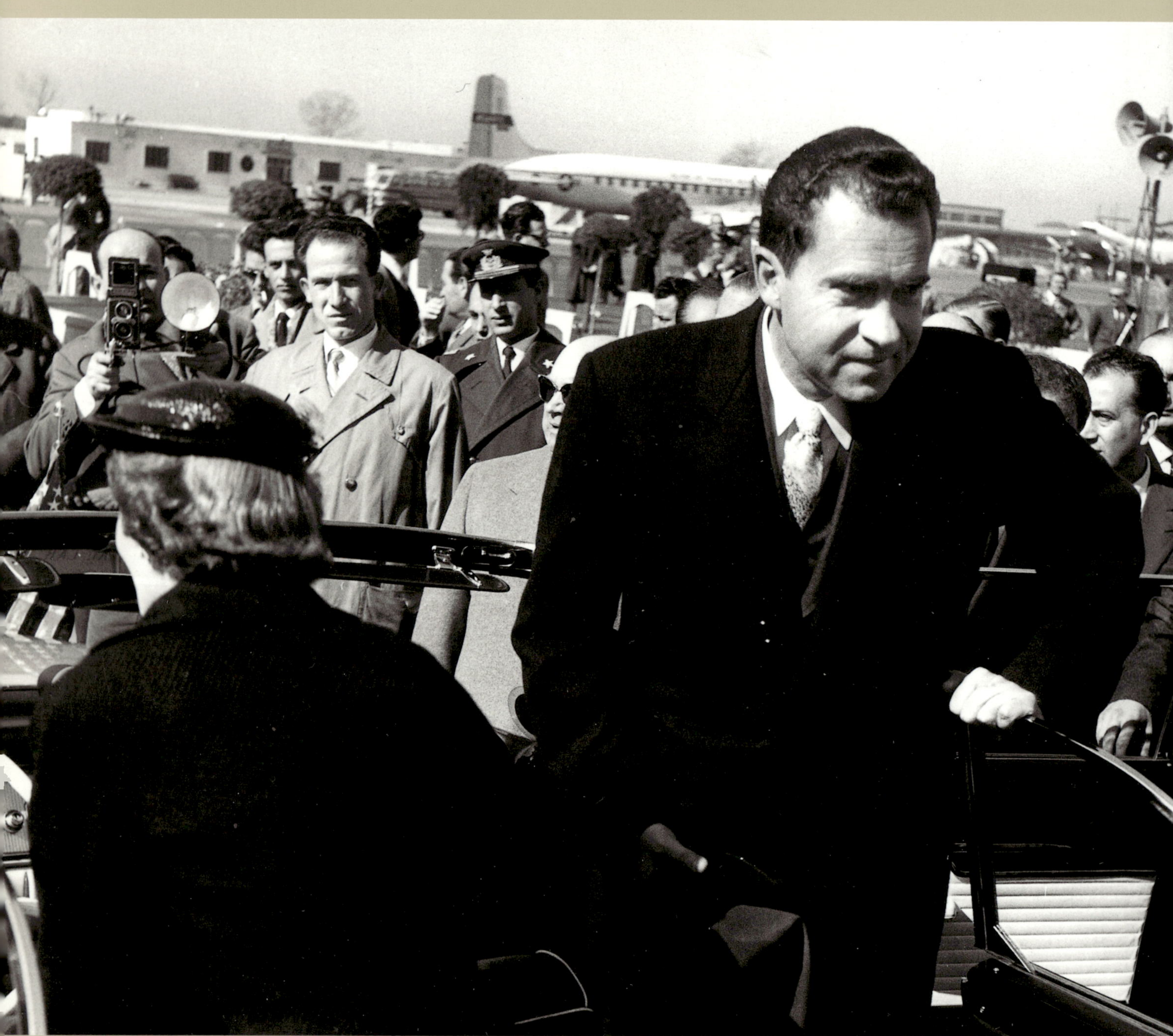

Richard Nixon_1956

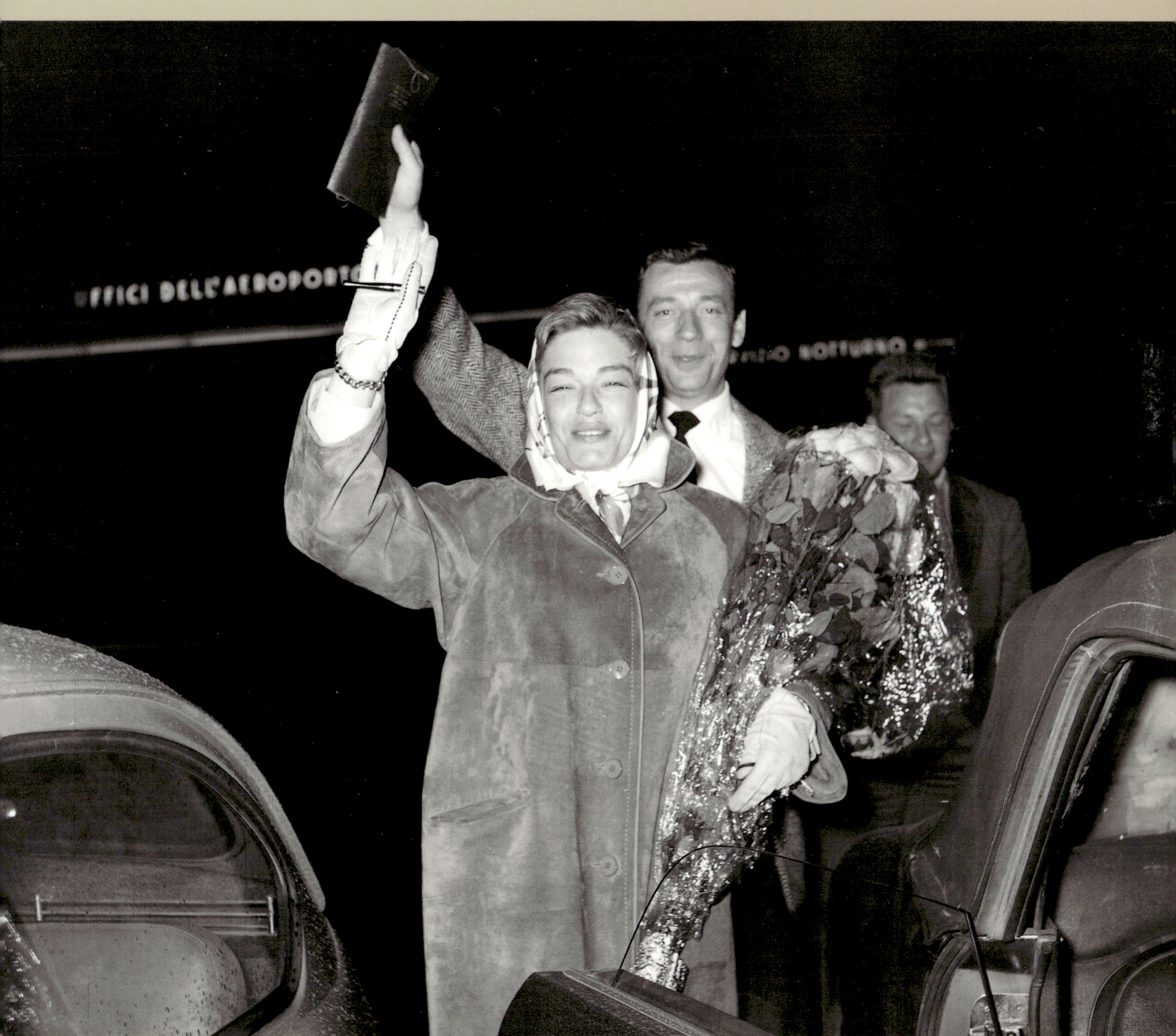

Yves Montand - Simone Signoret_1956

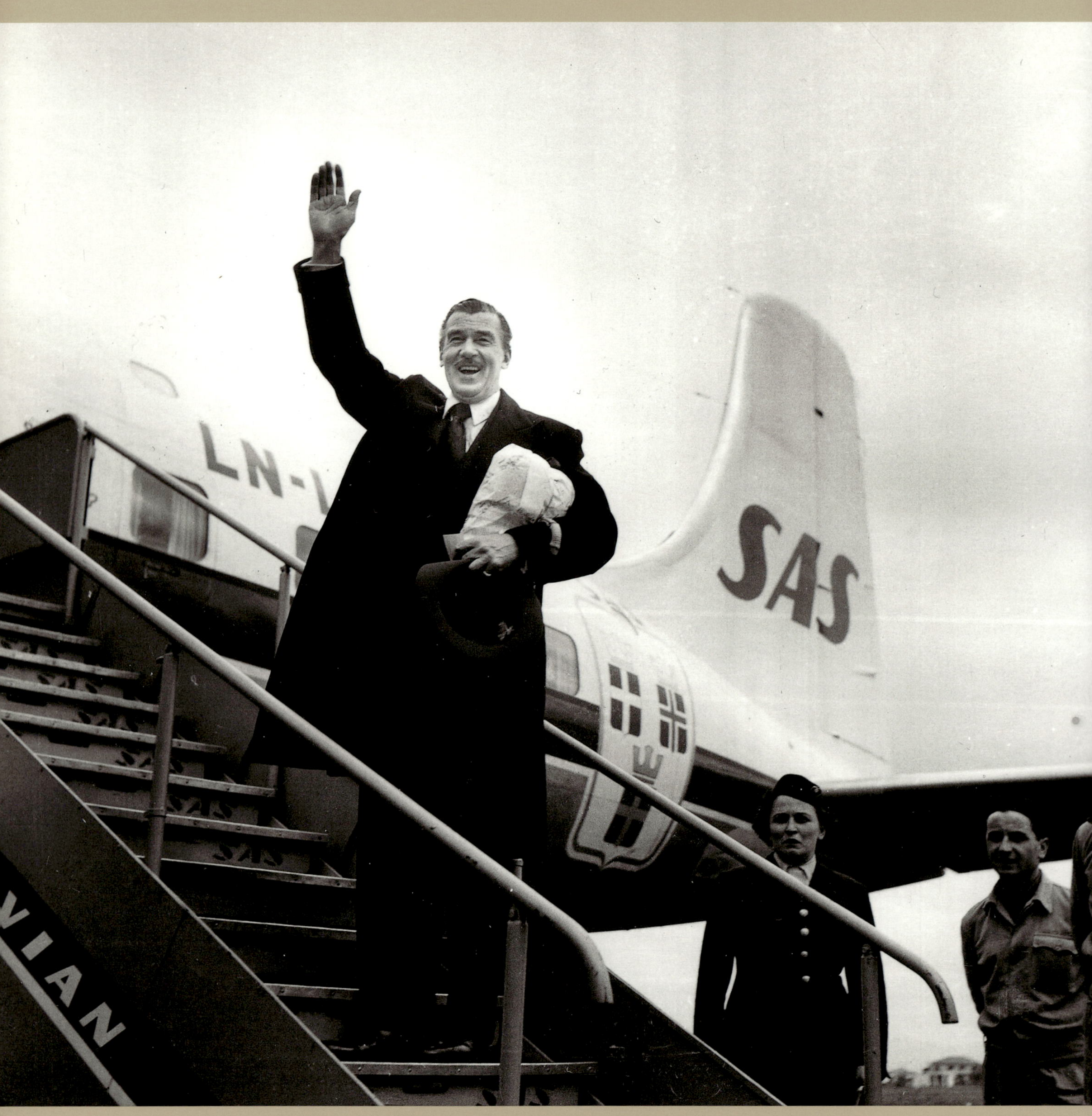

Walter Pidgeon_1957

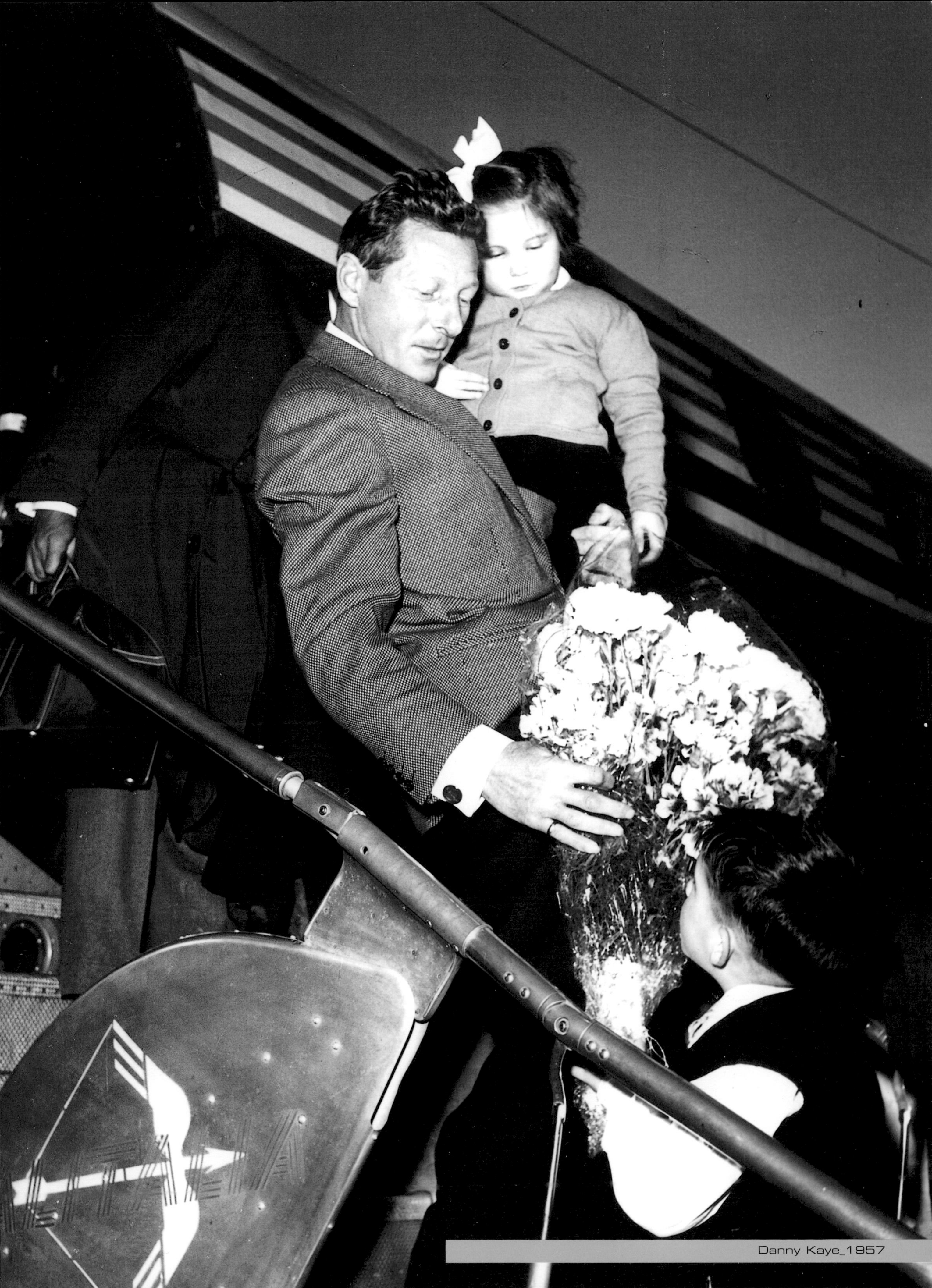

Danny Kaye_1957

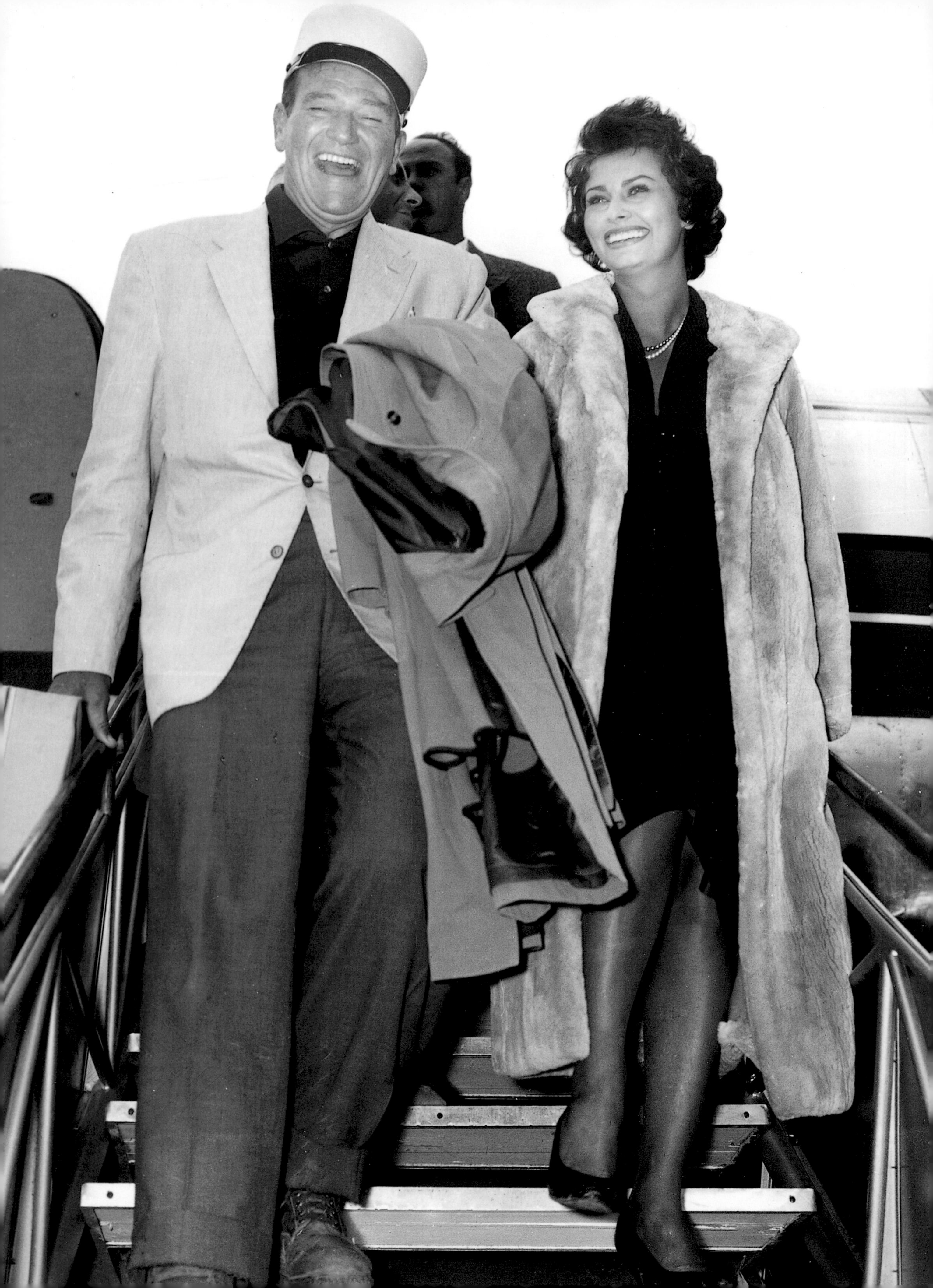

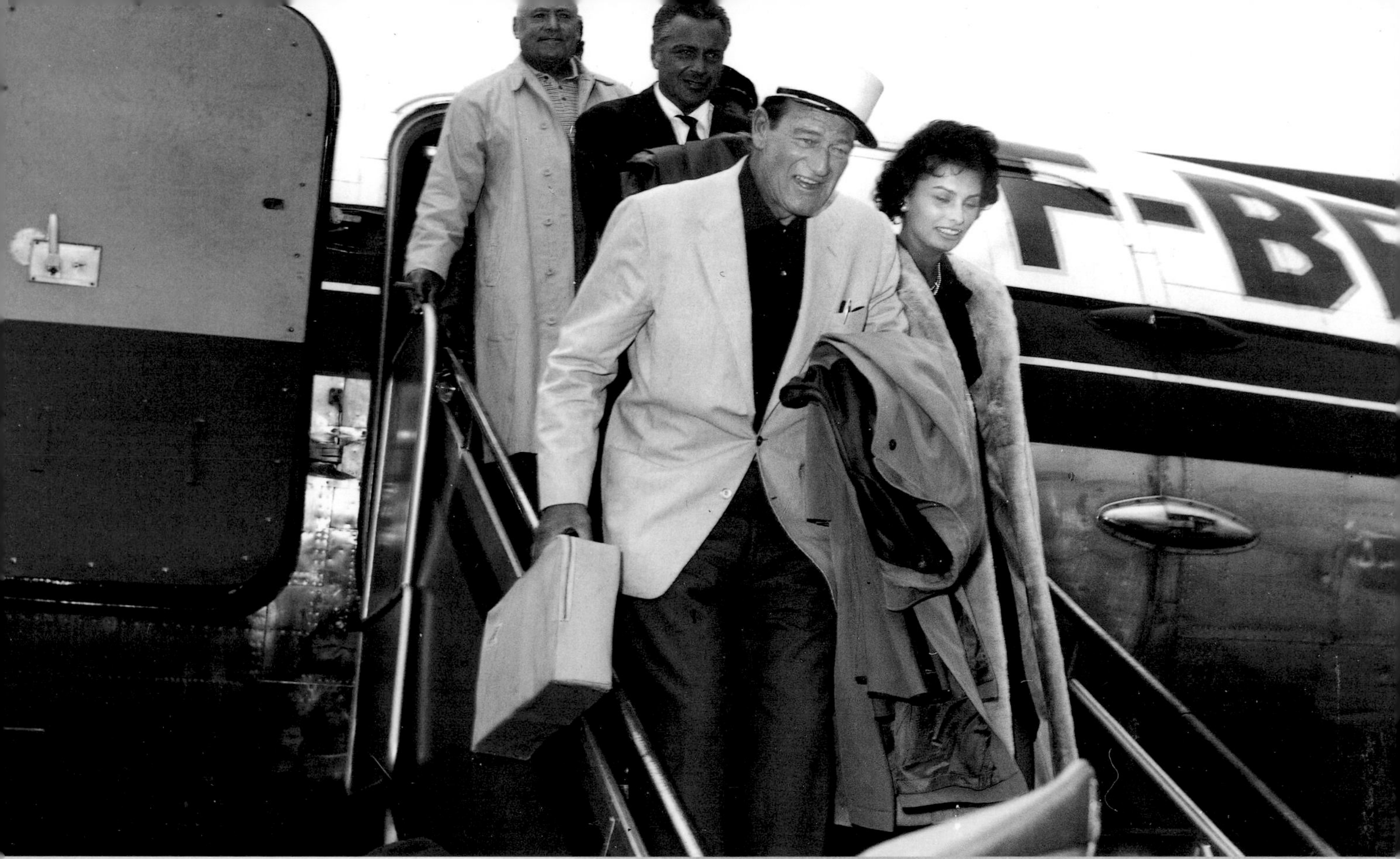

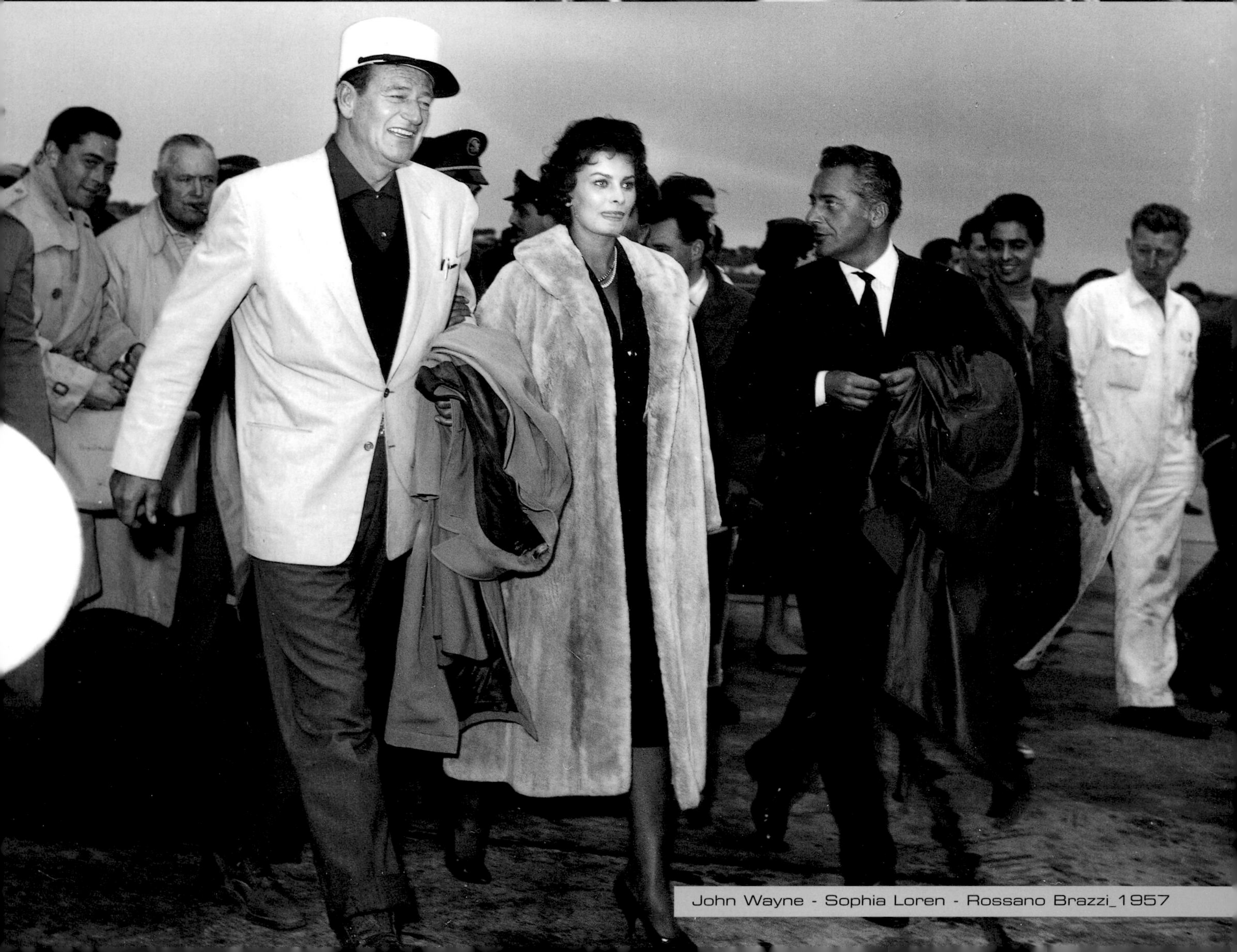

John Wayne - Sophia Loren - Rossano Brazzi_1957

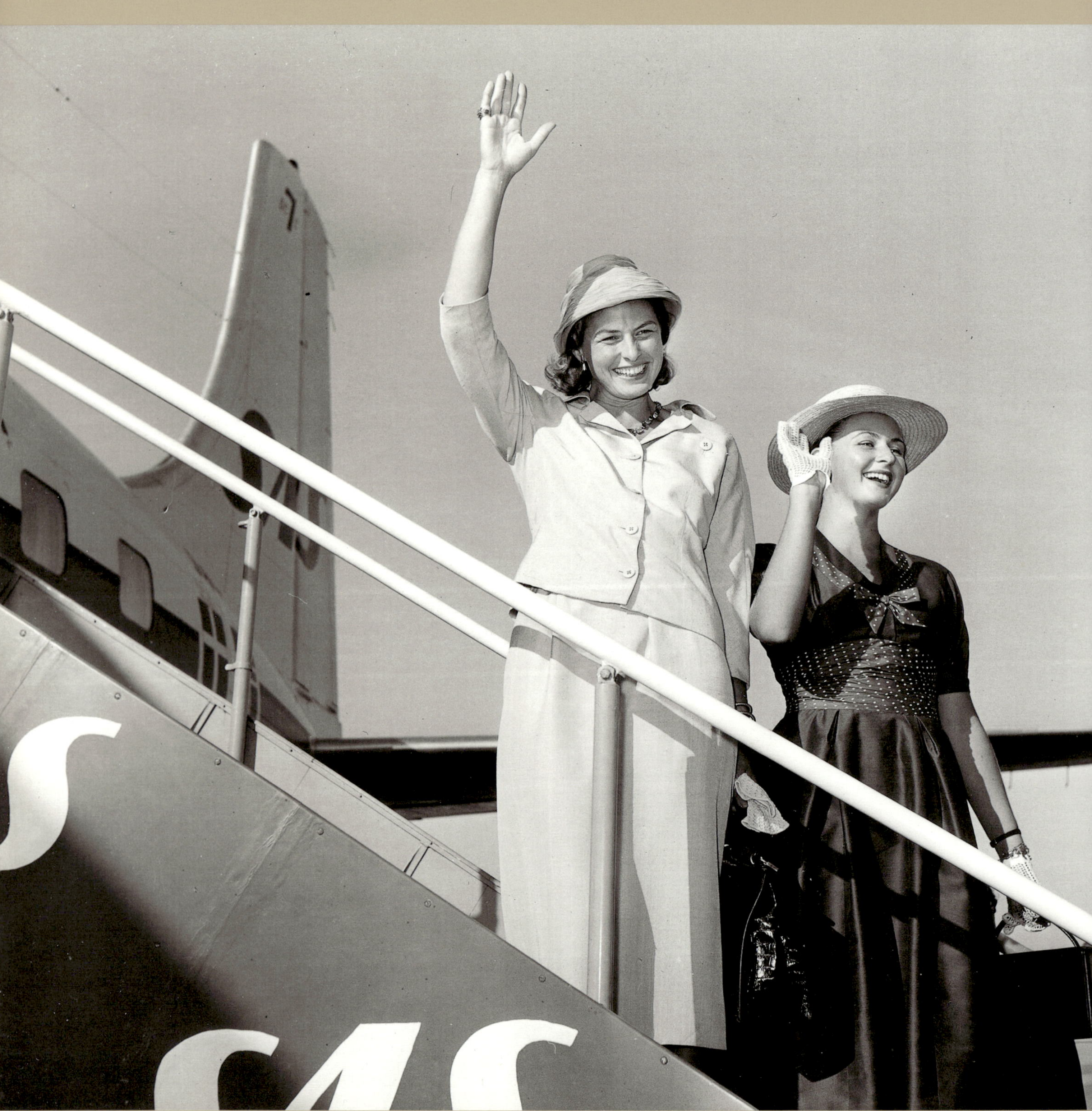

Ingrid Bergman - Pia Lindstrom_1957

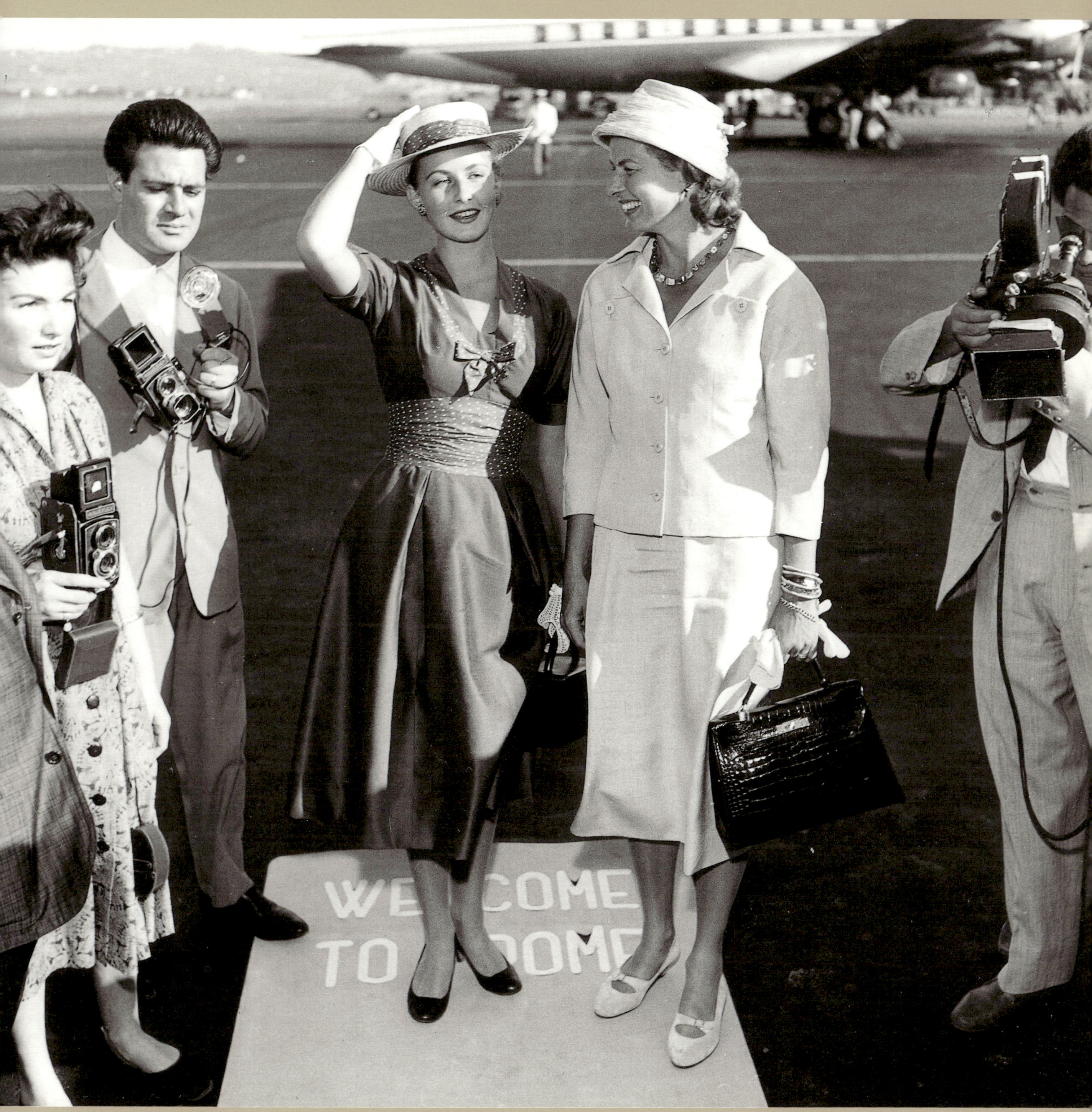
WE COME
TO OME

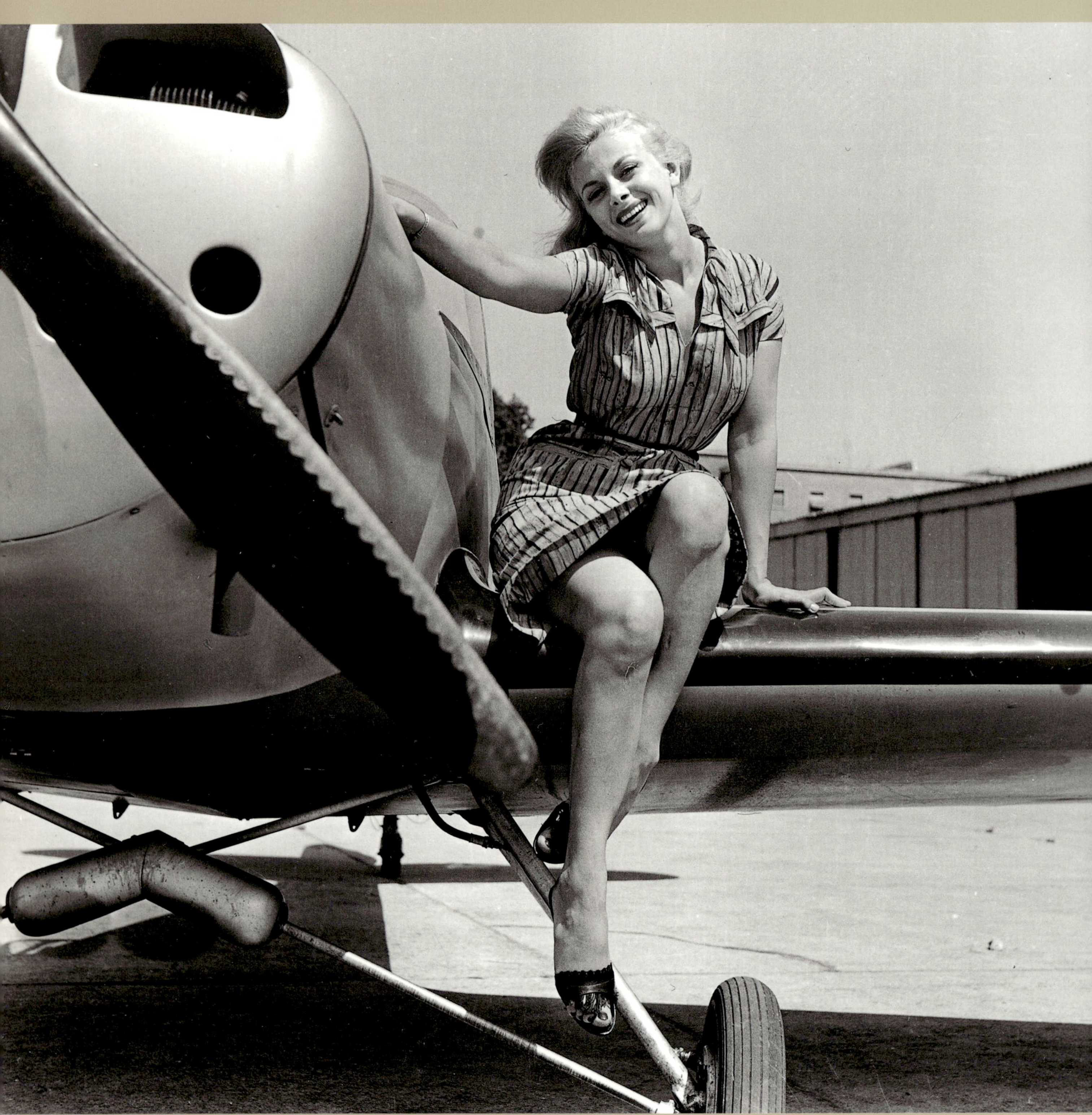

Sandra Milo_1957

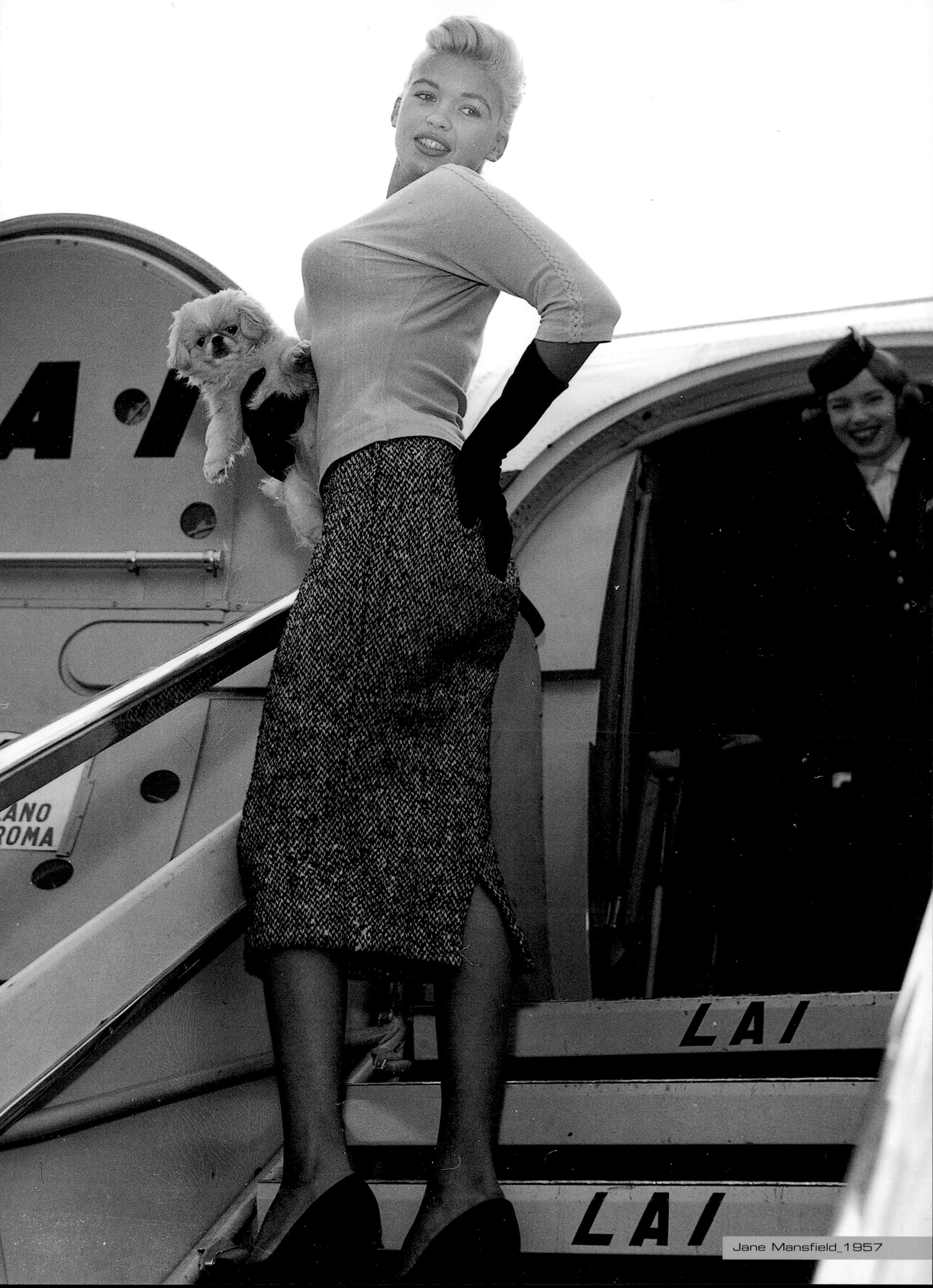

Jane Mansfield_1957

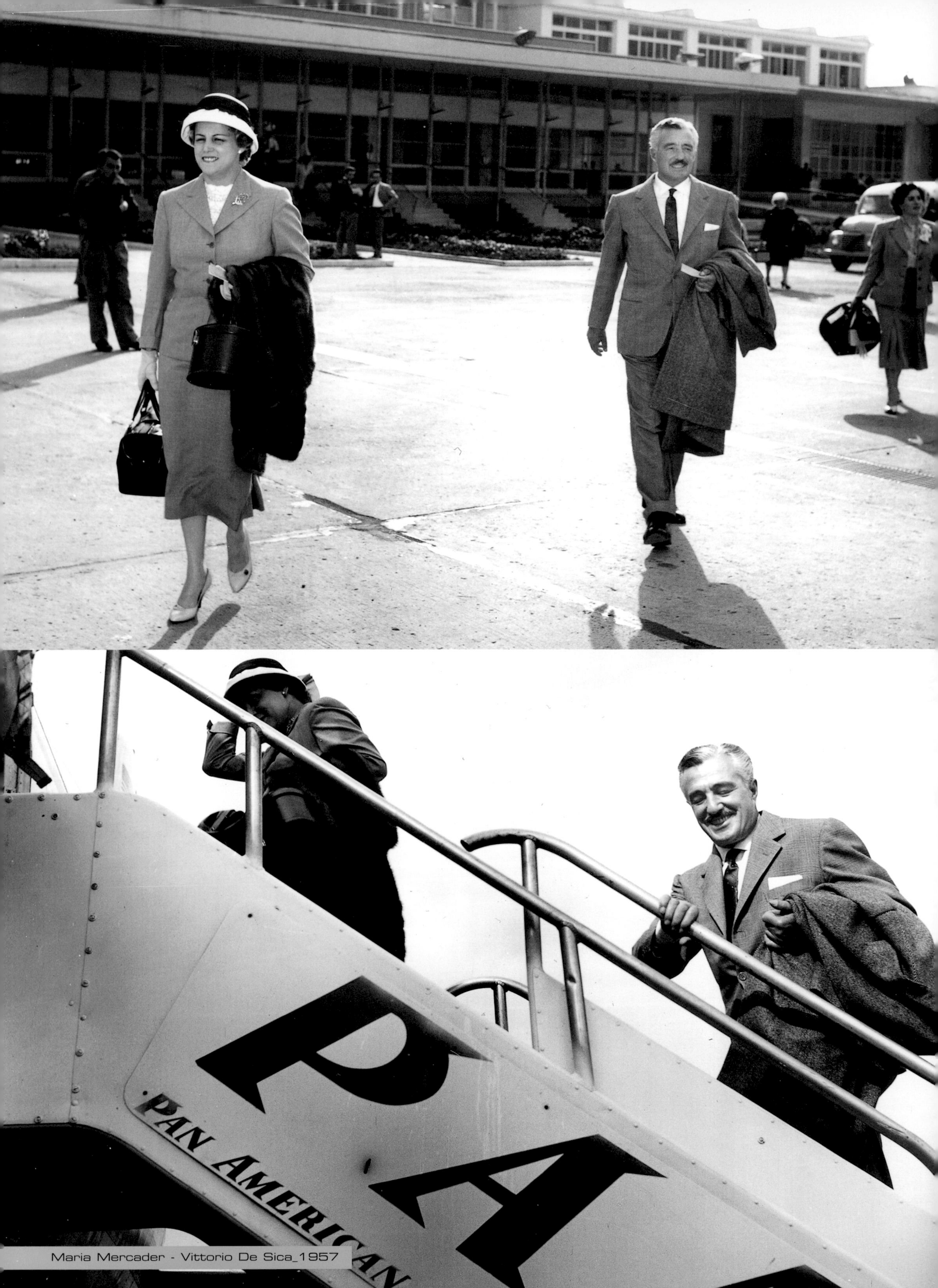

Maria Mercader - Vittorio De Sica_1957

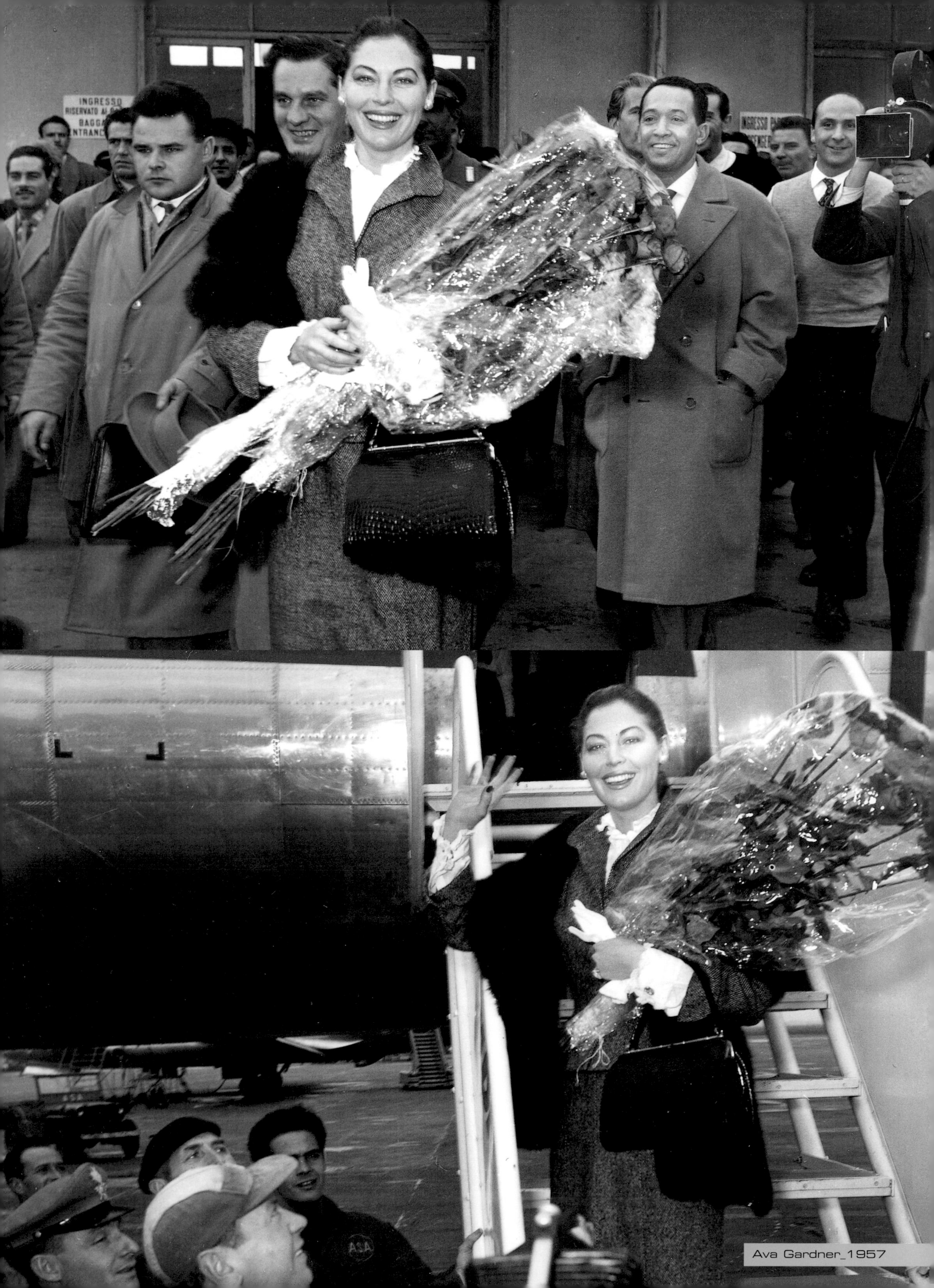

Ava Gardner_1957

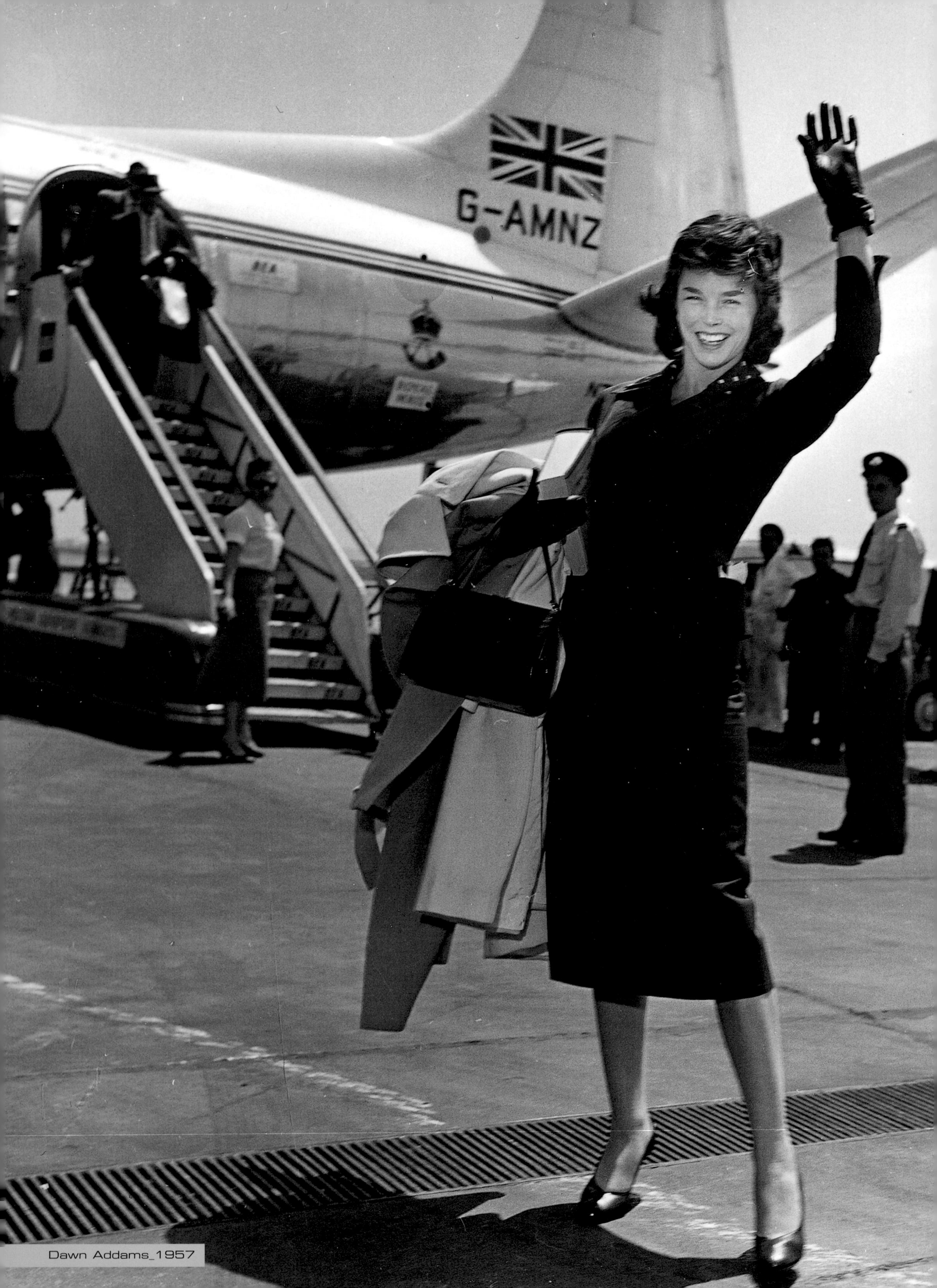

Dawn Addams_1957

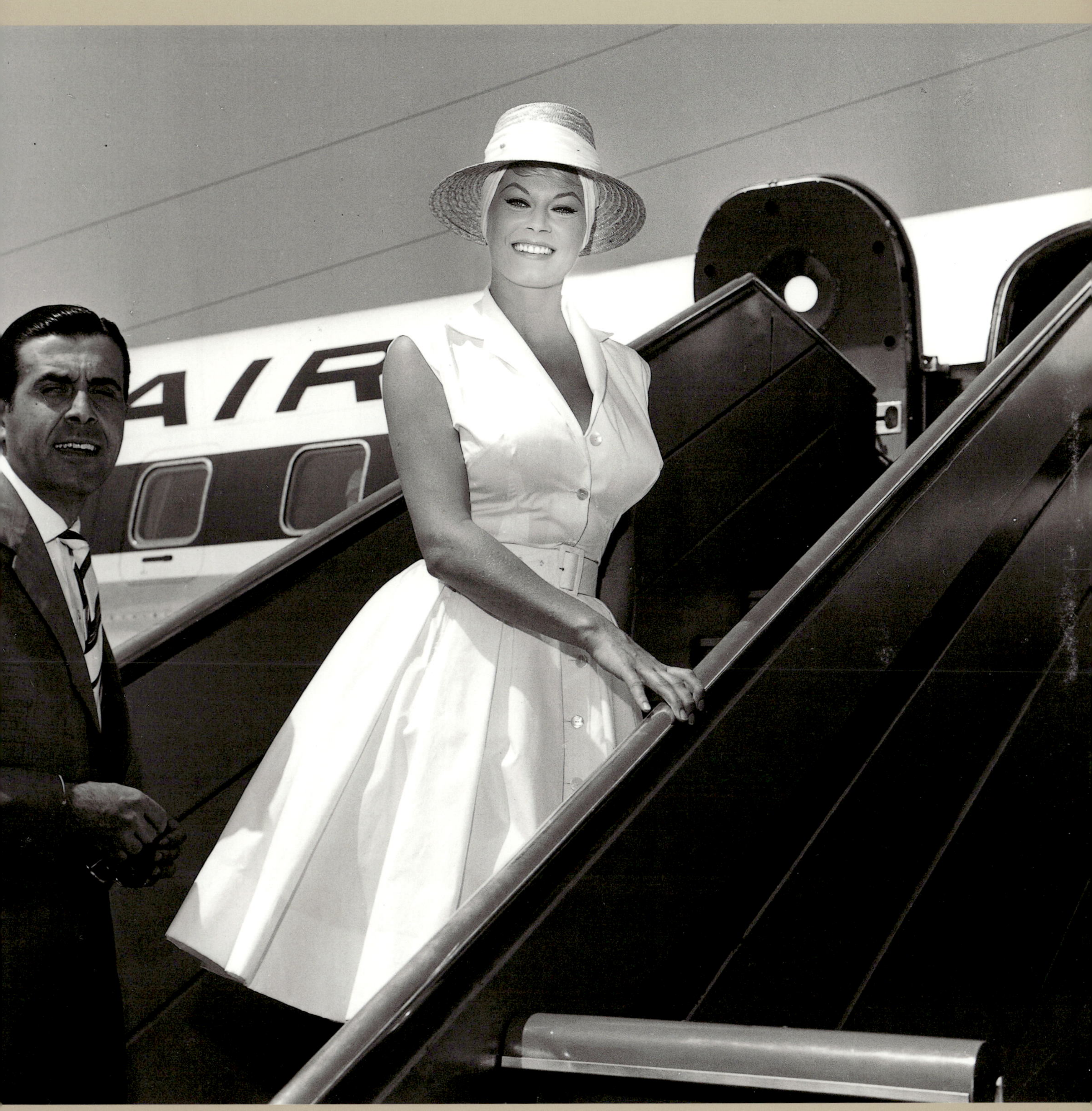

Guido Giambartolomei - Anita Ekberg_1957

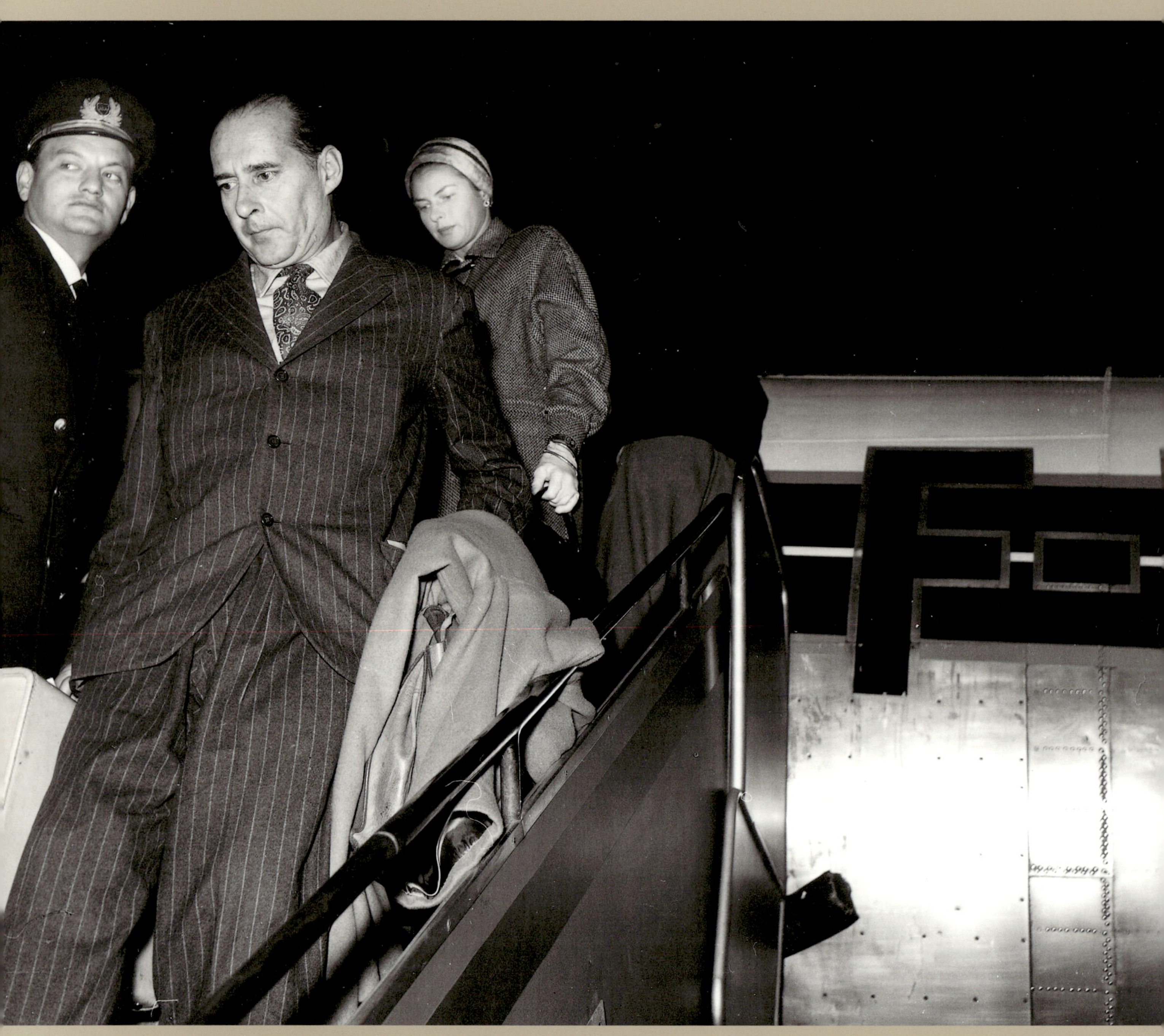

Roberto Rossellini - Ingrid Bergman_1957

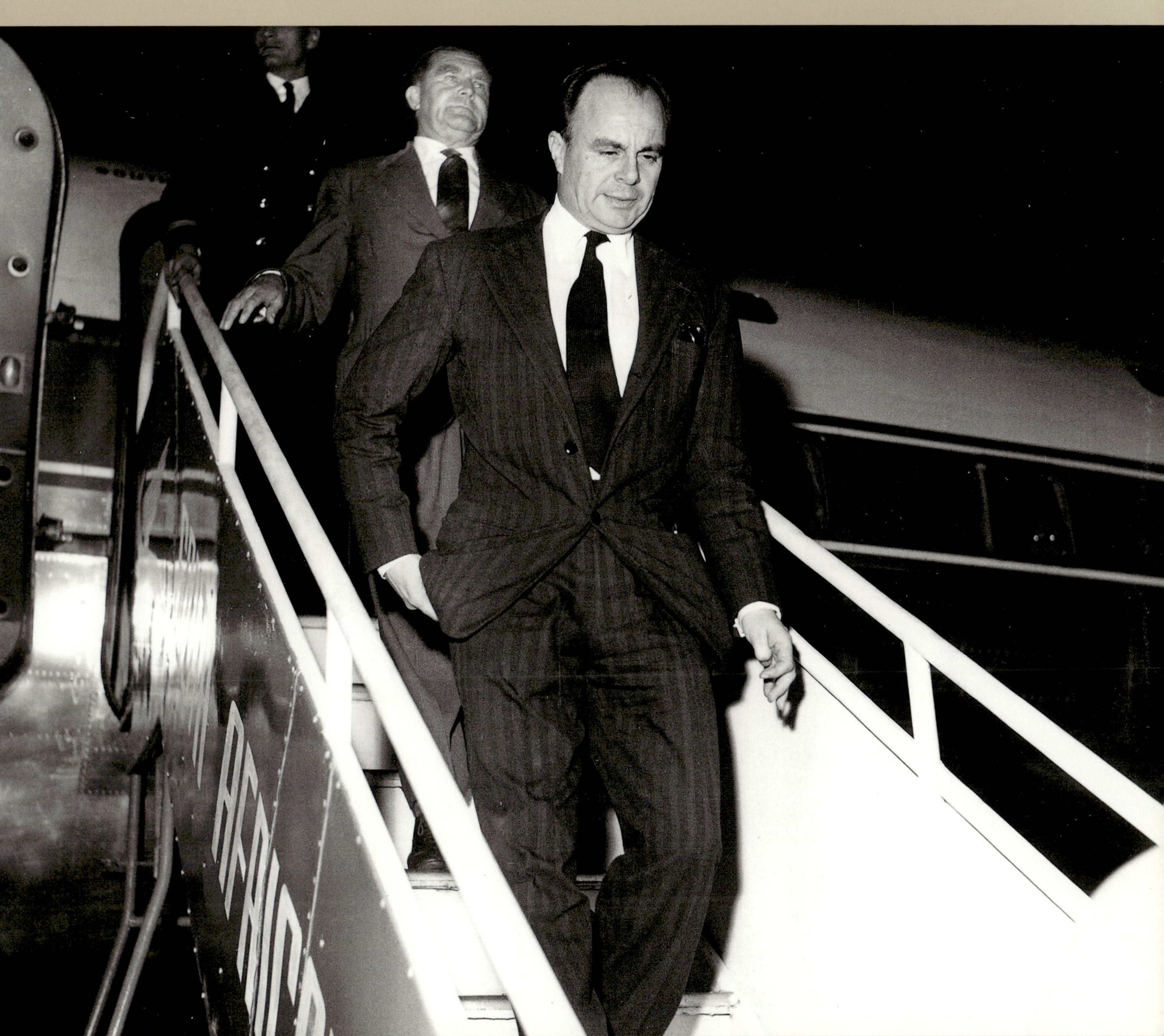

Aga Kan_1957

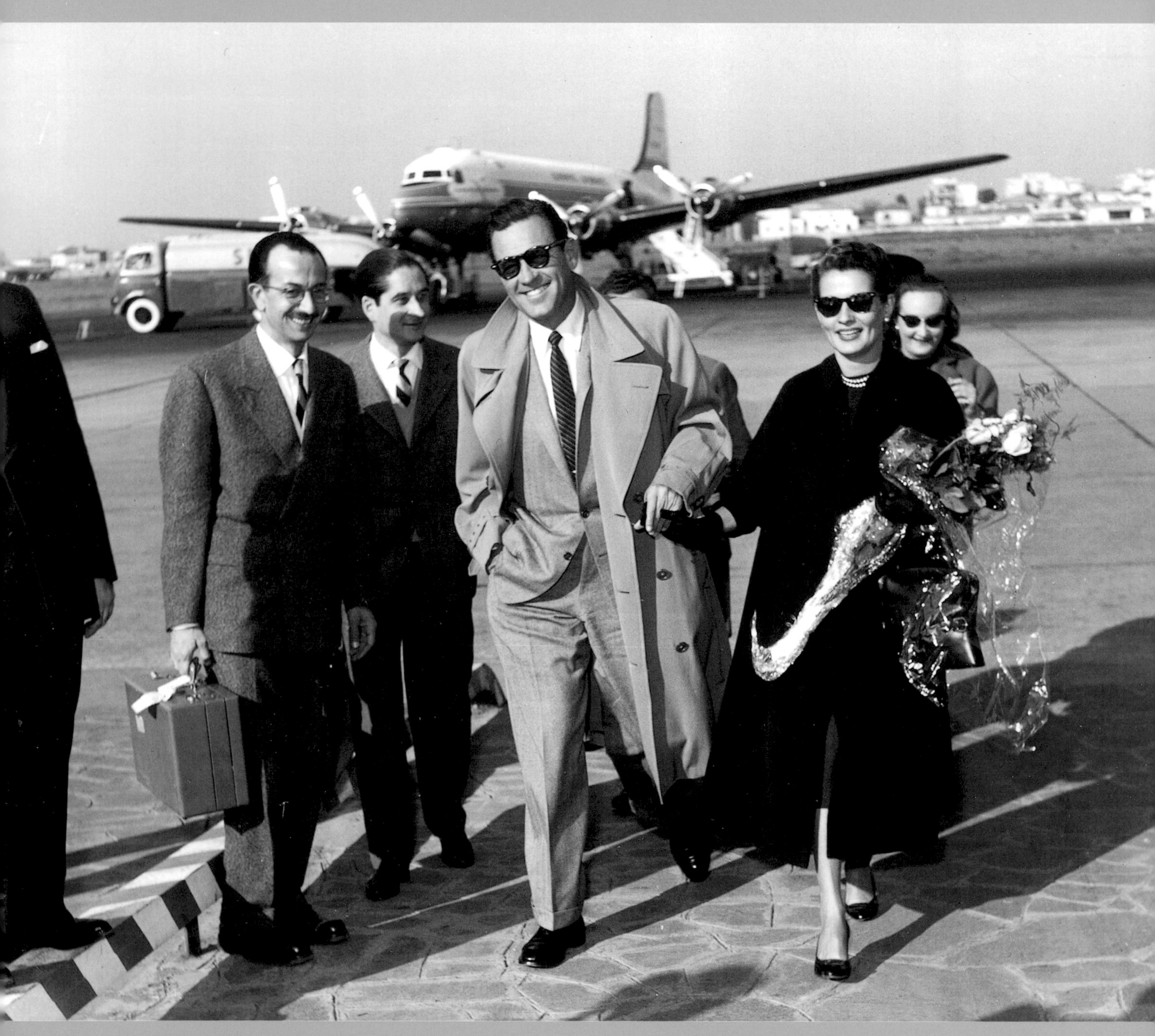

William Holden_1957

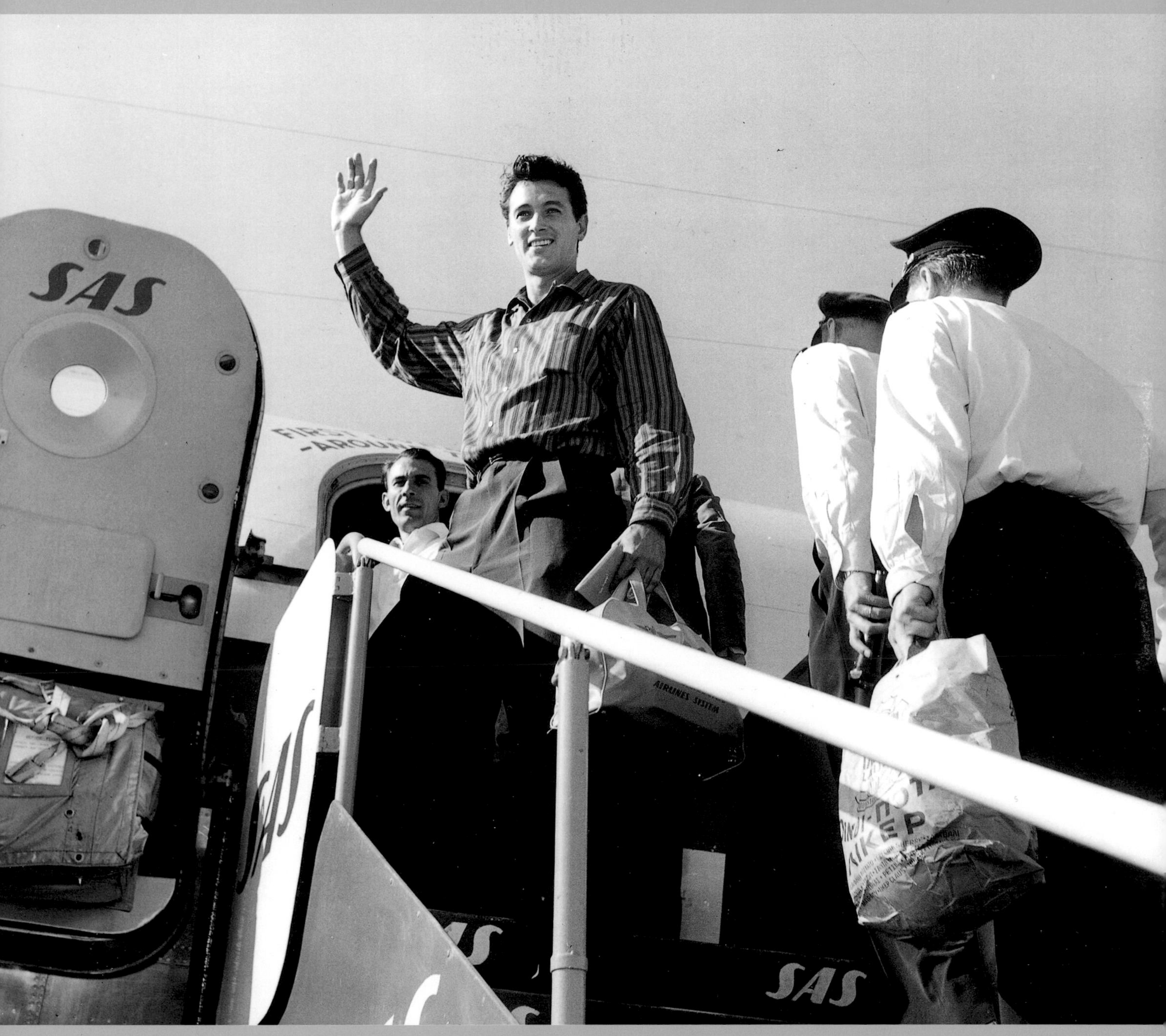

Rock Hudson"_1957

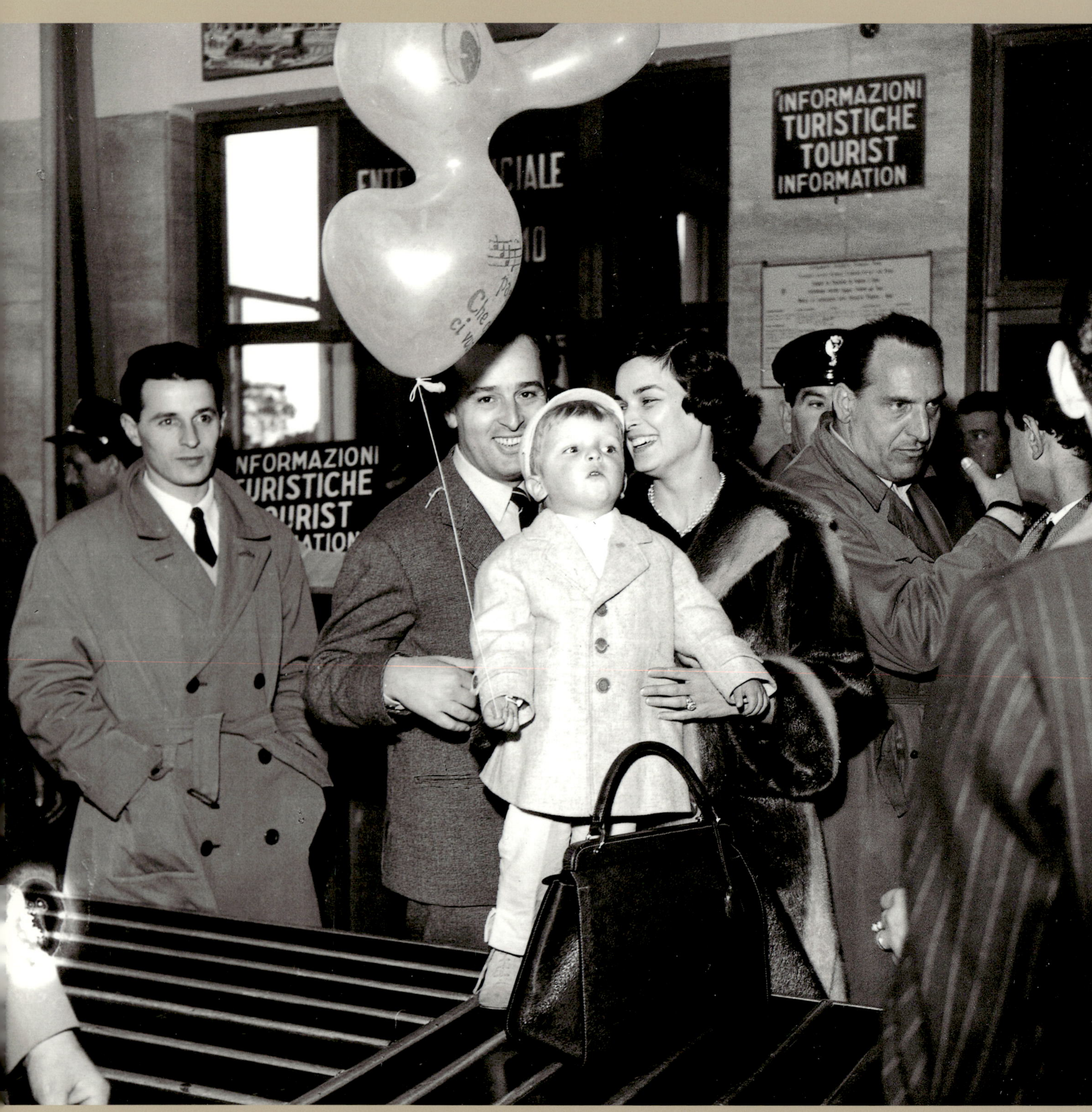

Lucia Bosè - Miguel - Josè Dominguin_1958

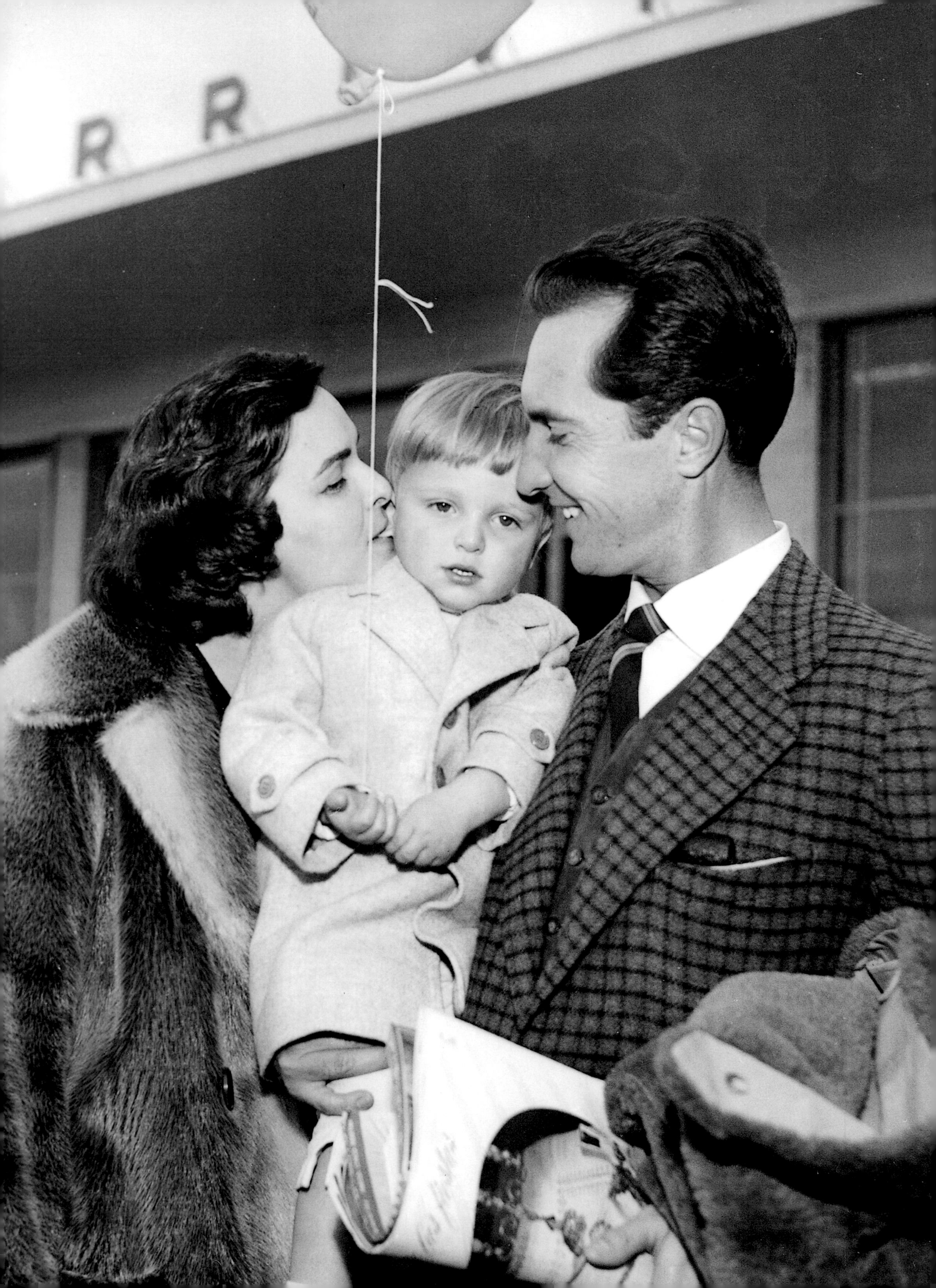

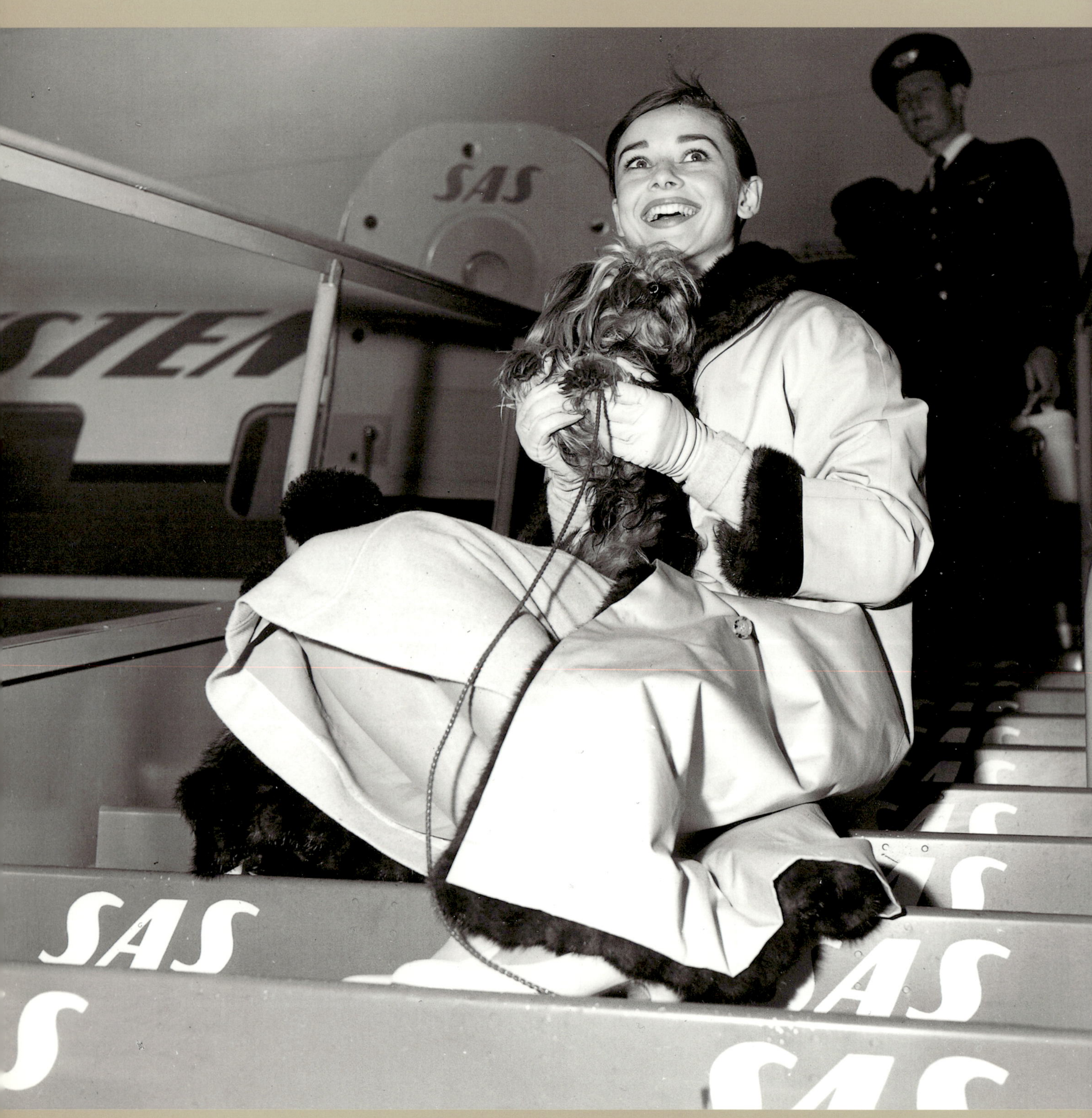

Audrey Hepburn_1958

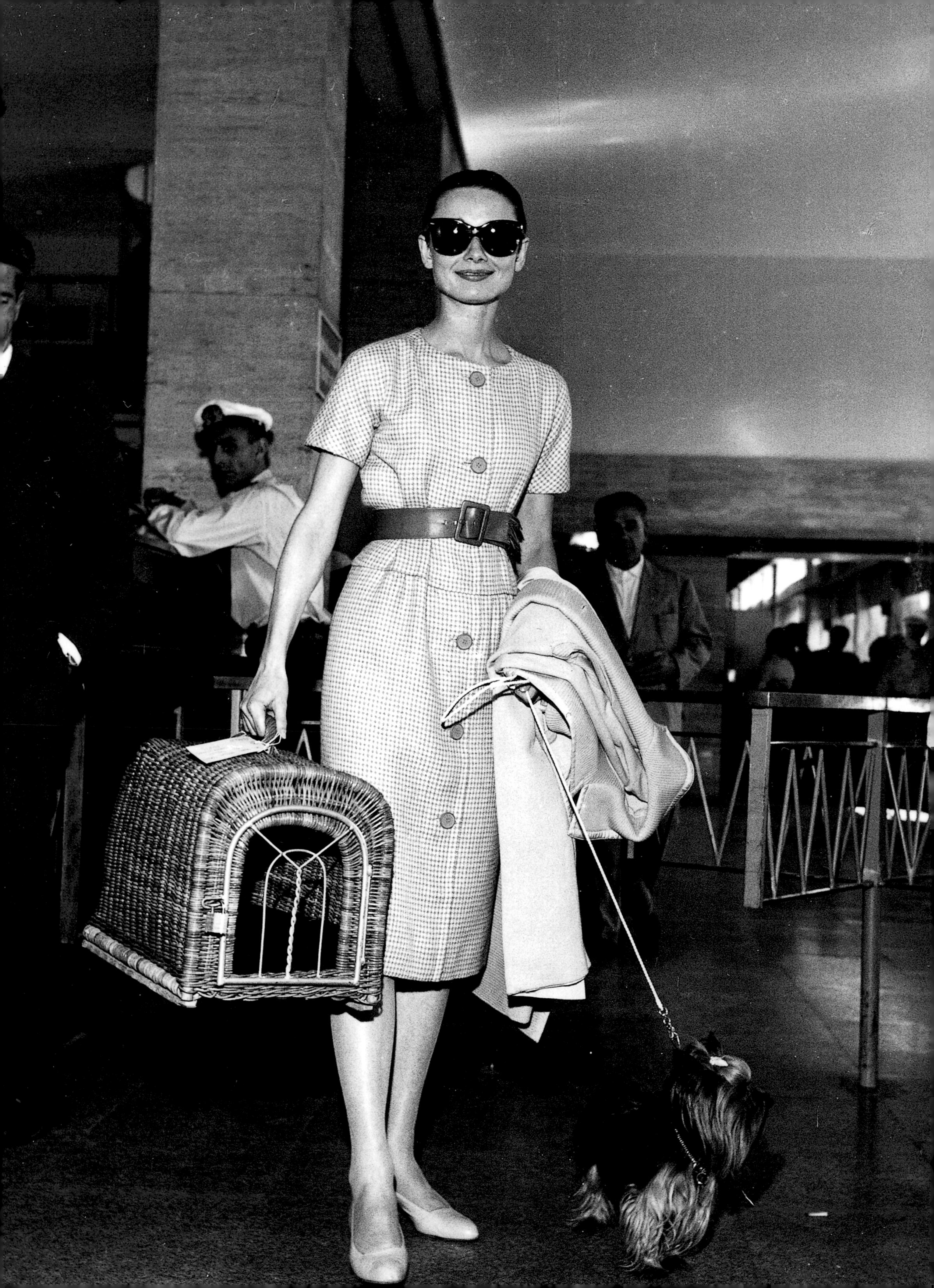

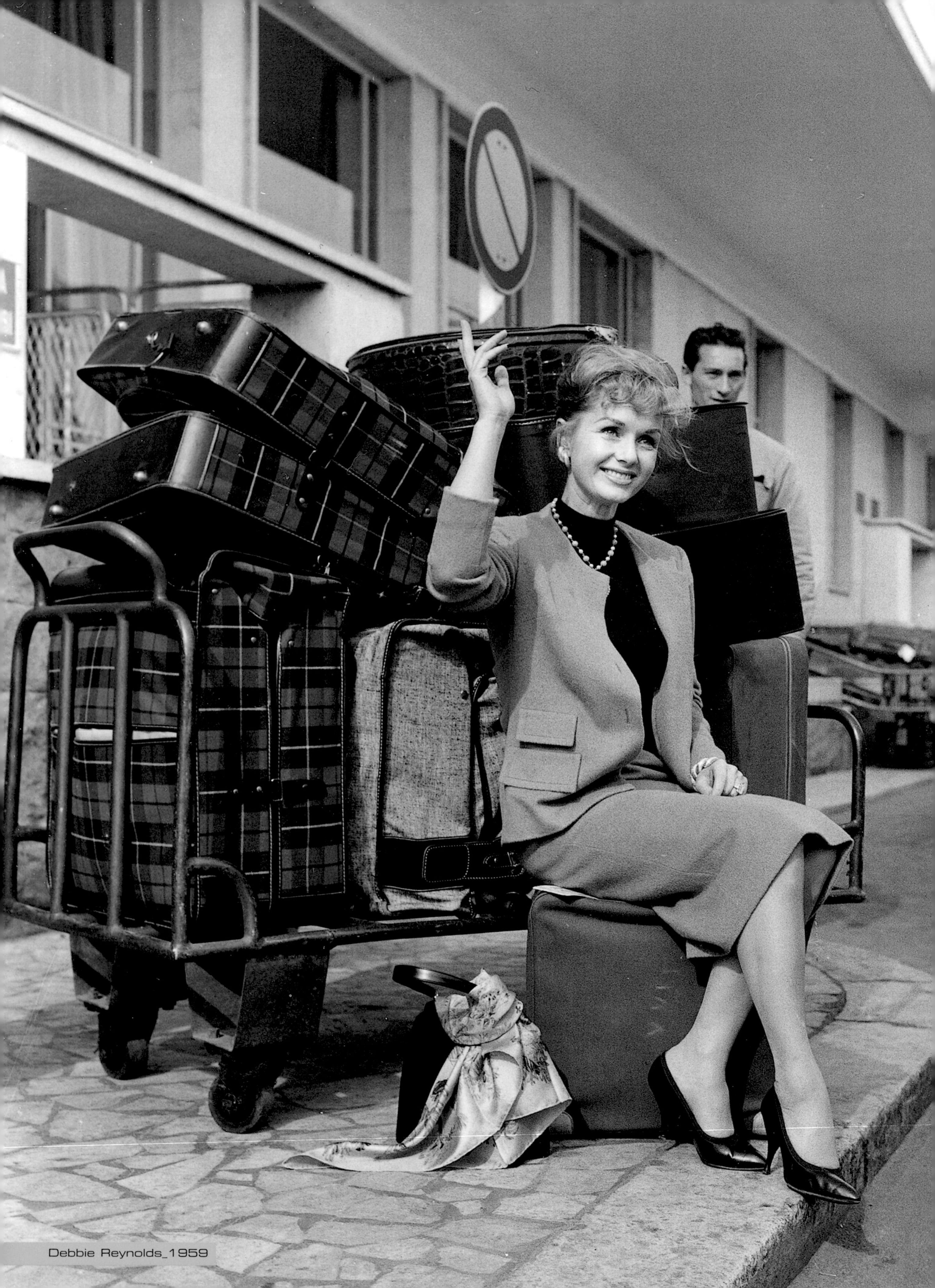

Debbie Reynolds_1959

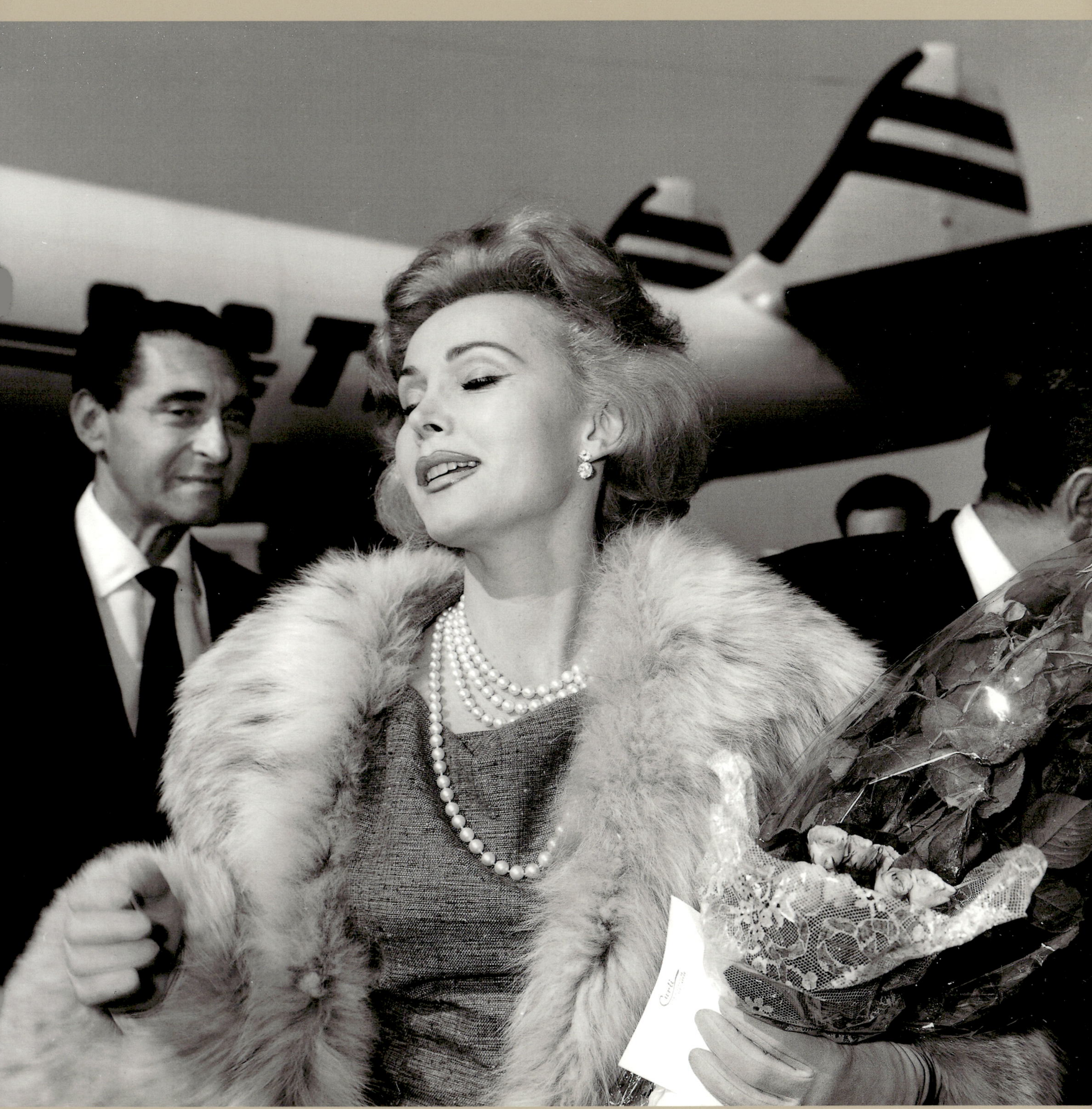

Zsa Zsa Gabor_1958

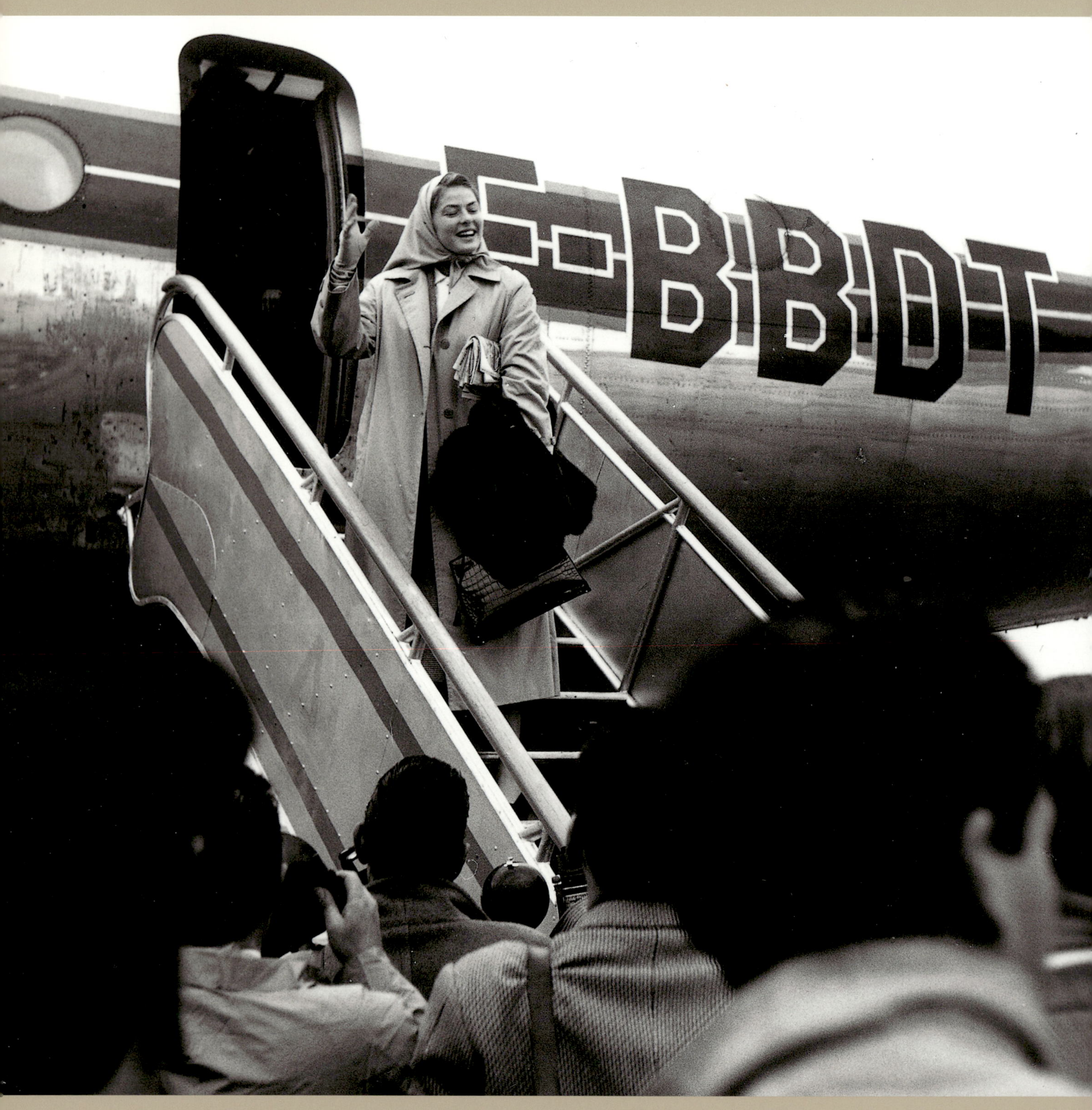

Igrid Bergman_1958

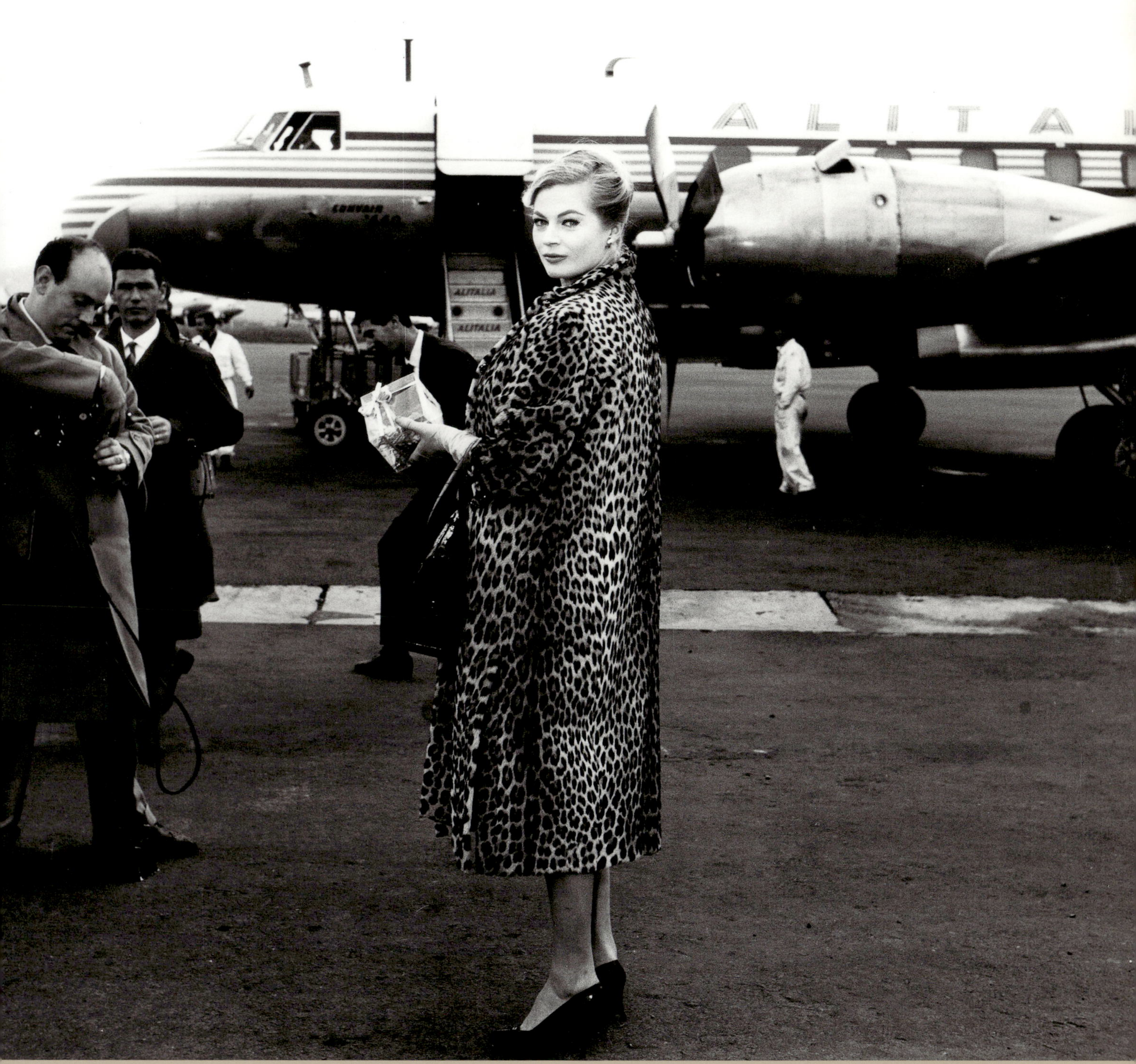

Anita Ekberg_1958

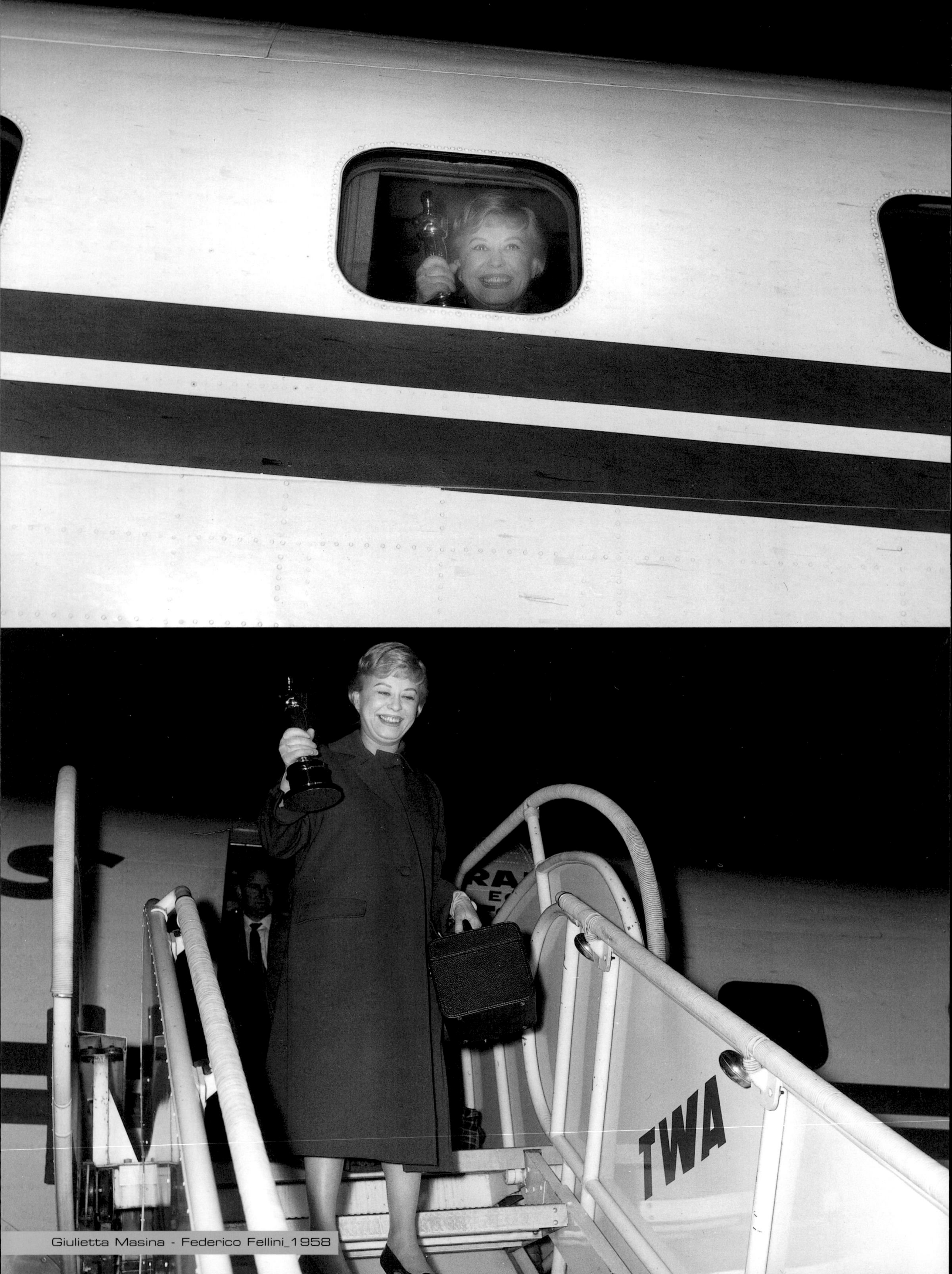

Giulietta Masina - Federico Fellini_1958

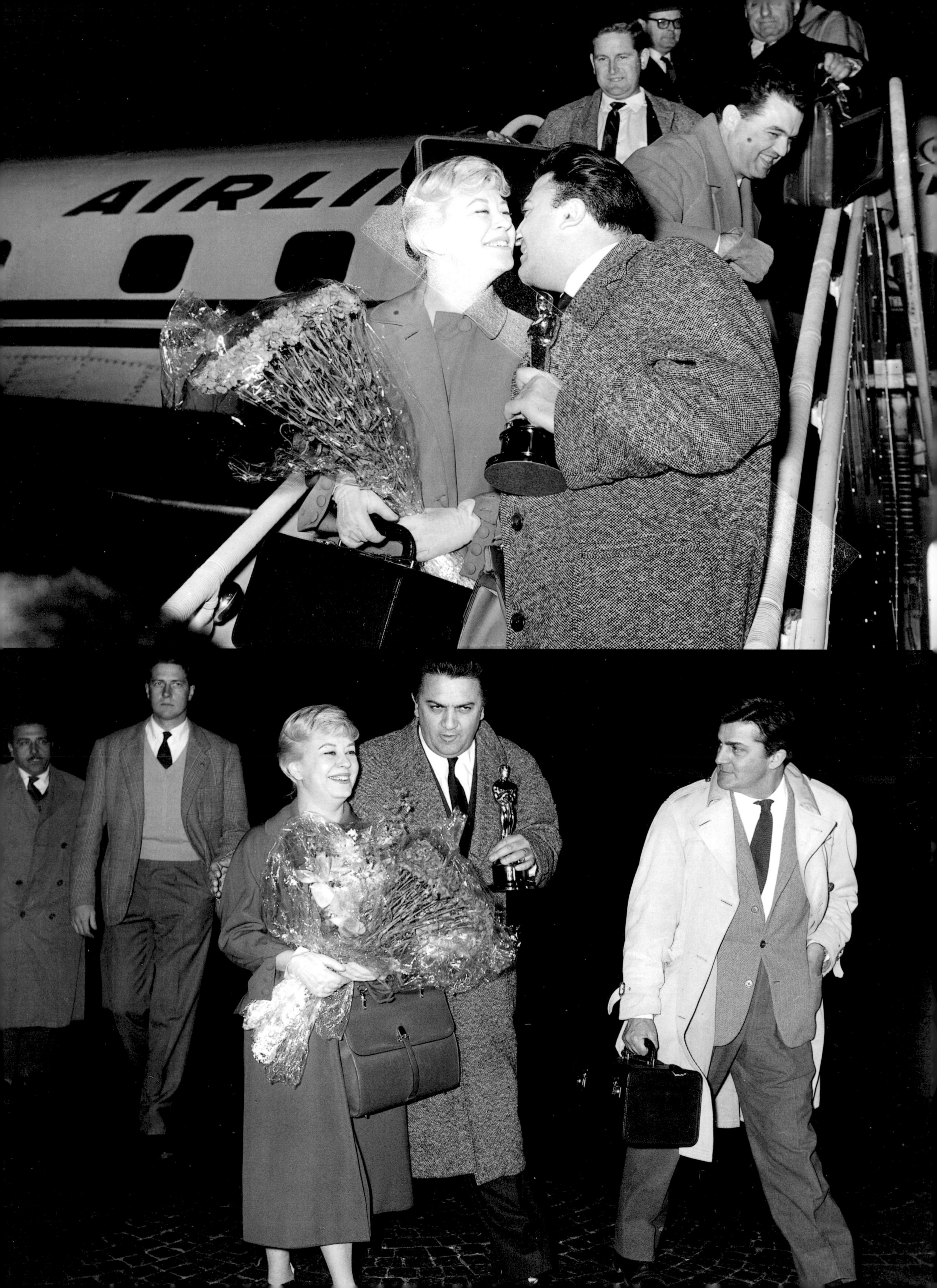
AIRLI

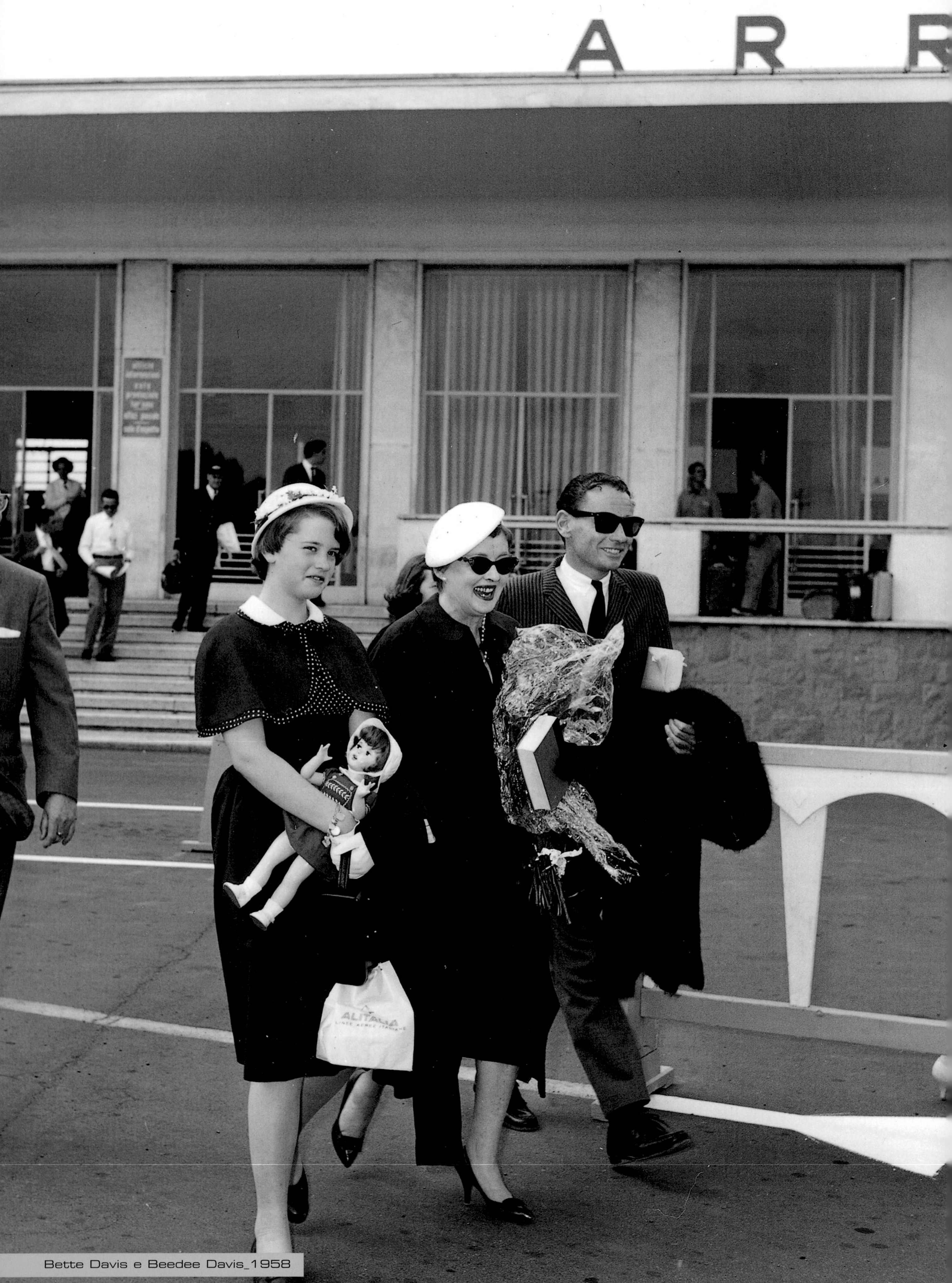

Bette Davis e Beedee Davis_1958

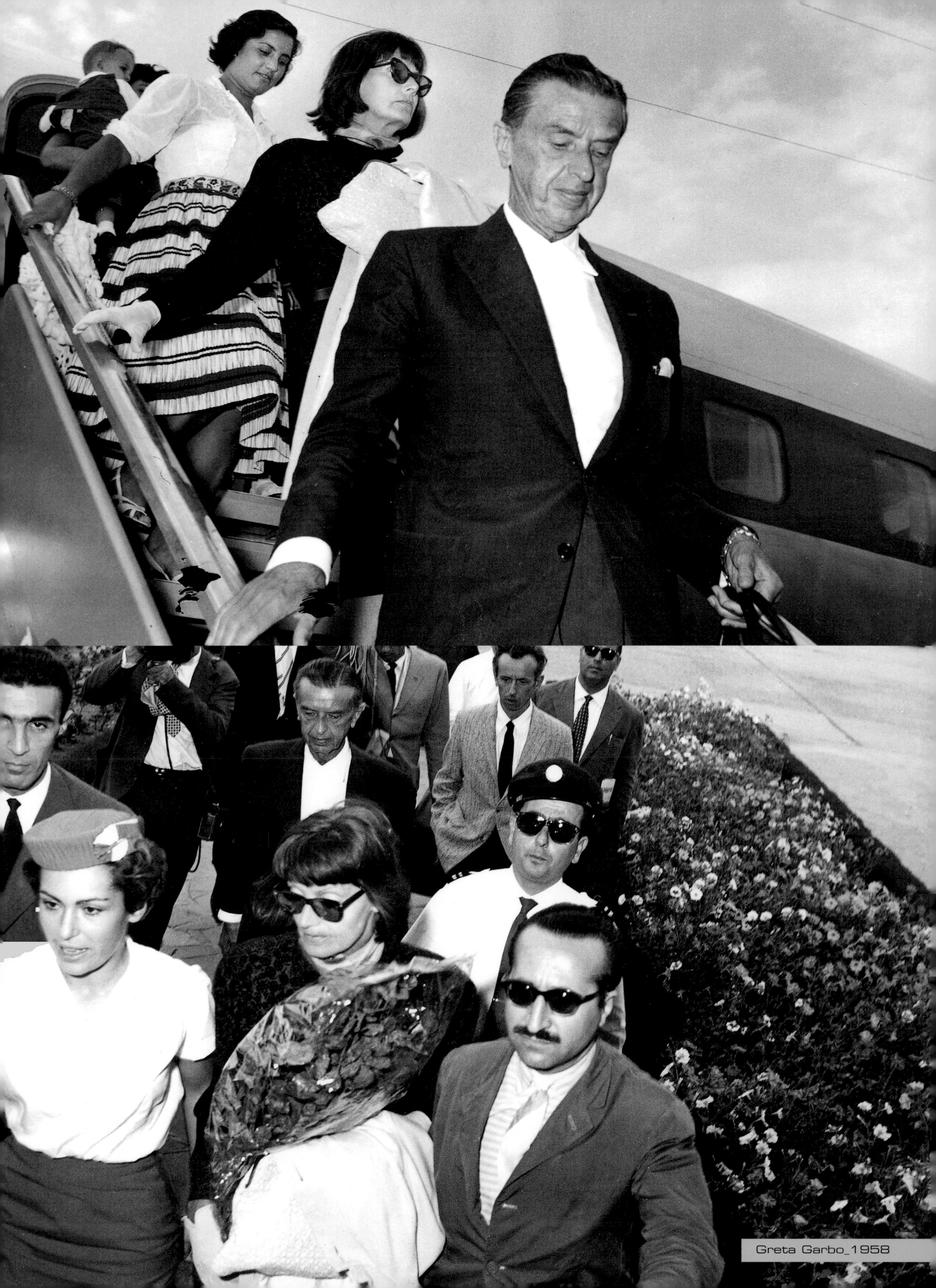

Greta Garbo_1958

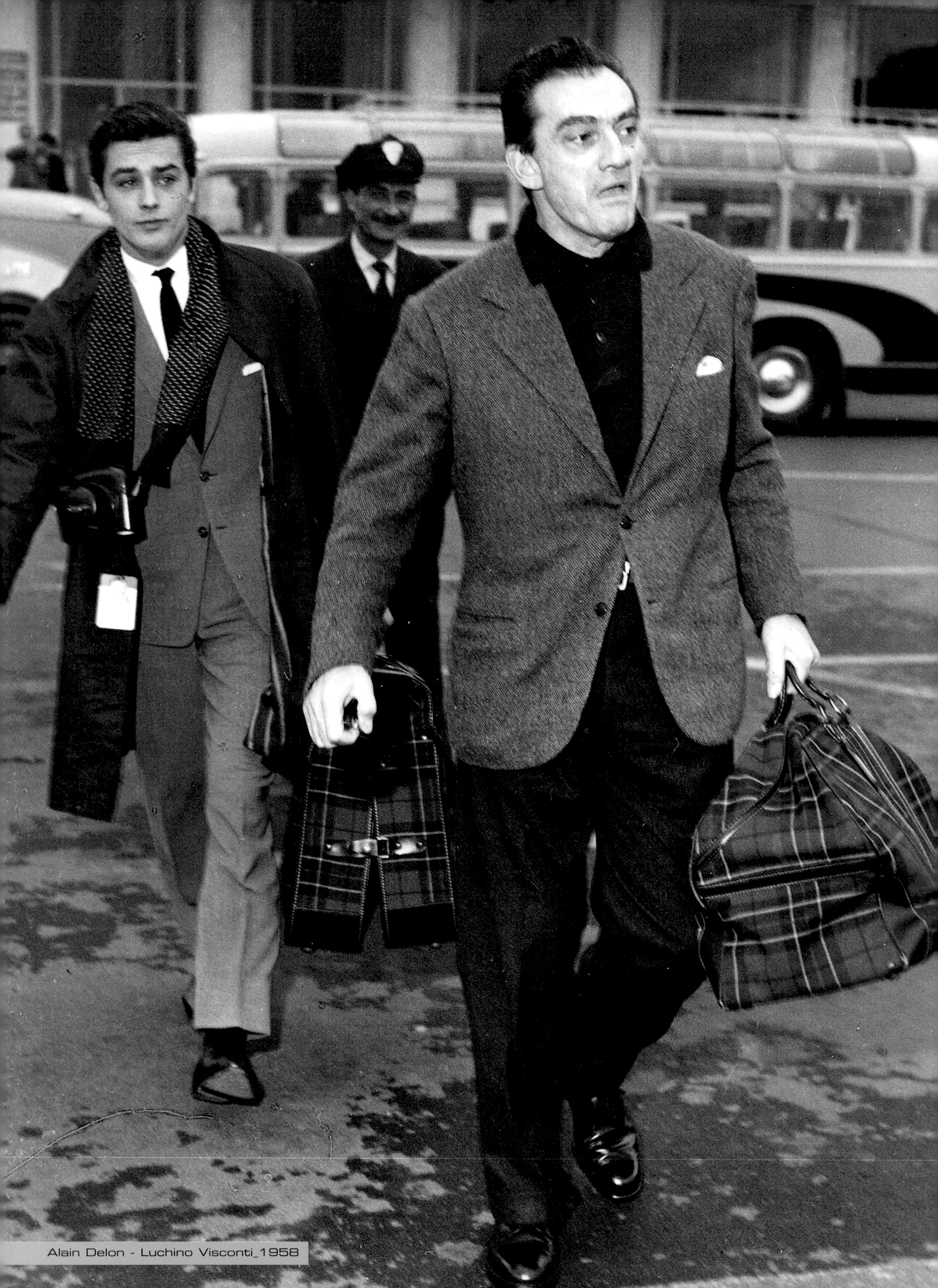

Alain Delon - Luchino Visconti_1958

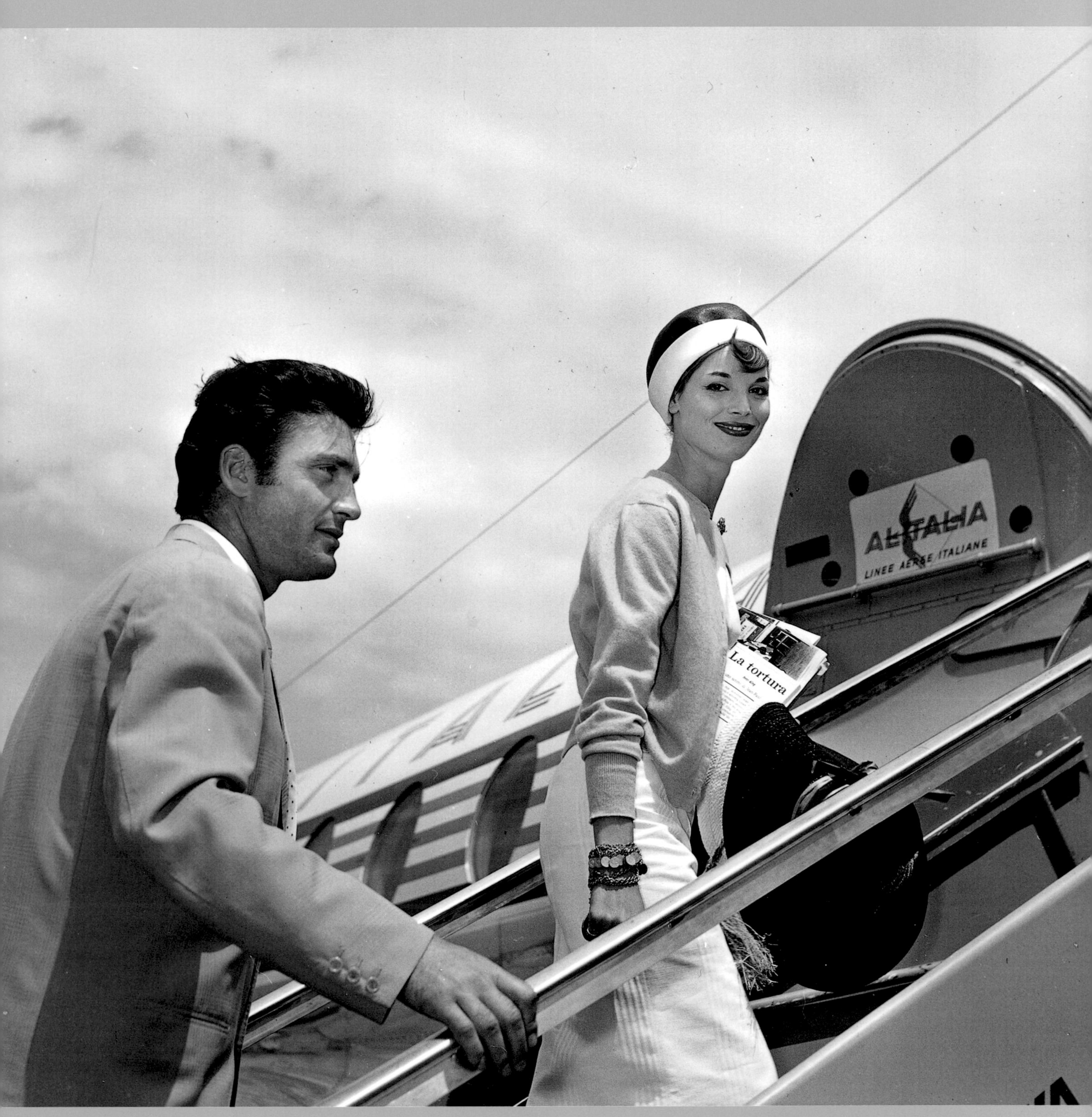

Rick Battaglia - Elsa Martinelli_1958

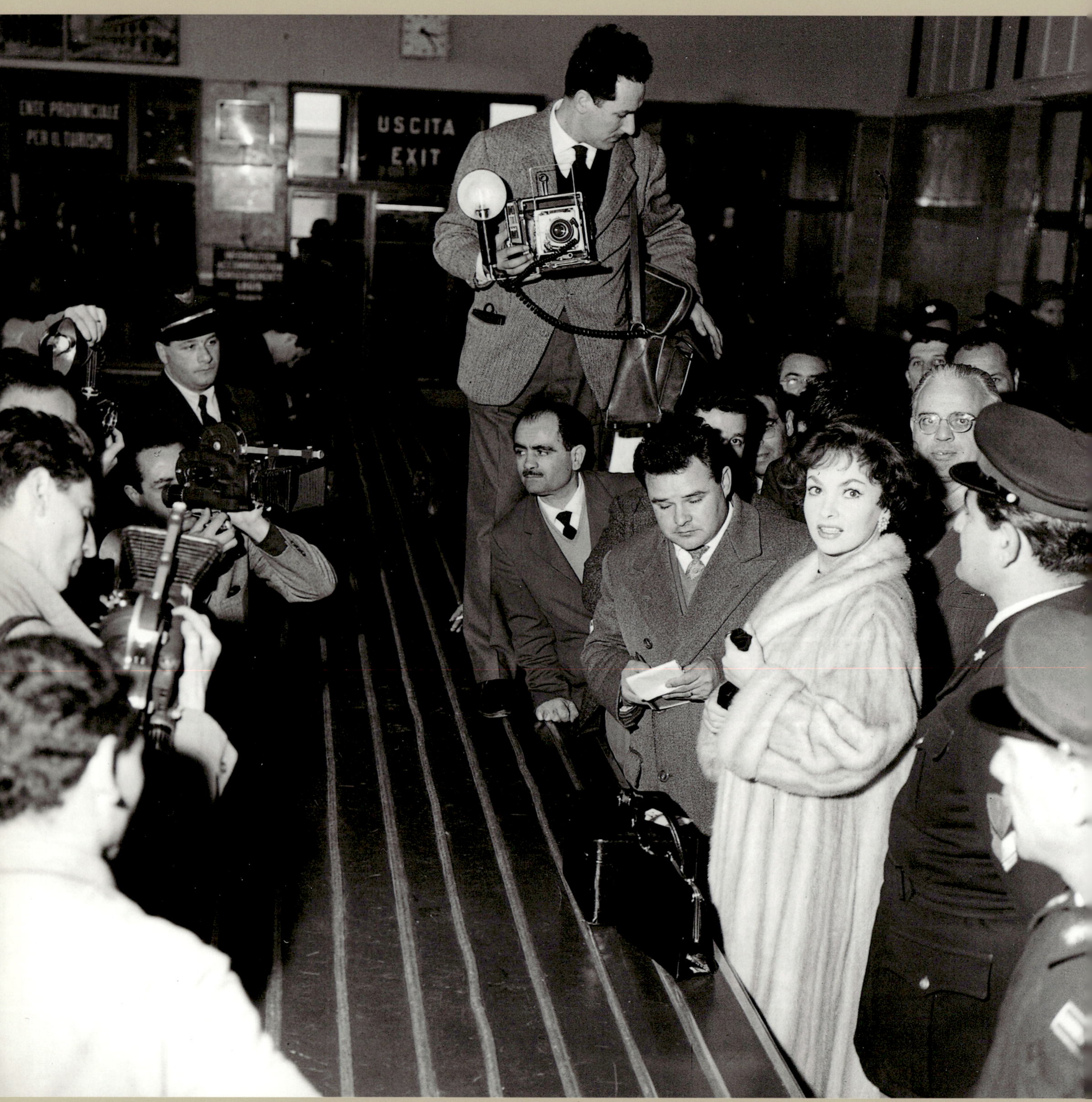

Gina Lollobrigida_1958

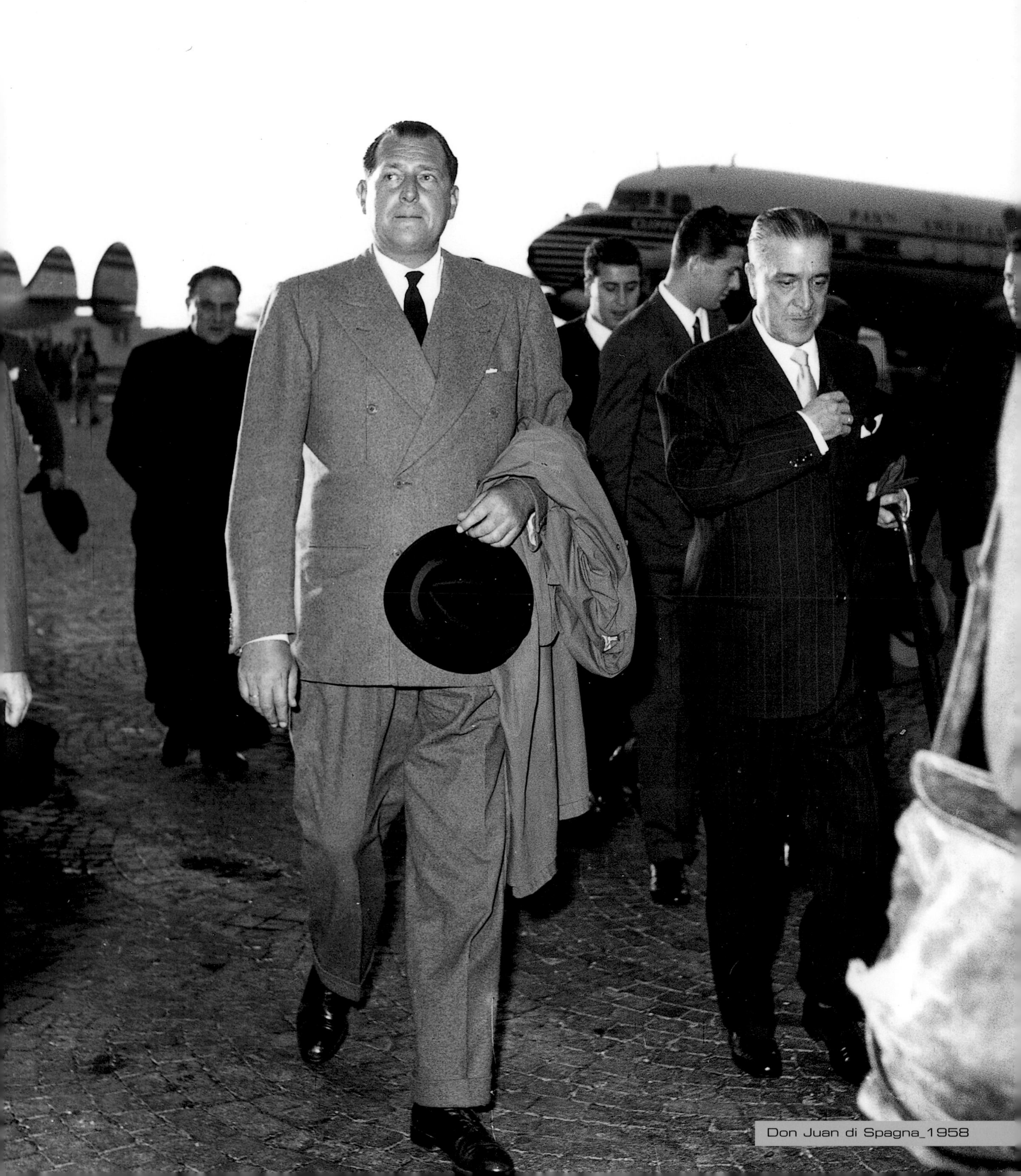

Don Juan di Spagna_1958

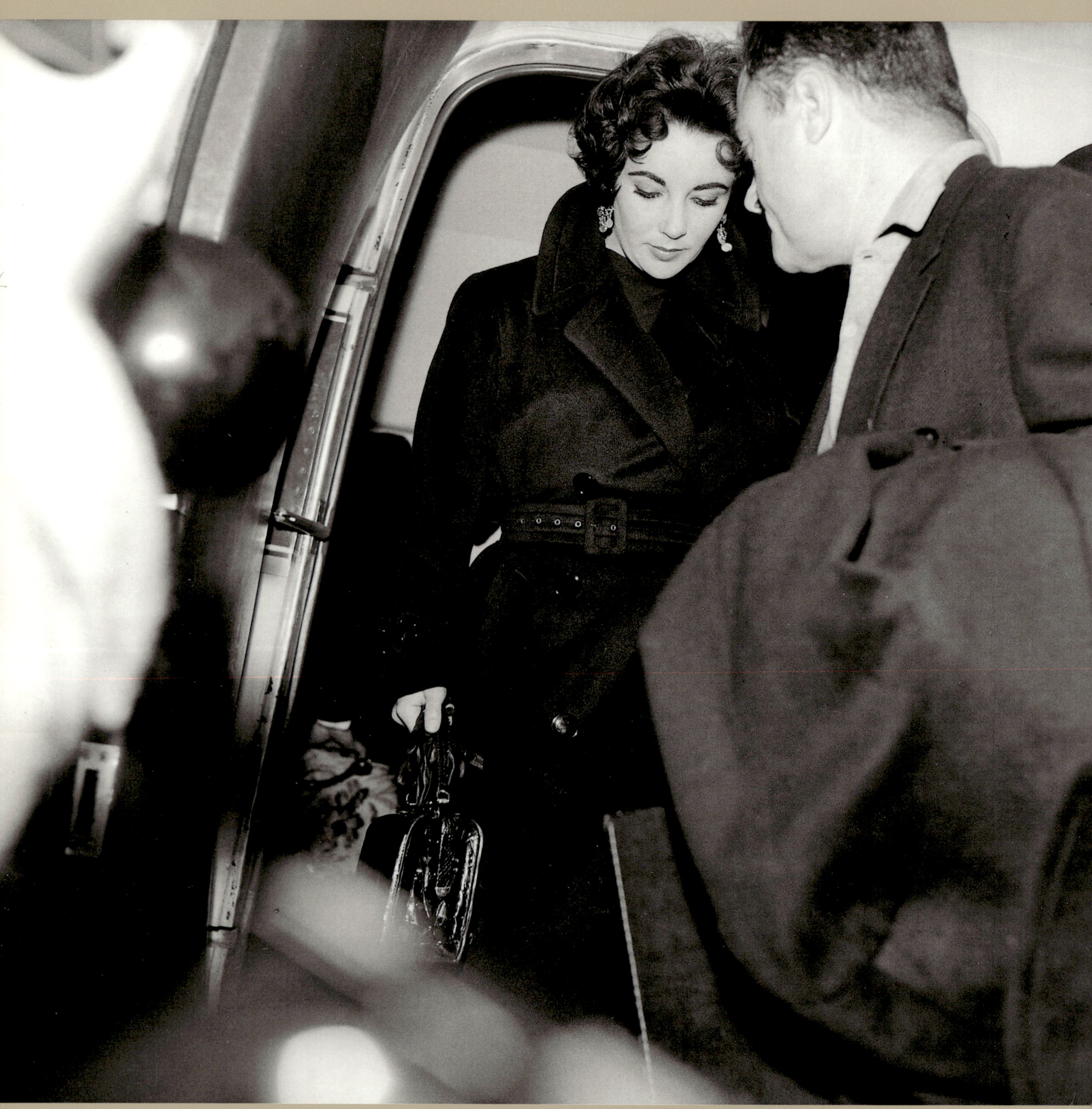

Elizabeth Taylor - Mike Todd_1958

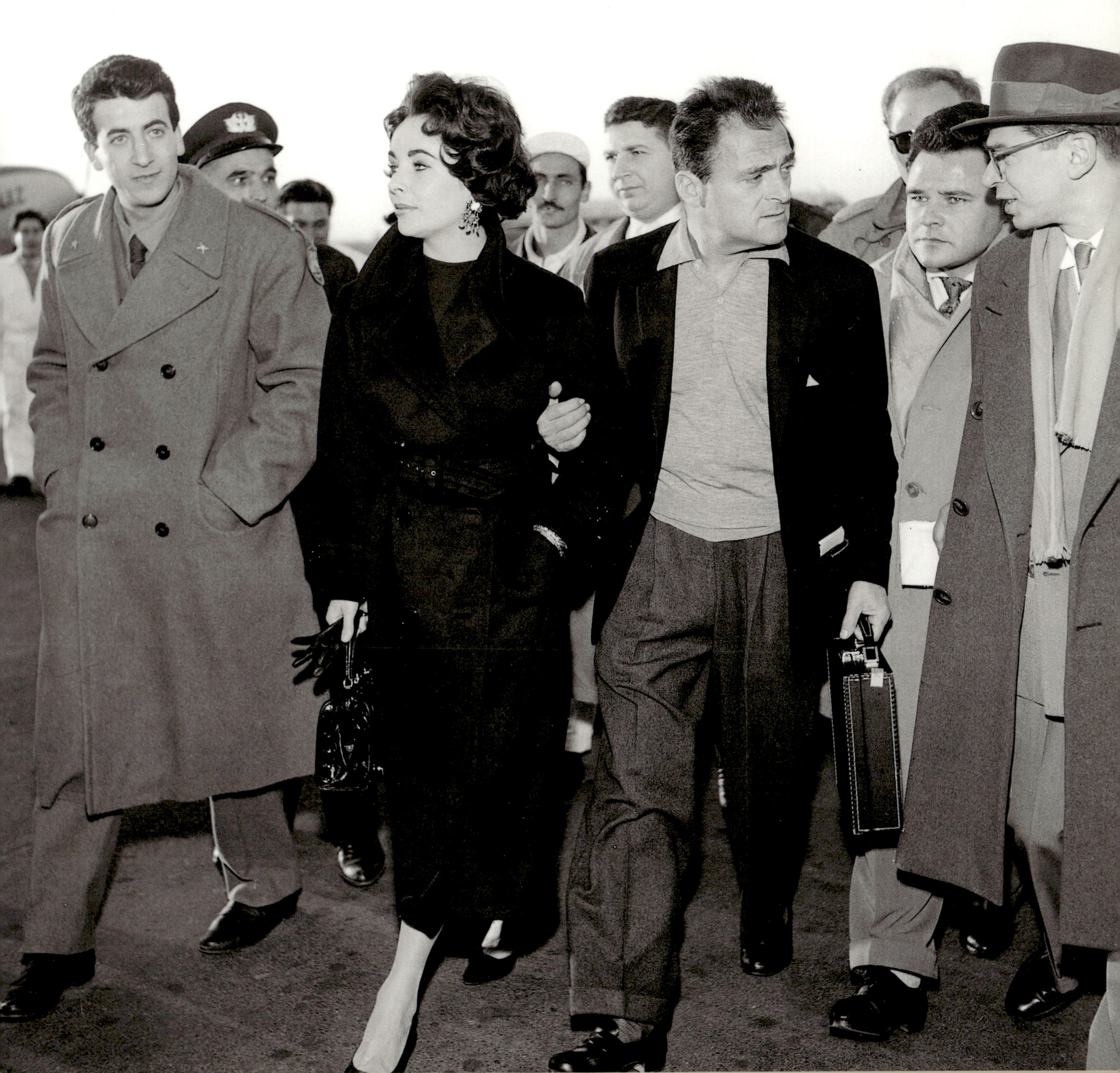

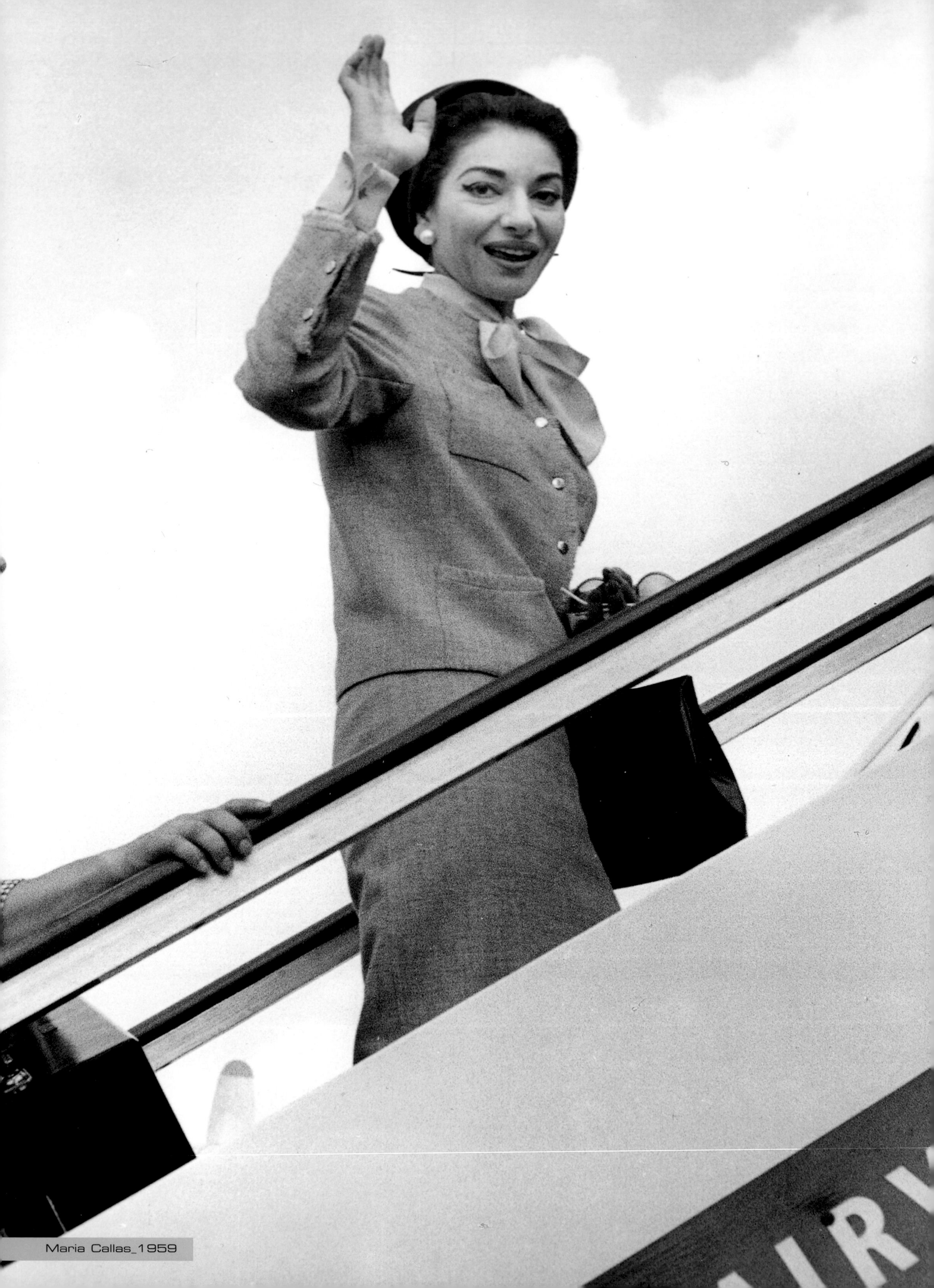

Maria Callas_1959

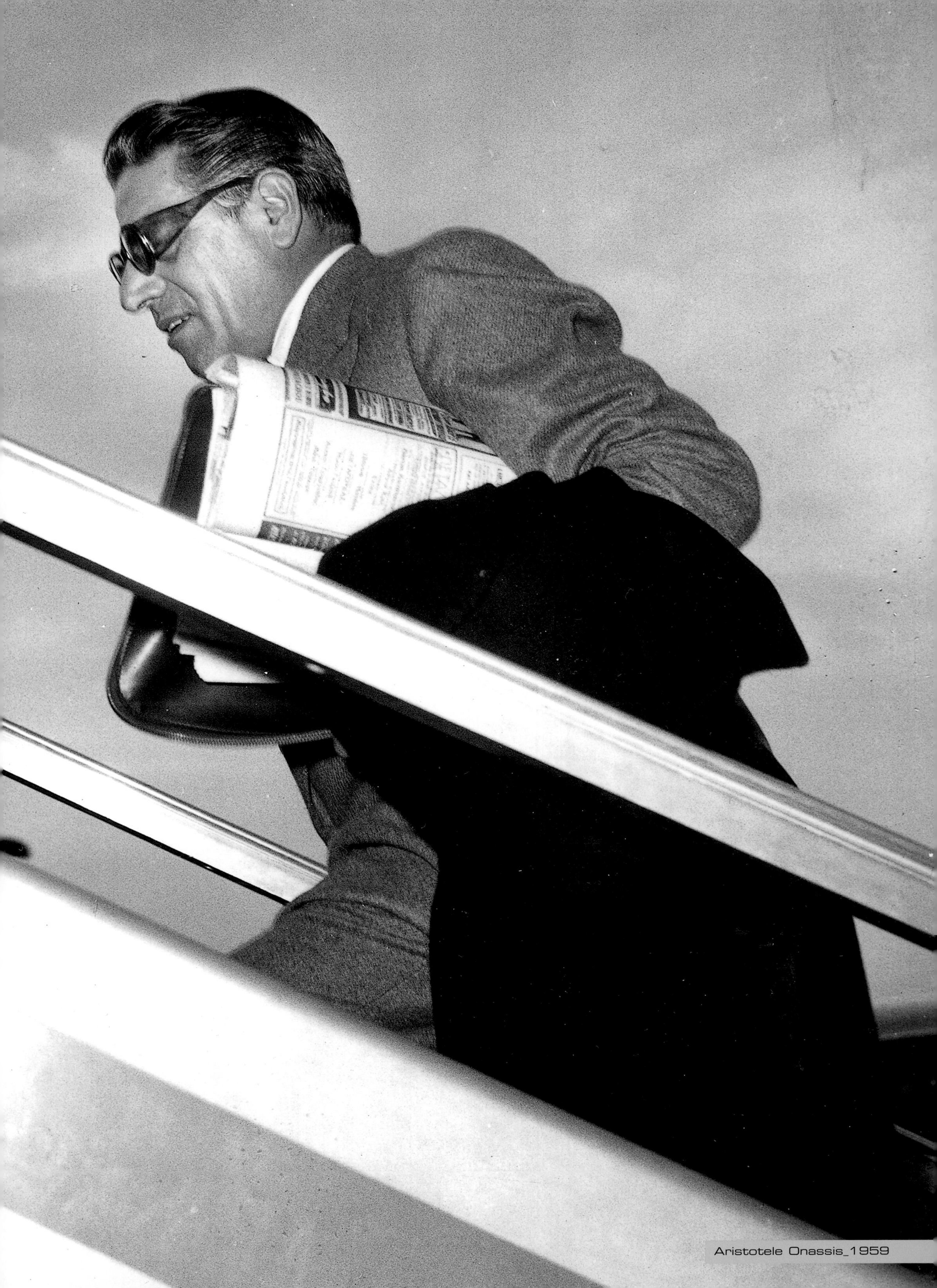

Aristotele Onassis_1959

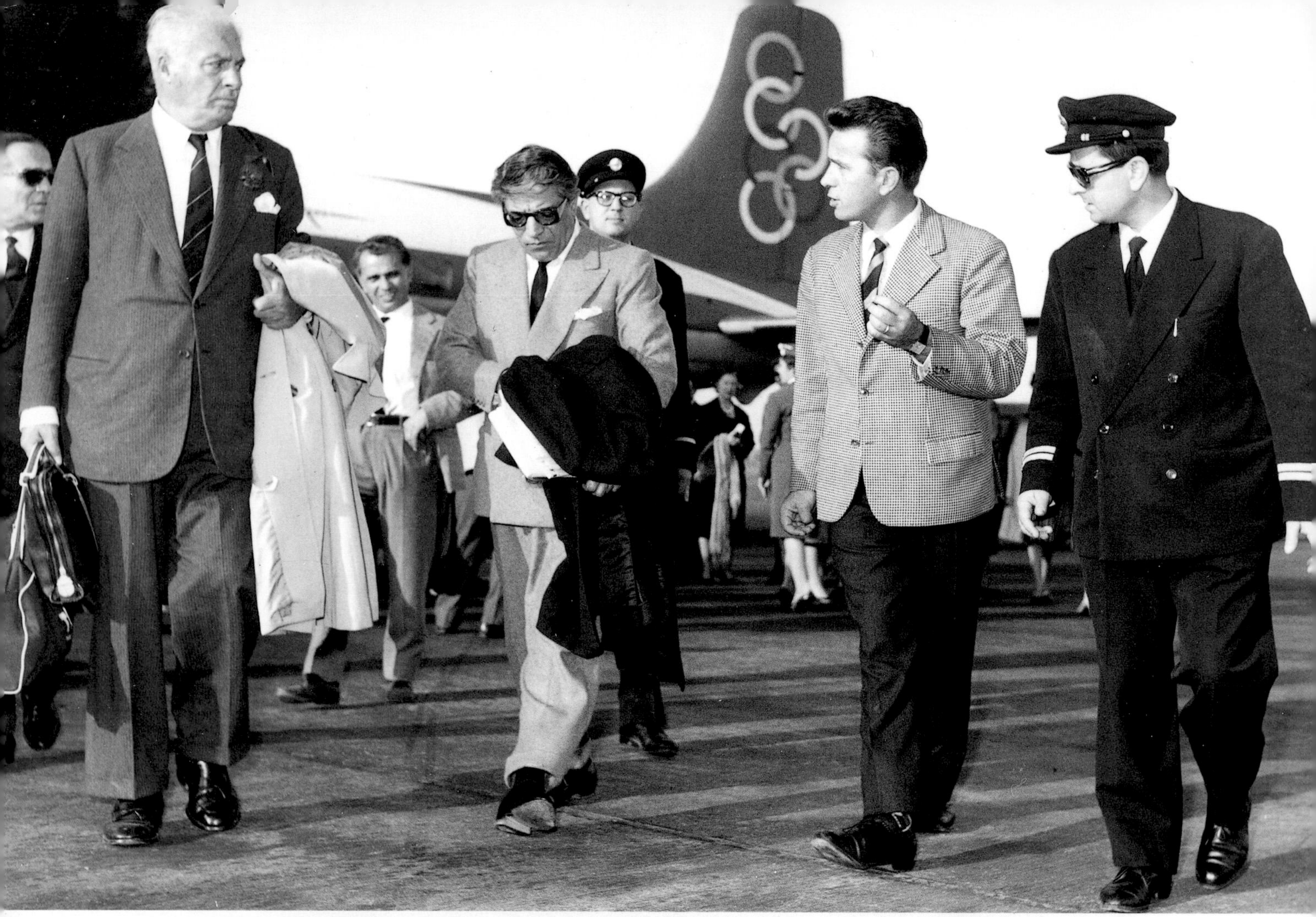

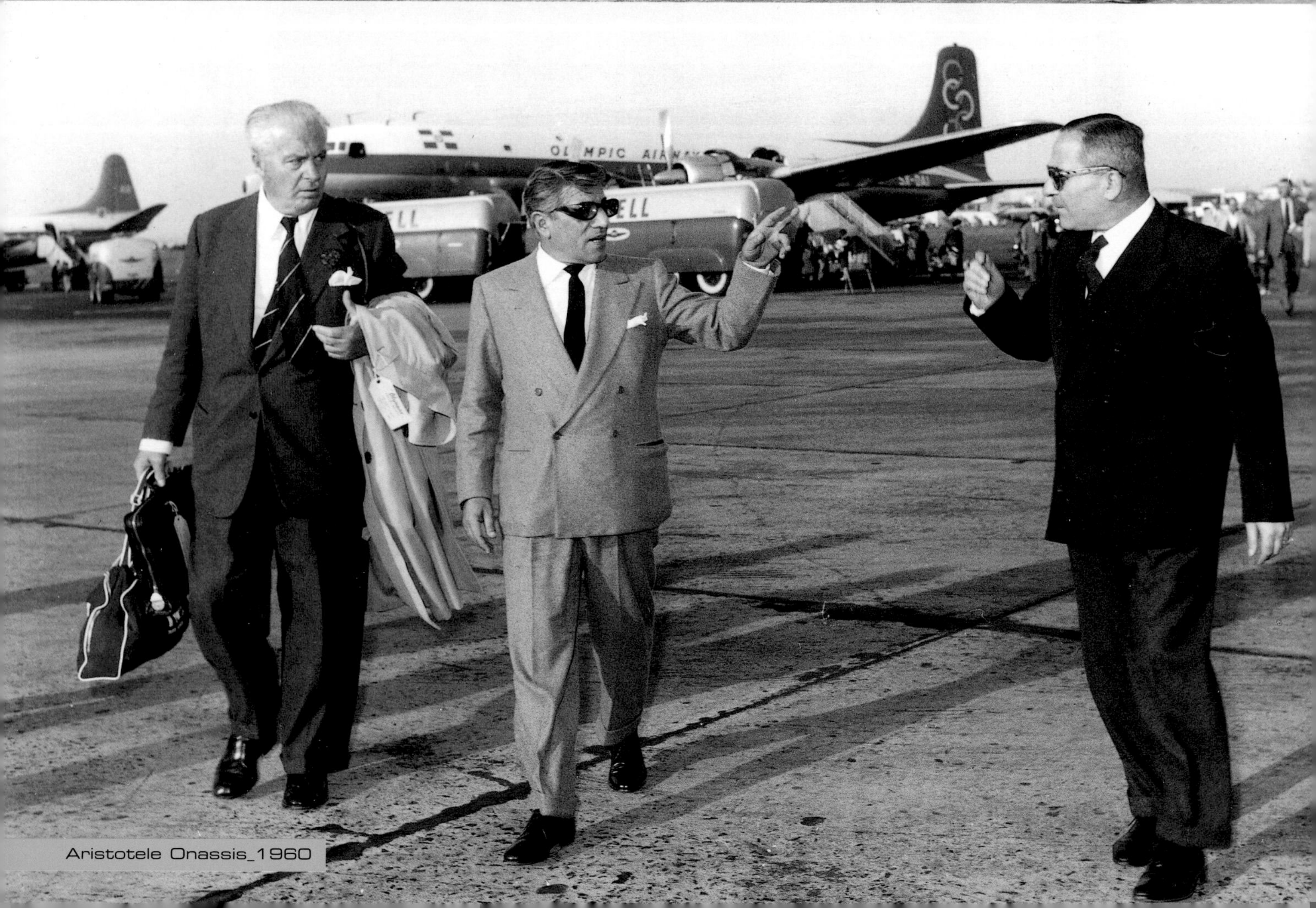

Aristotele Onassis_1960

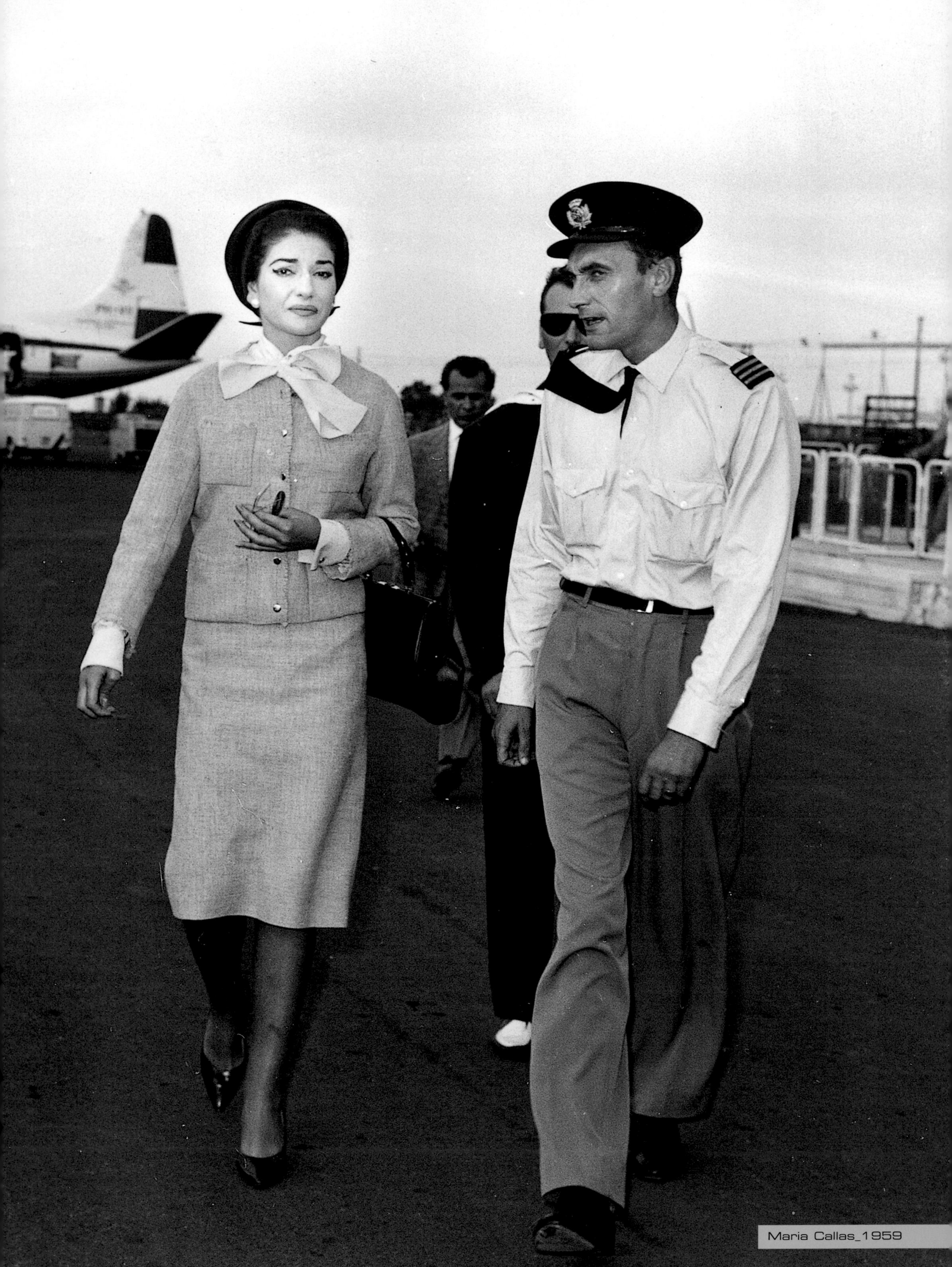

Maria Callas_1959

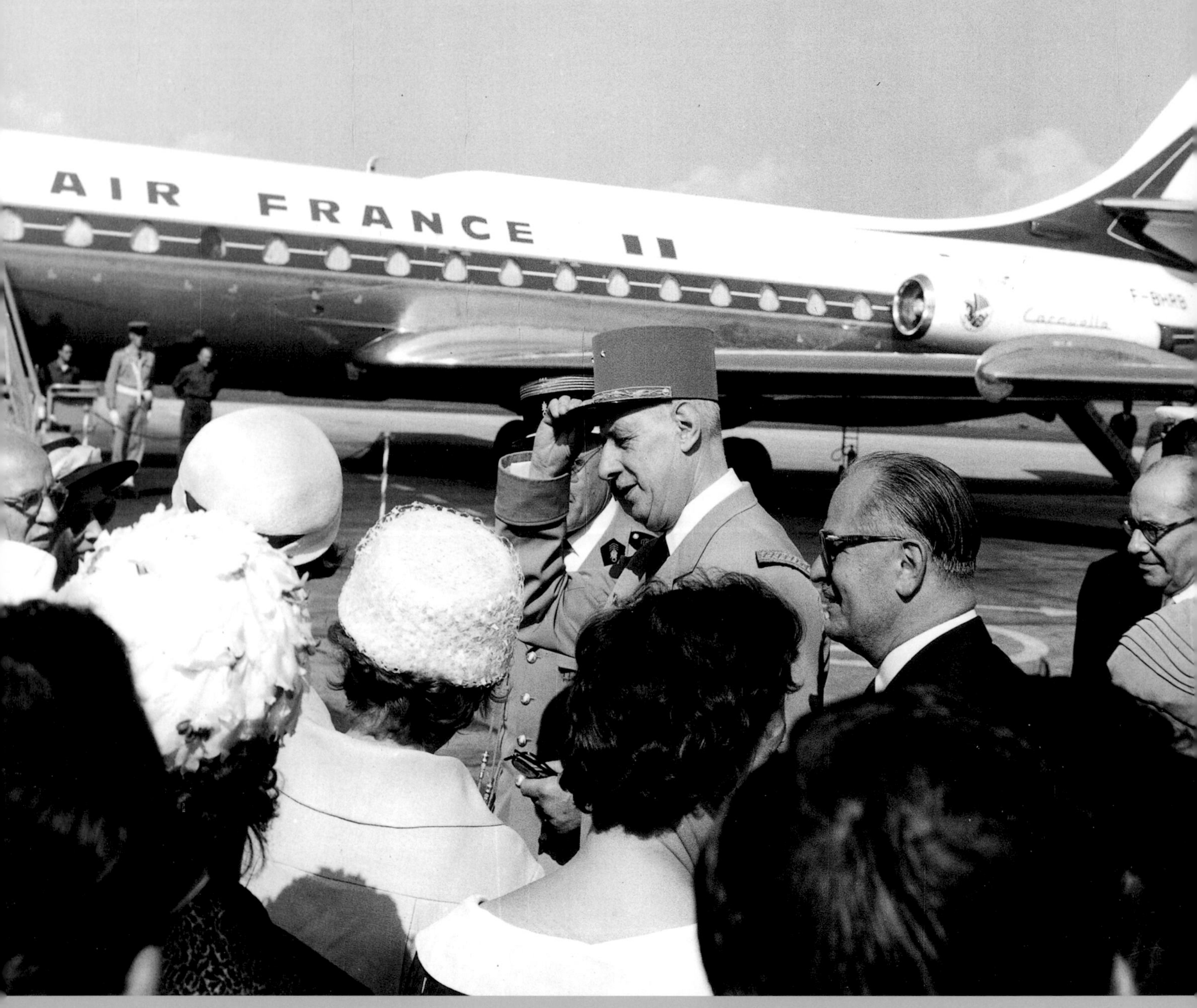

Charles de Gaulle_1959

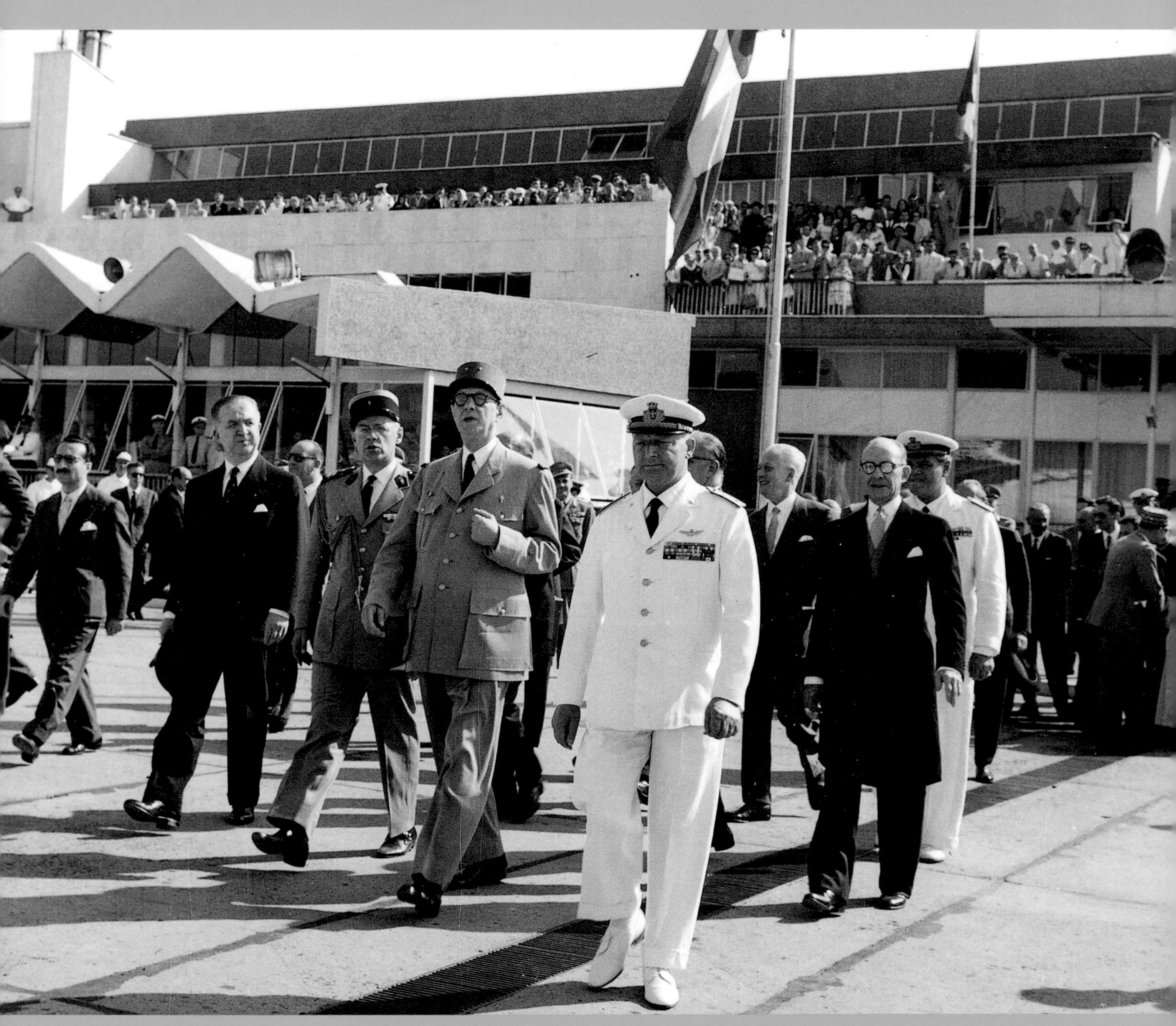

Dwight D. Eisenhower_1959

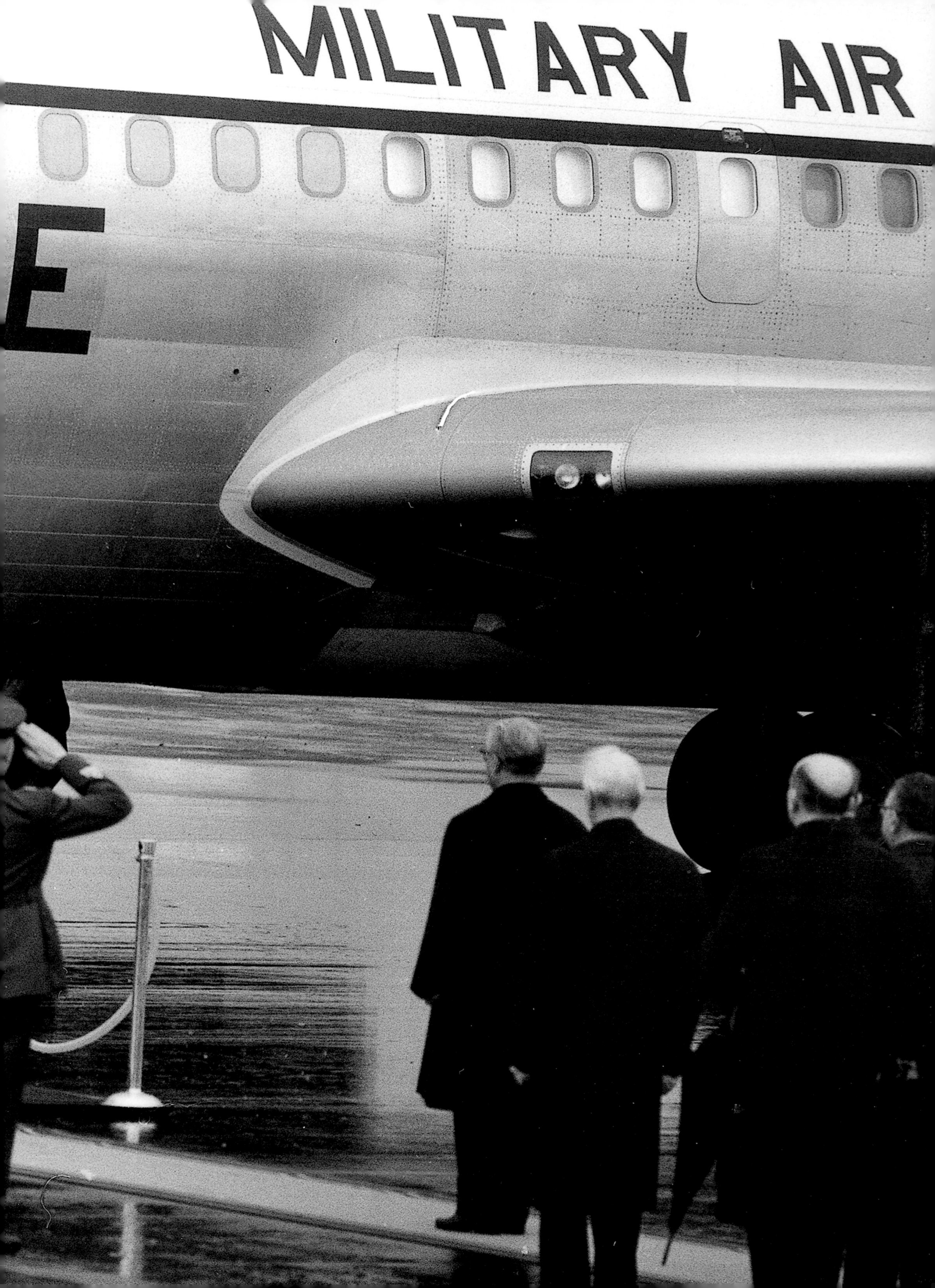

MILITARY AIR
E

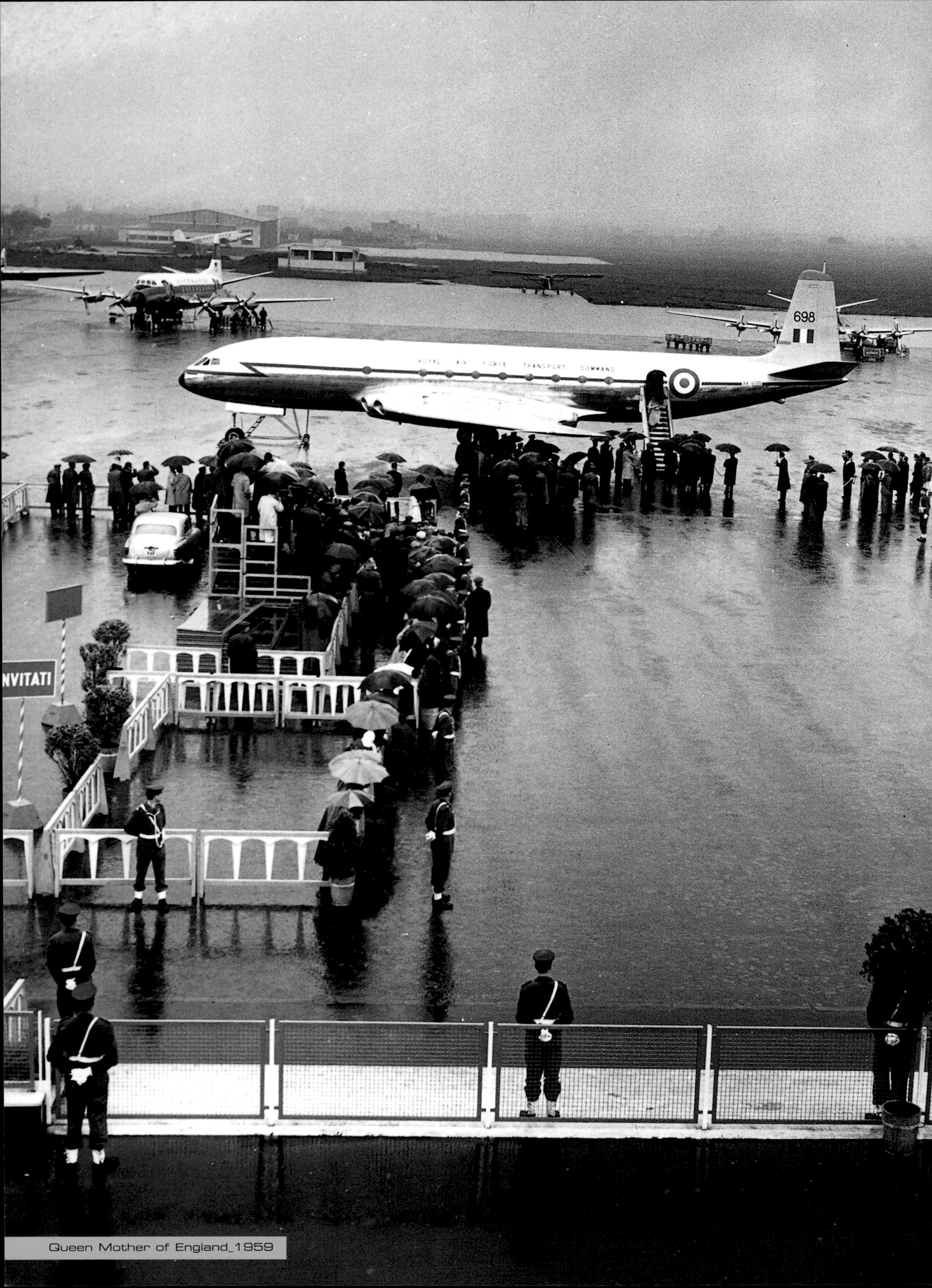

Queen Mother of England_1959

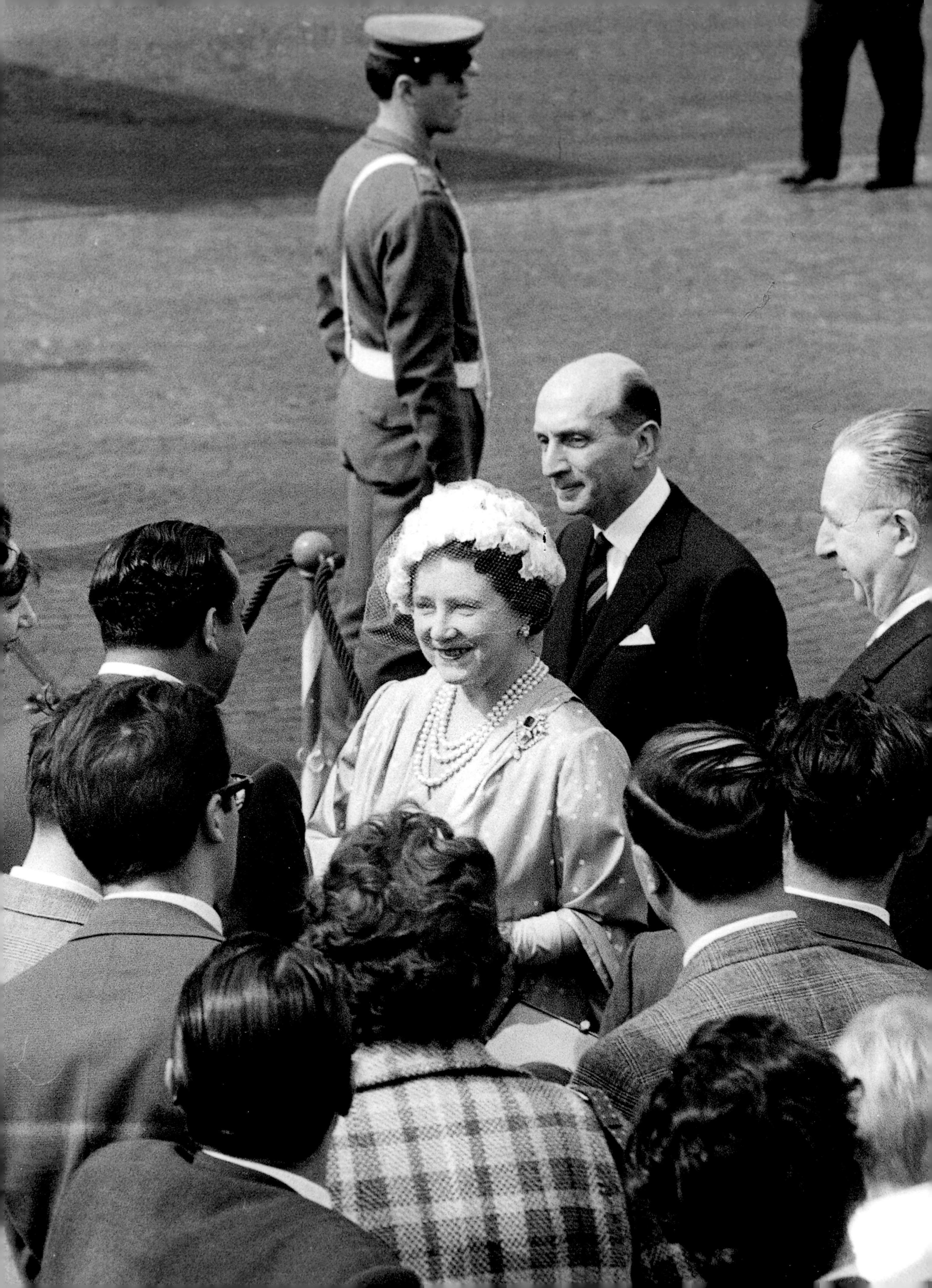

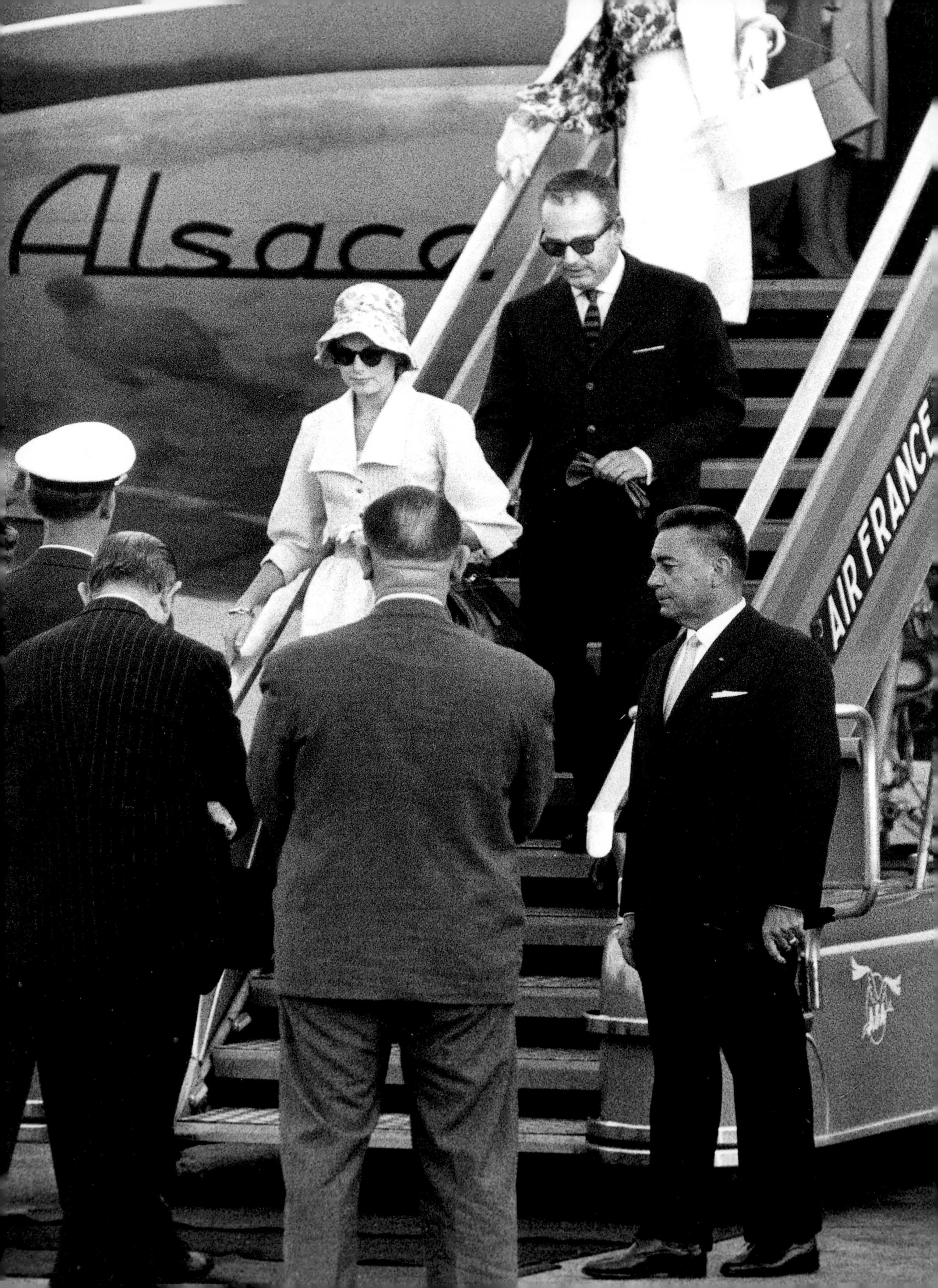
Alsace
AIR FRANCE

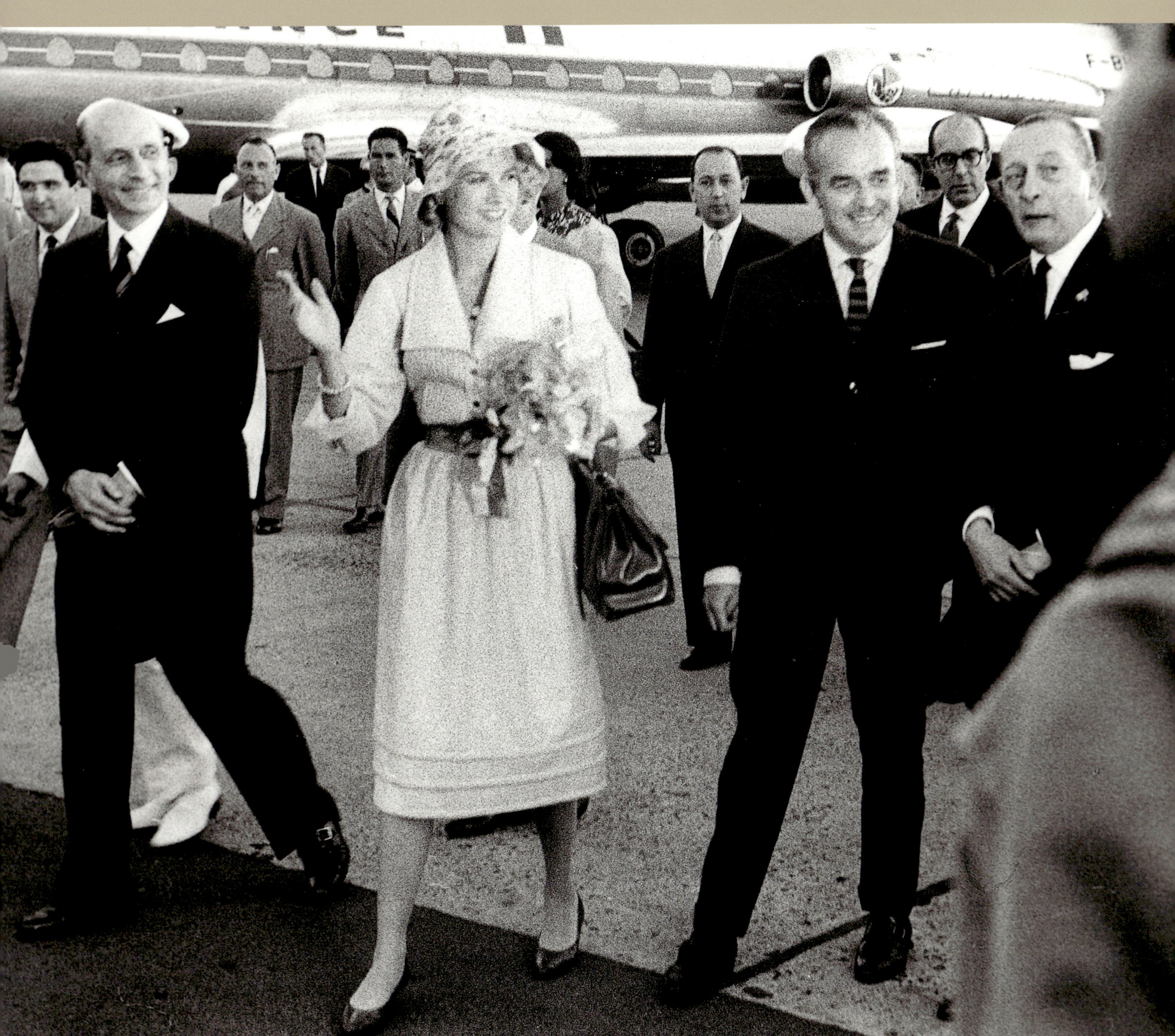

Grace Kelly - Ranieri di Monaco_1959

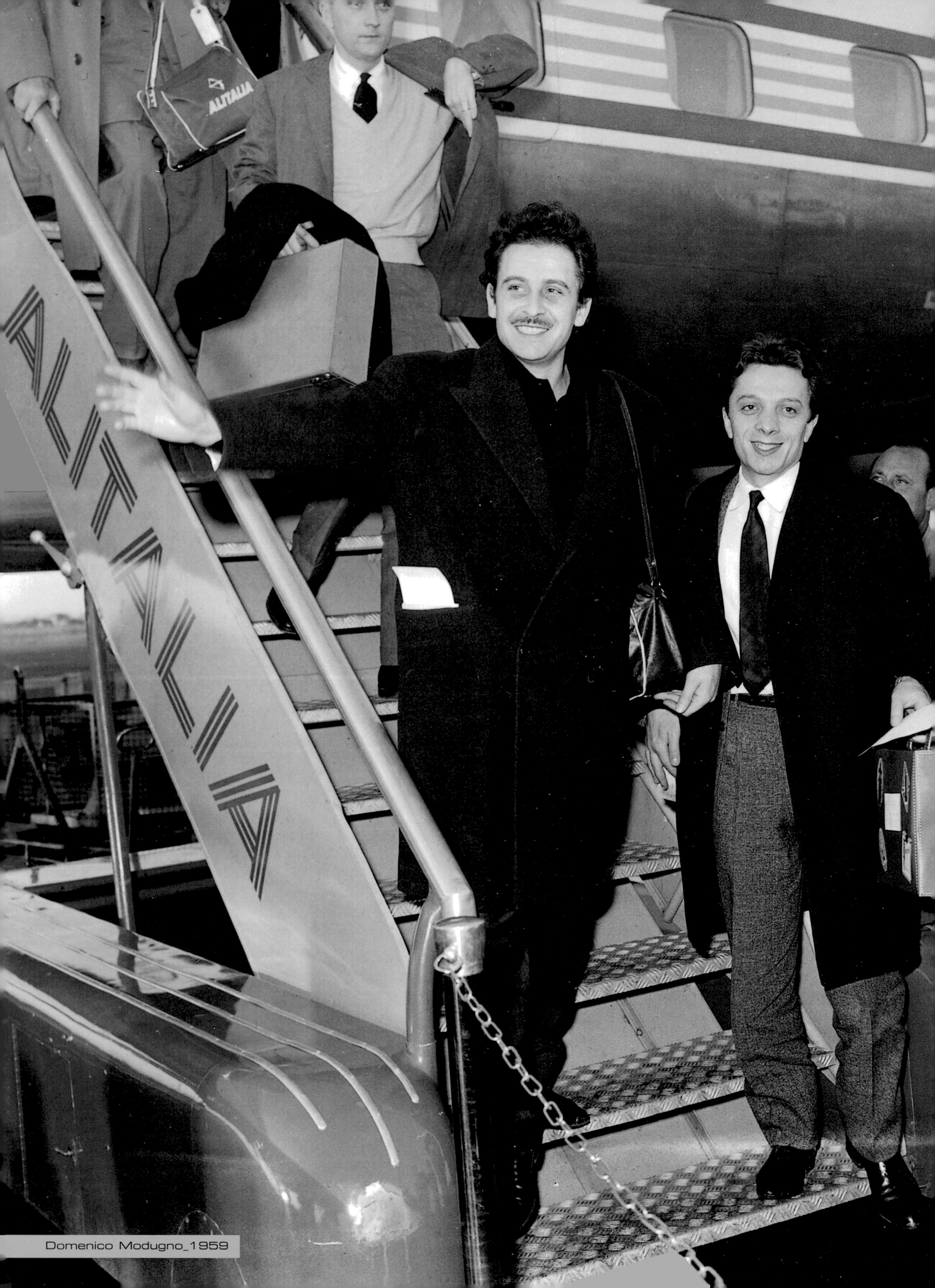

Domenico Modugno_1959

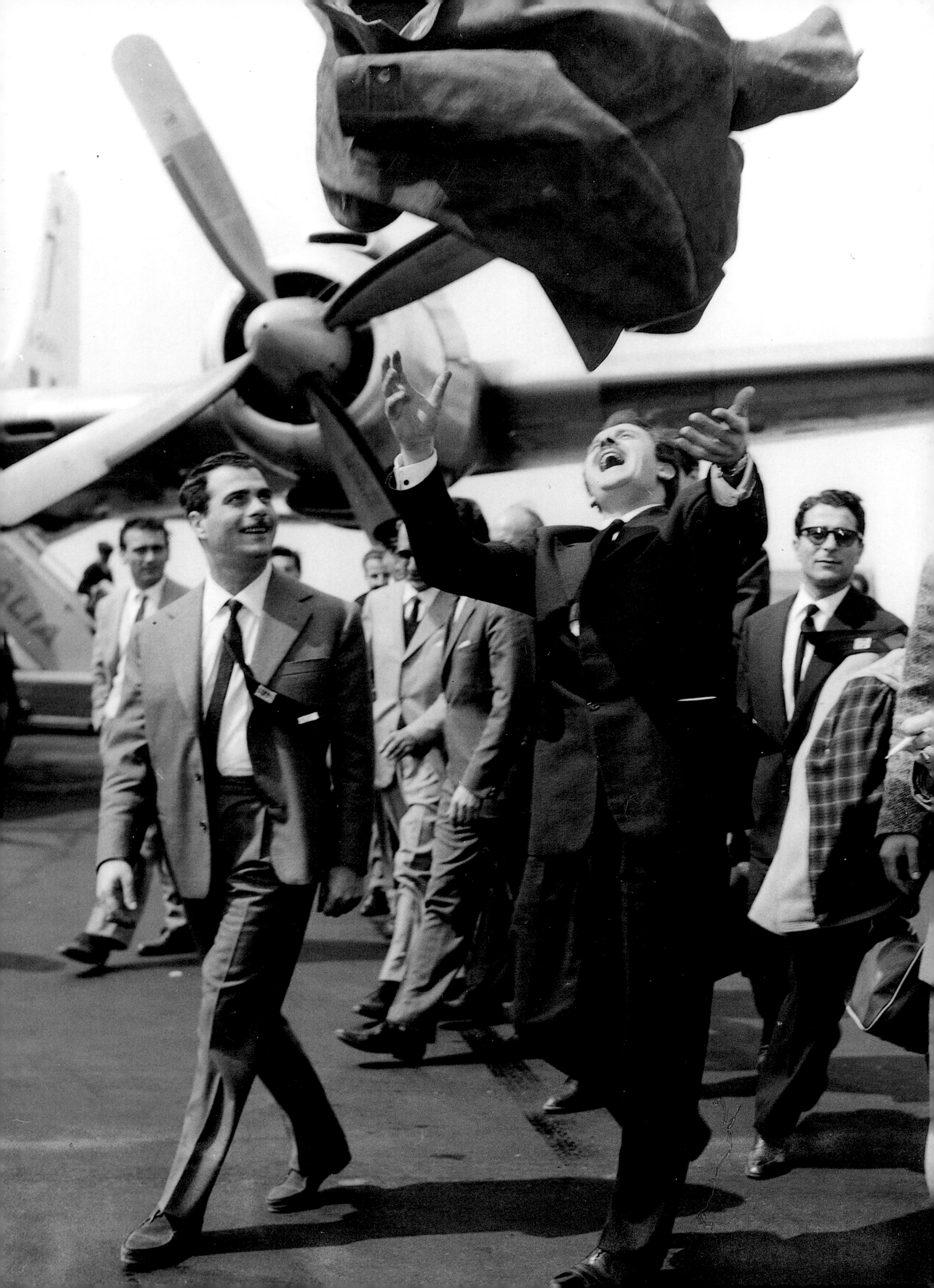

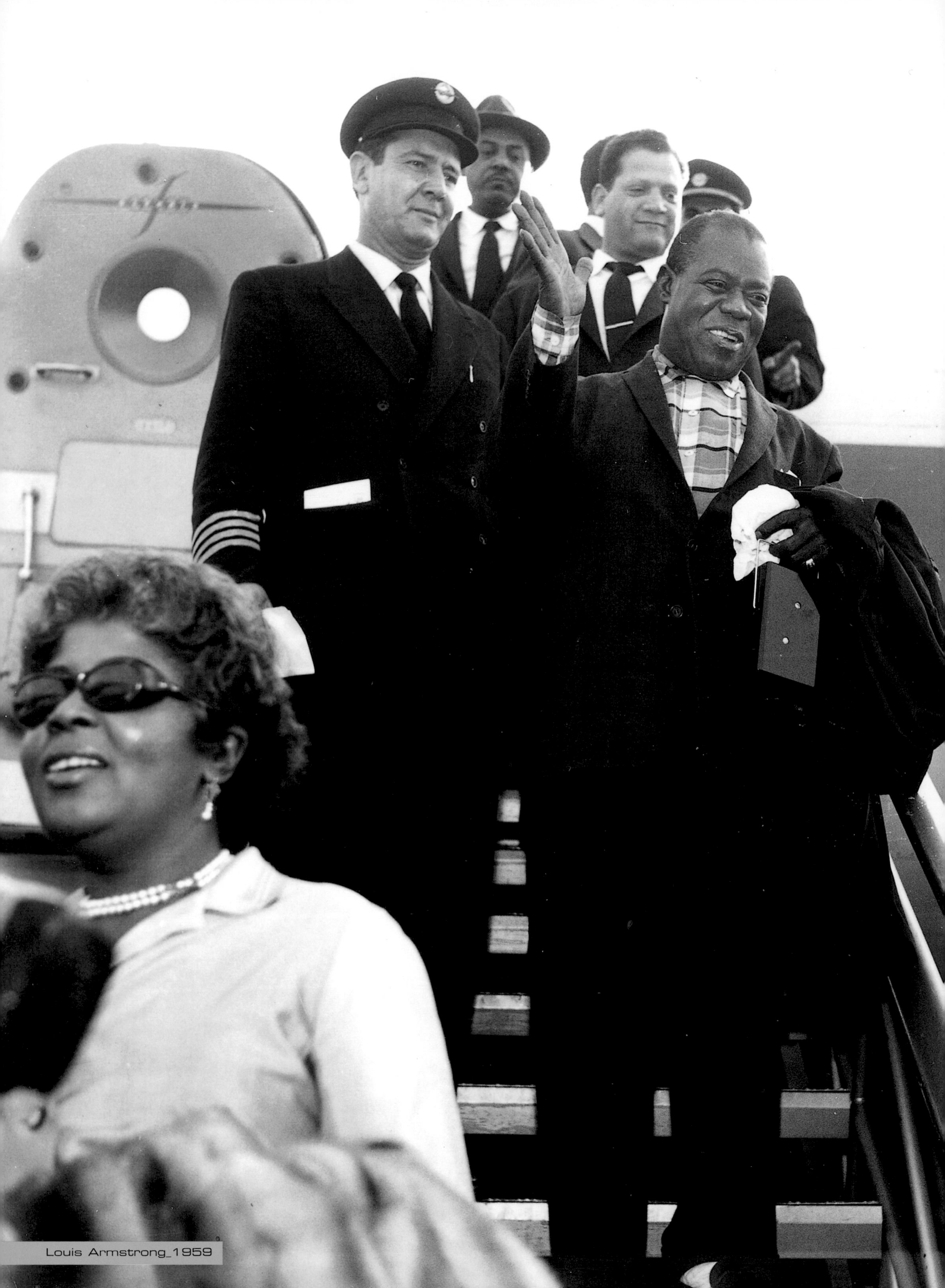

Louis Armstrong_1959

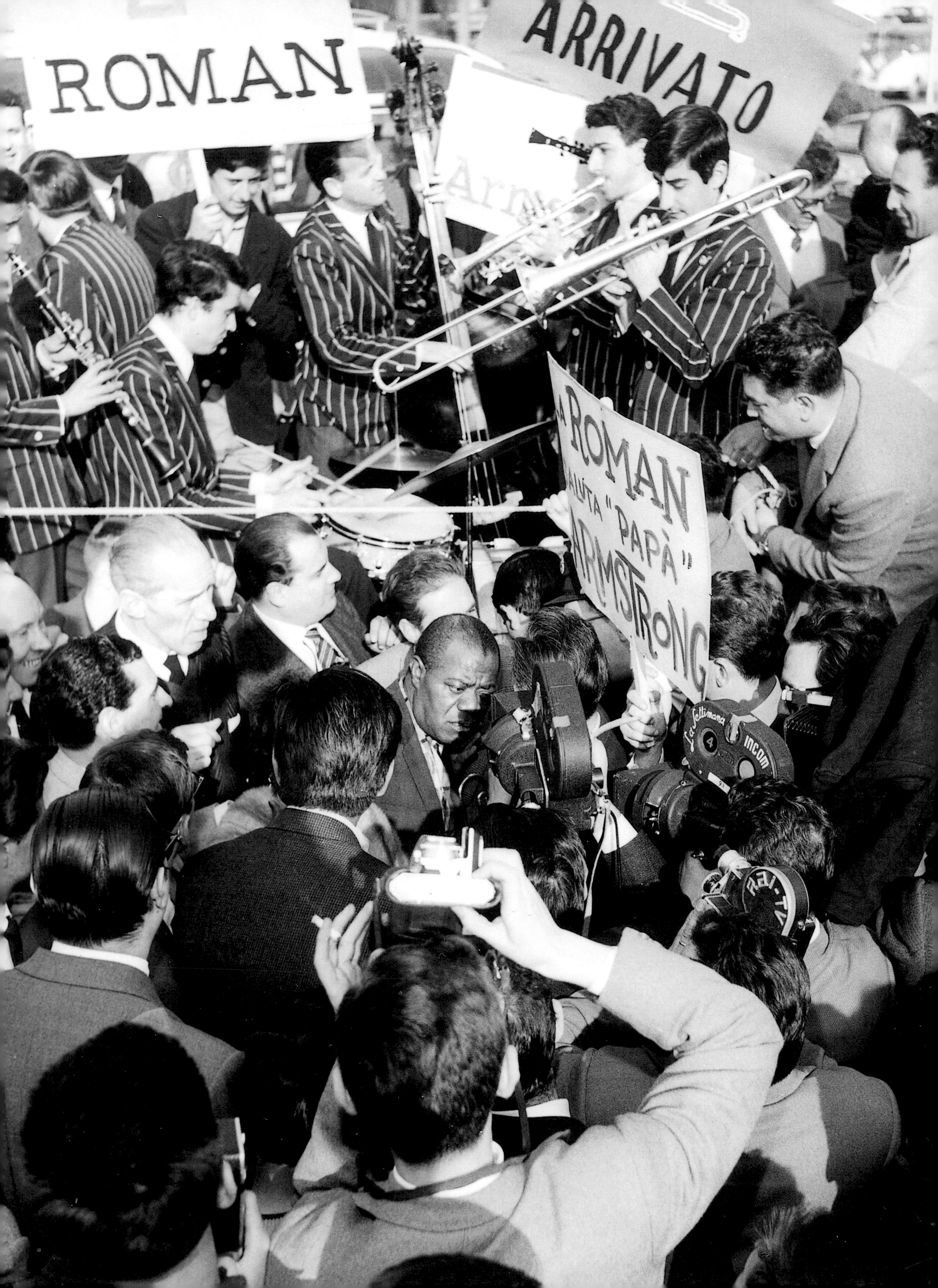
ROMAN
ARRIVATO
ROMAN
"PAPÀ"
ARMSTRONG
La Settimana INCOM
Rai-TV

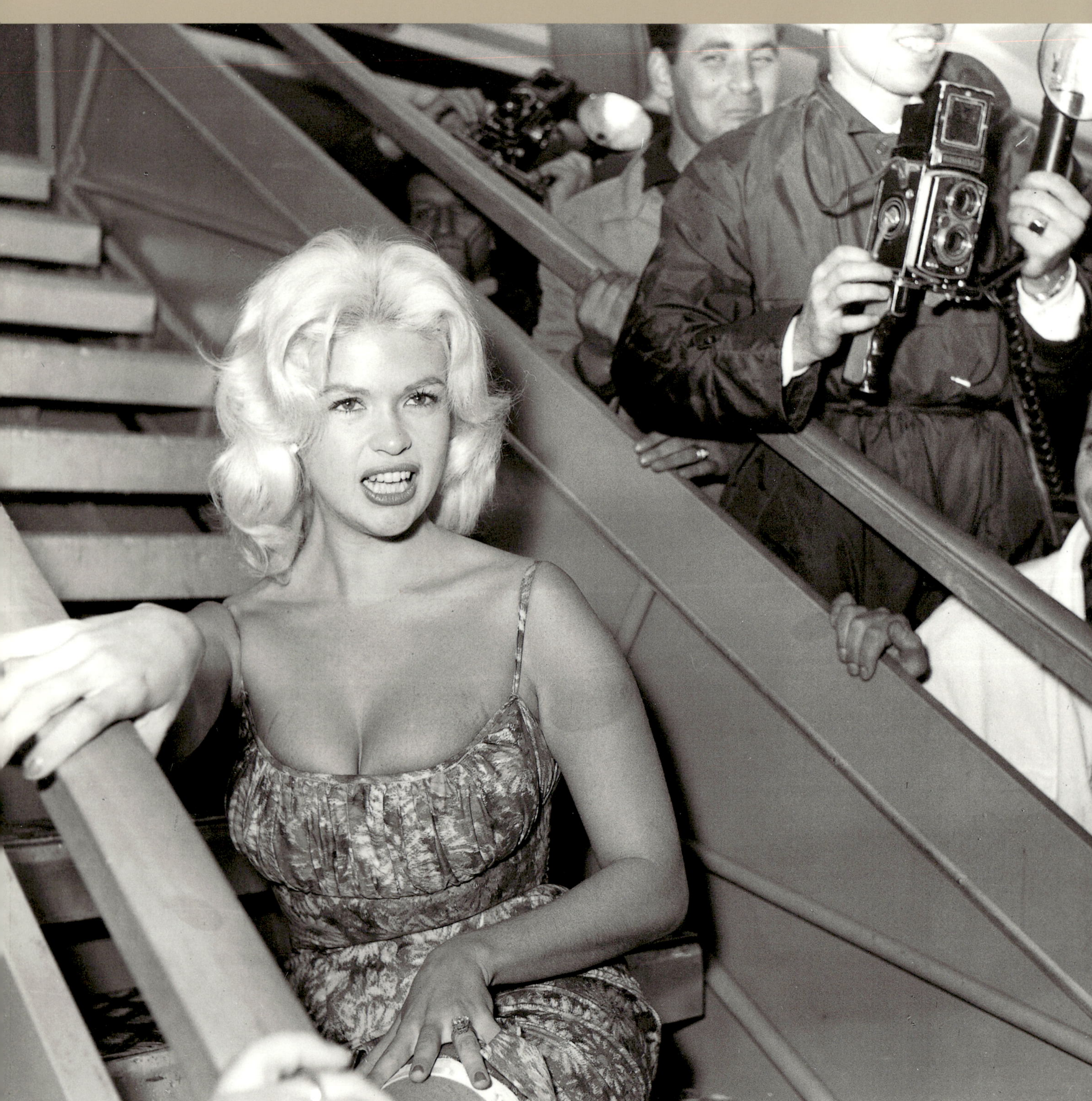

Jayne Mansfield_1959

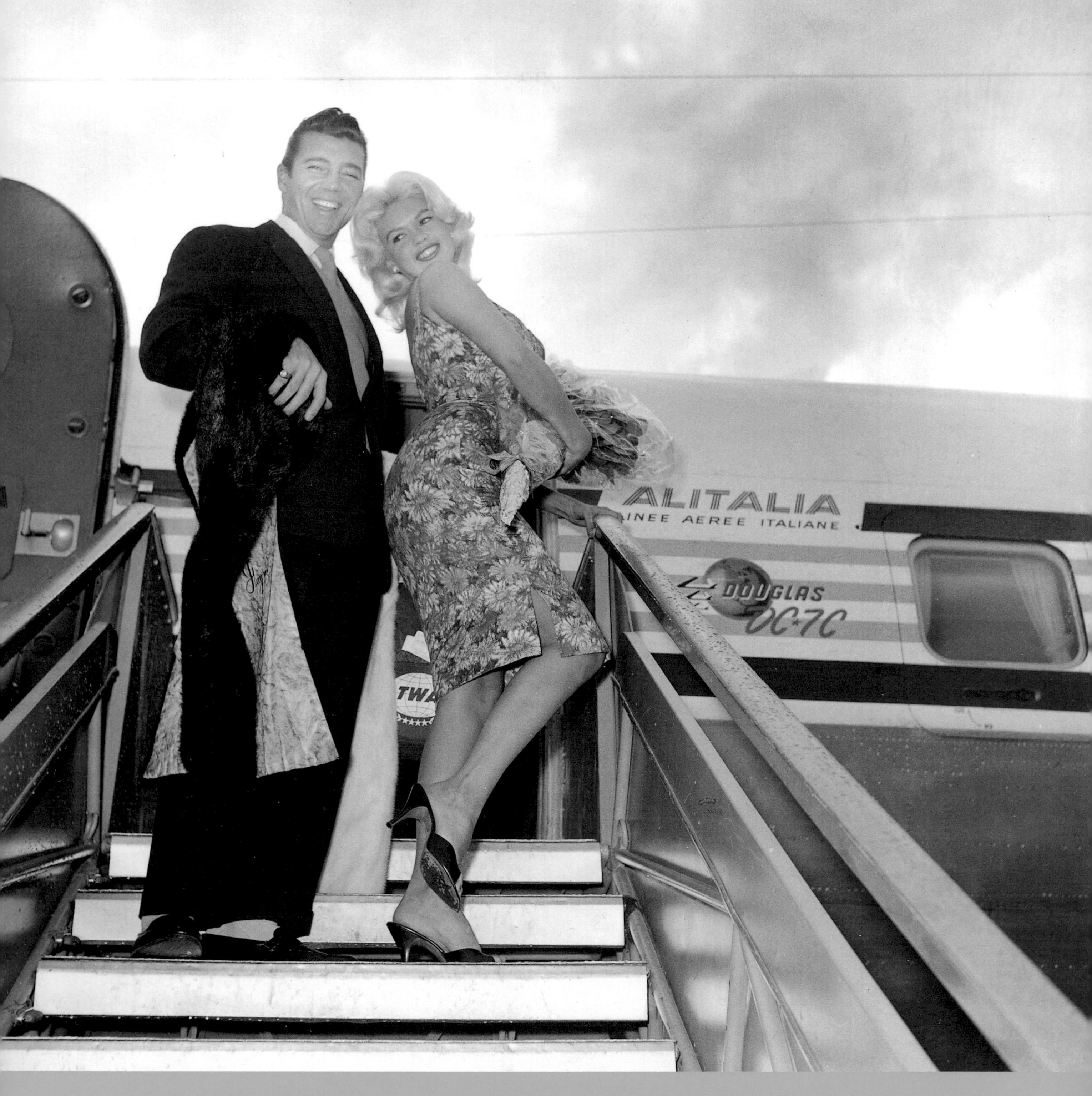

Mike Hargytay - Jayne Mansfield_1959

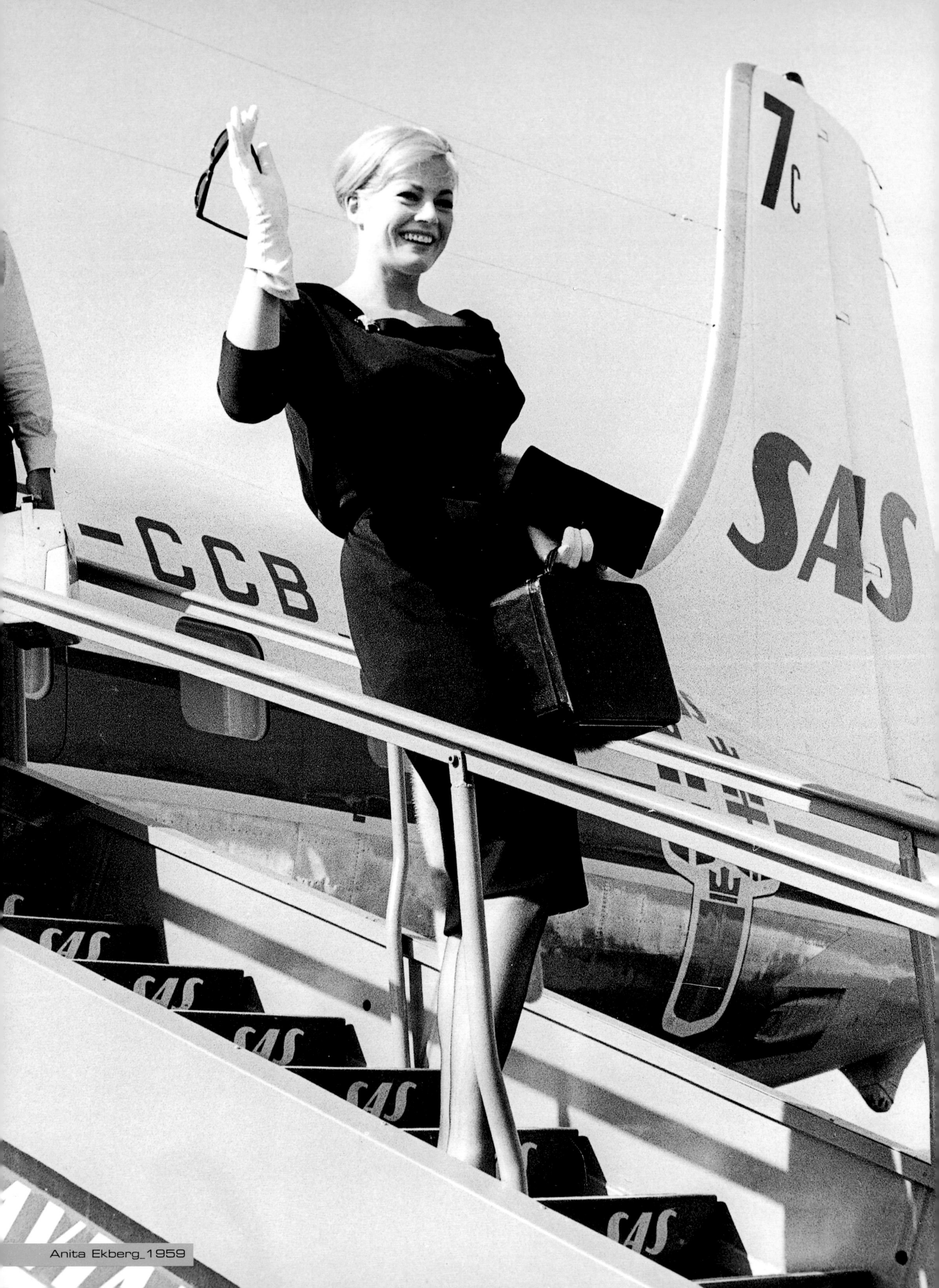

Anita Ekberg_1959

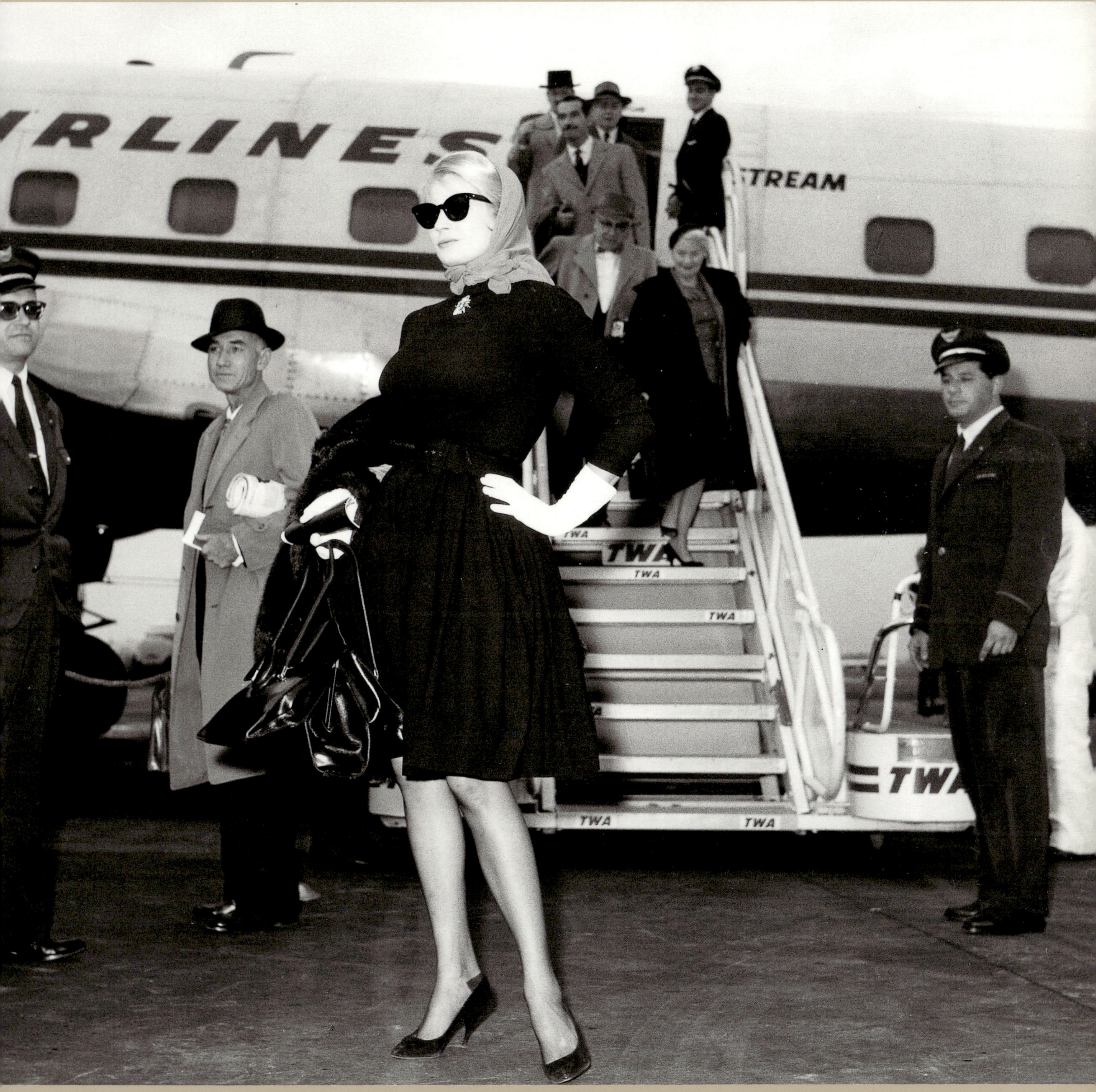
RLINES
STREAM
TWA
TWA
TWA
TWA
TWA
TWA

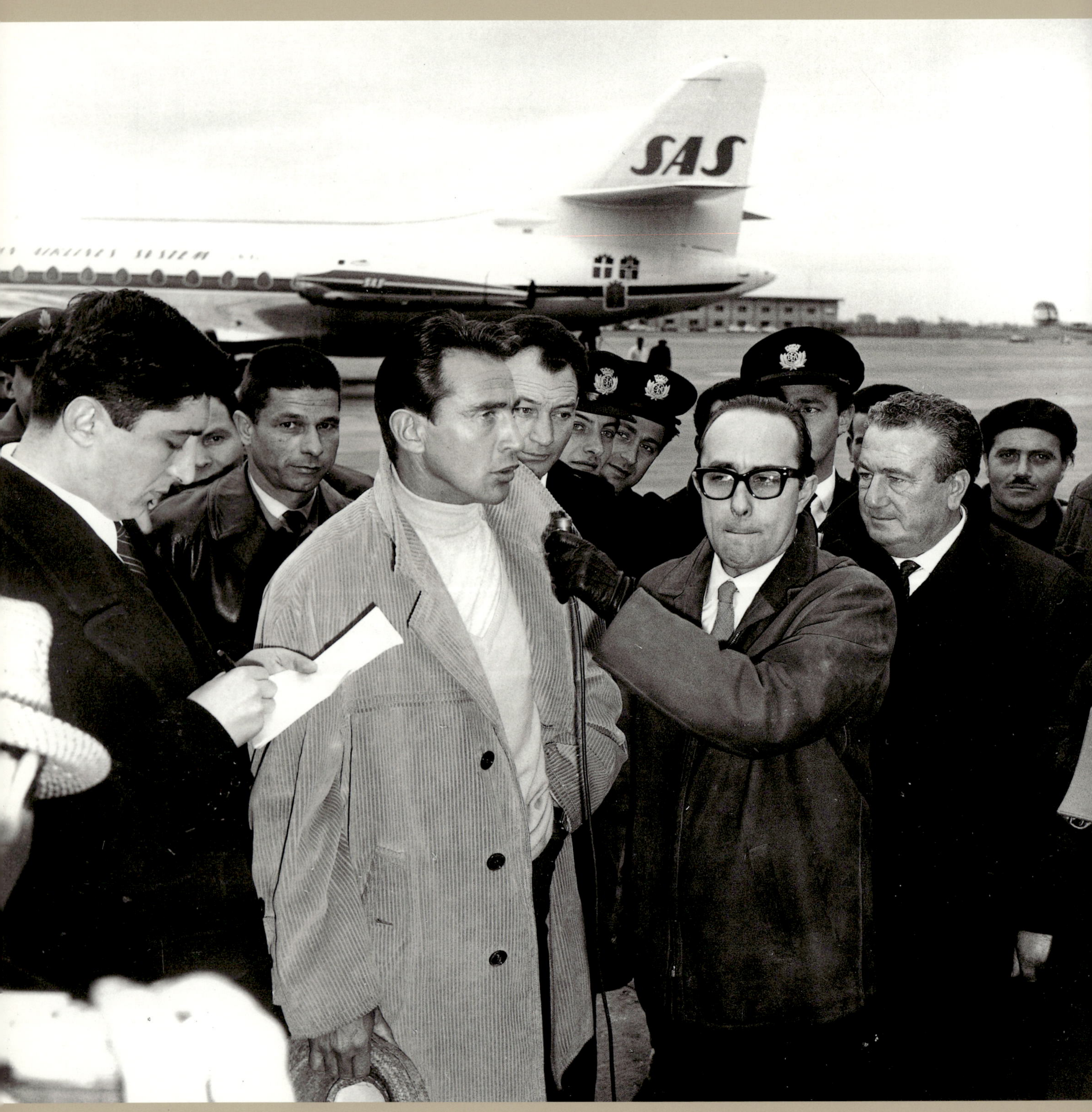

Walter Chiari_1959

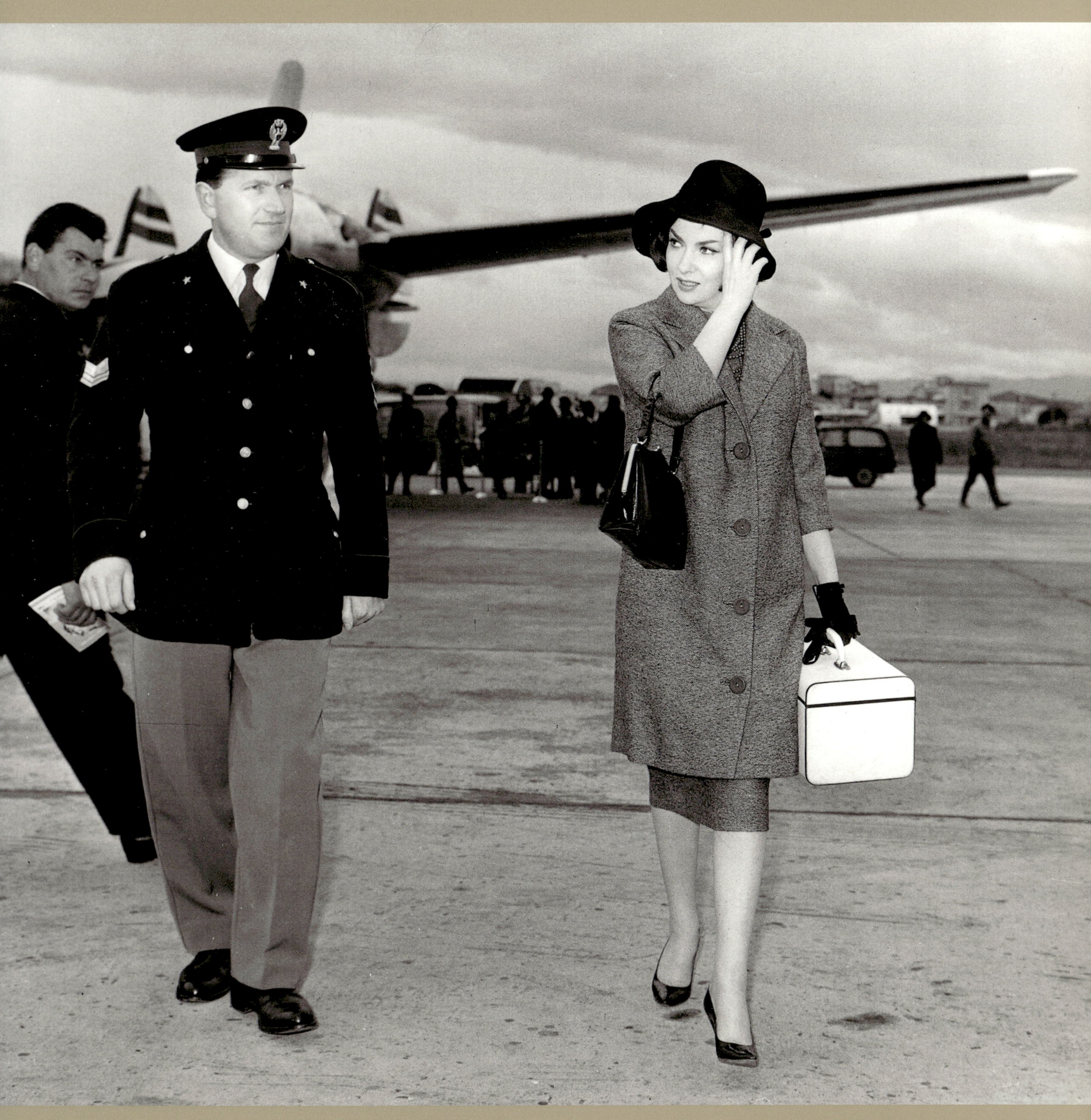

Gina Lollobrigida_1959

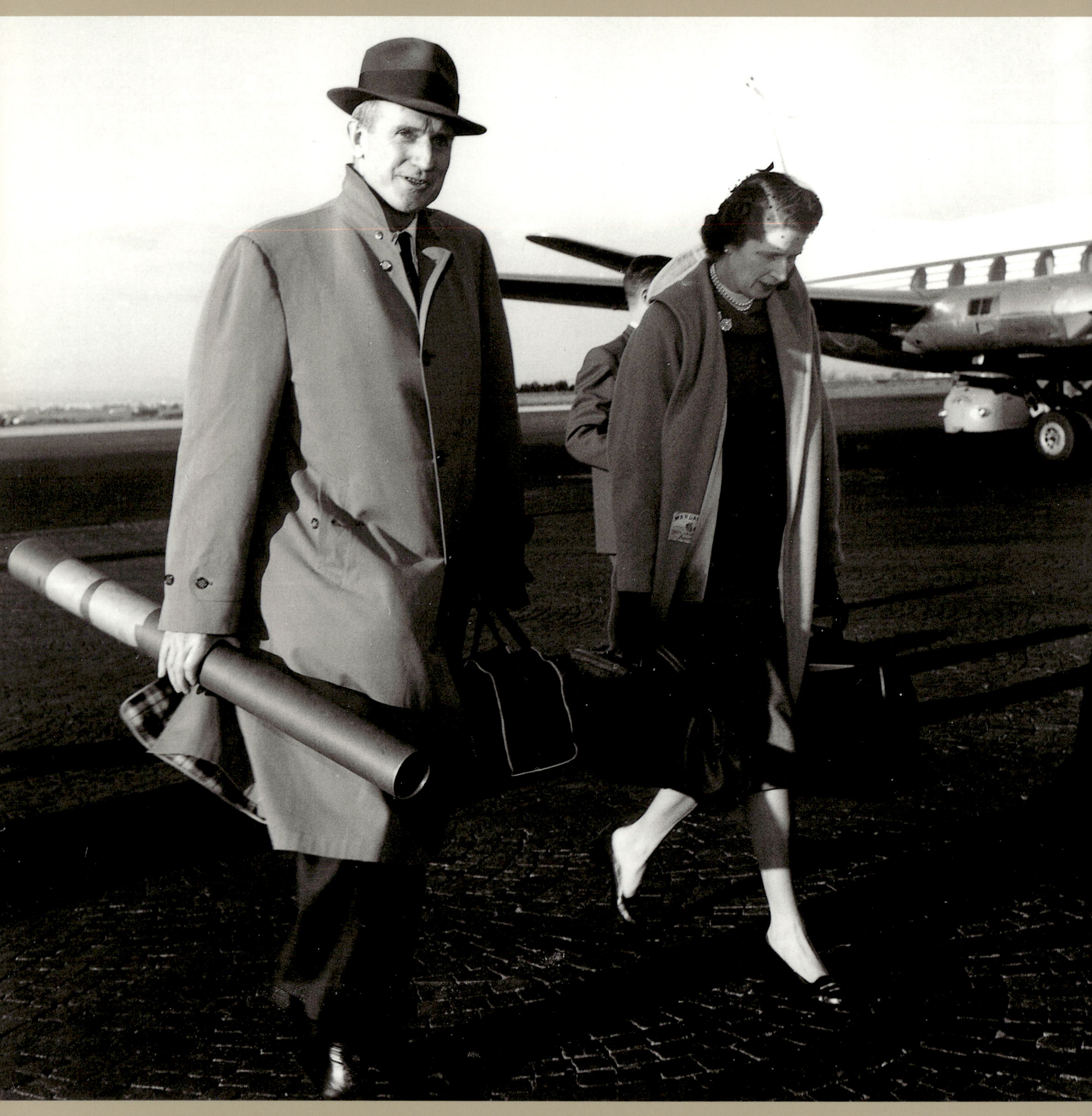

John Rockfeller - Blauchette Rockfeller_1959

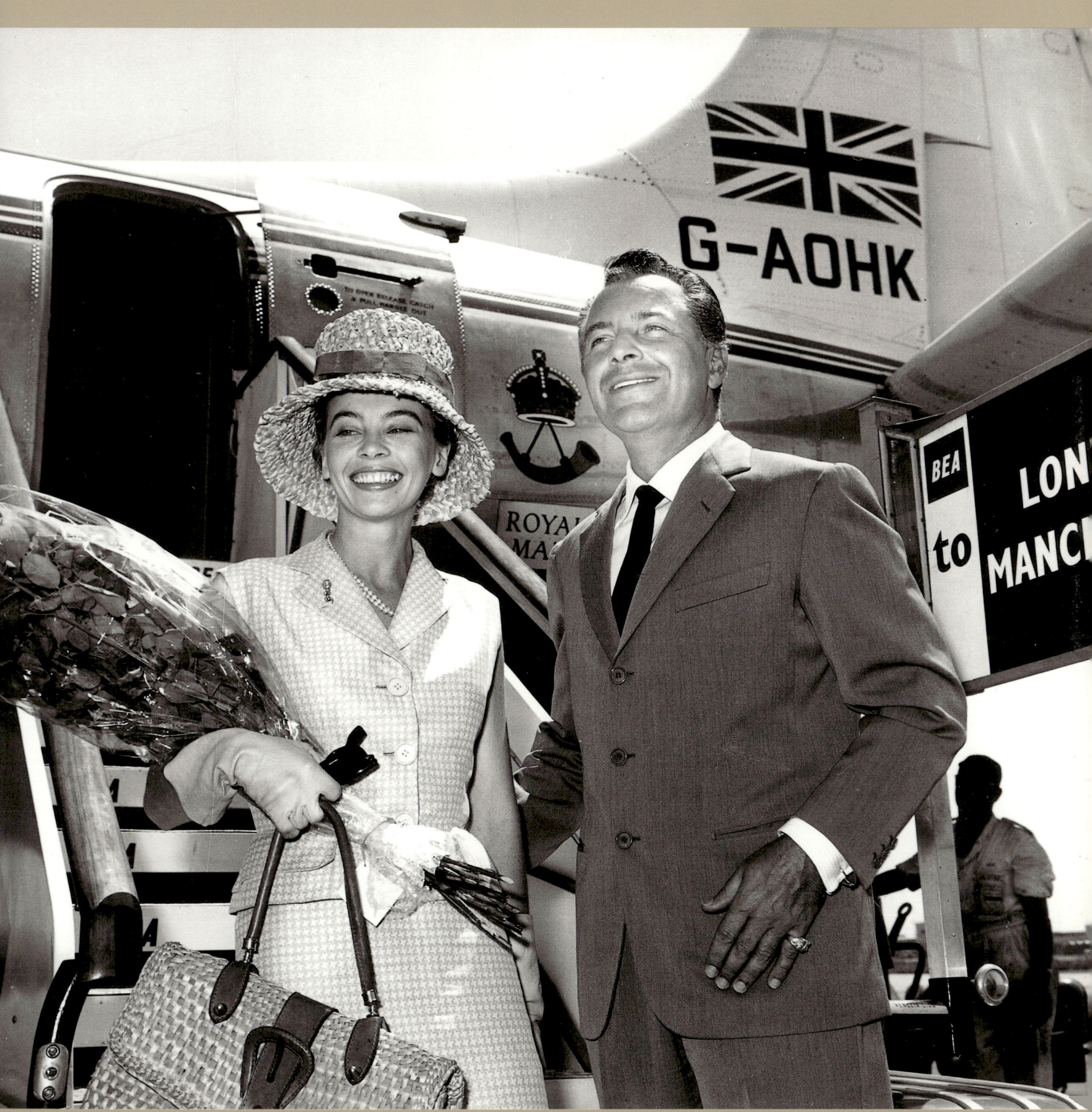

Leslie Caron - Rossano Brazzi_1959

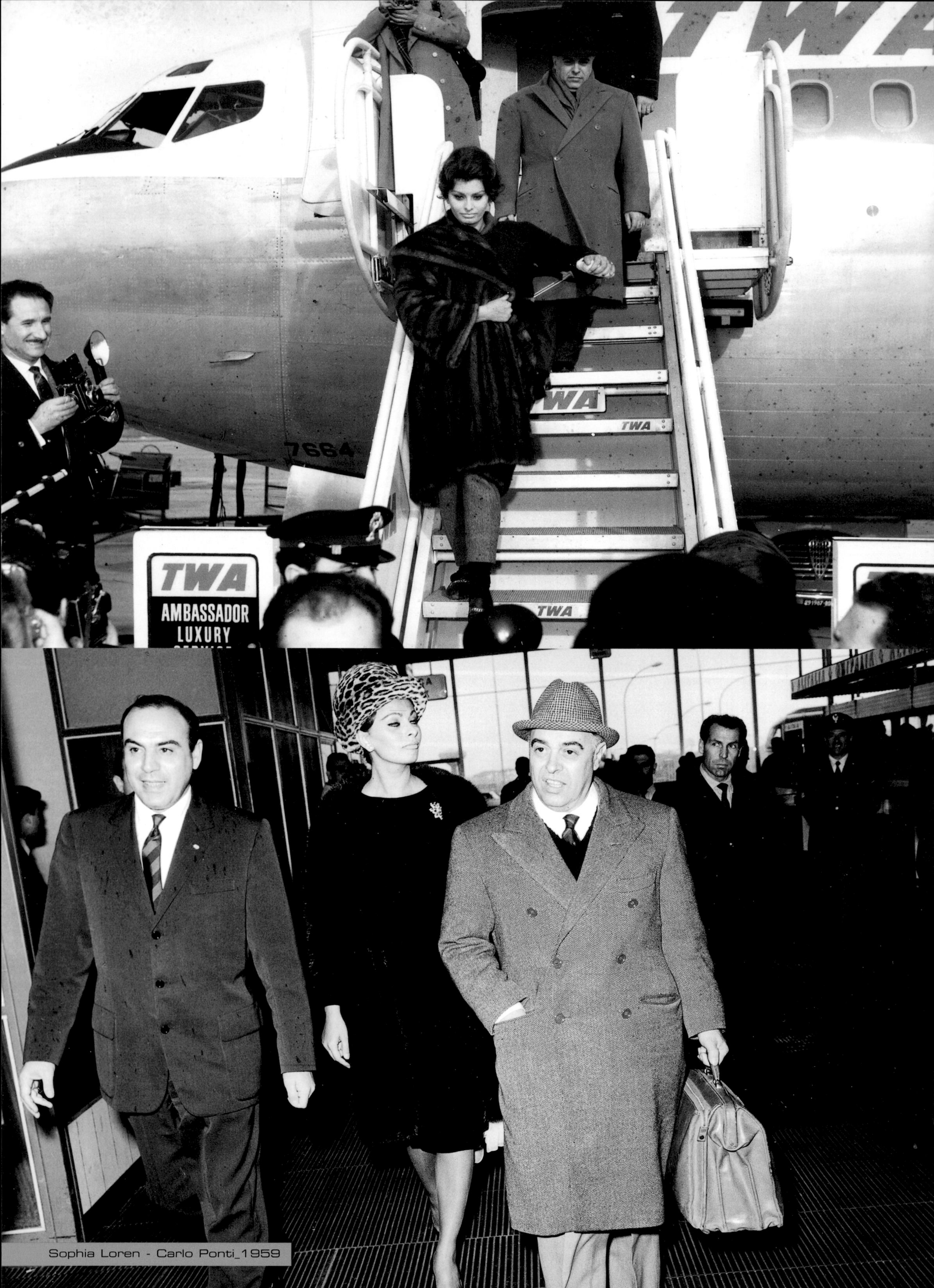

Sophia Loren - Carlo Ponti_1959

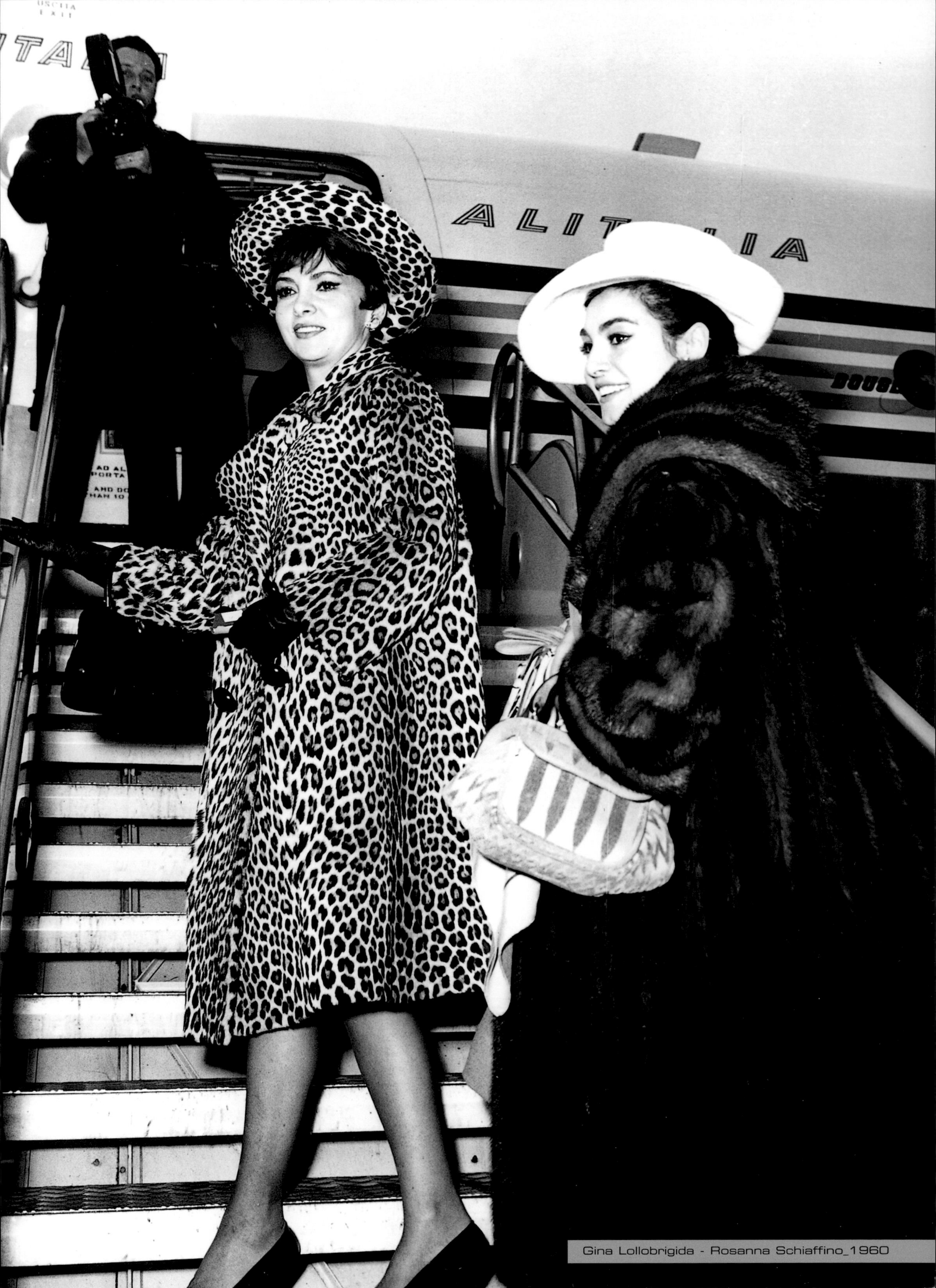

Gina Lollobrigida - Rosanna Schiaffino_1960

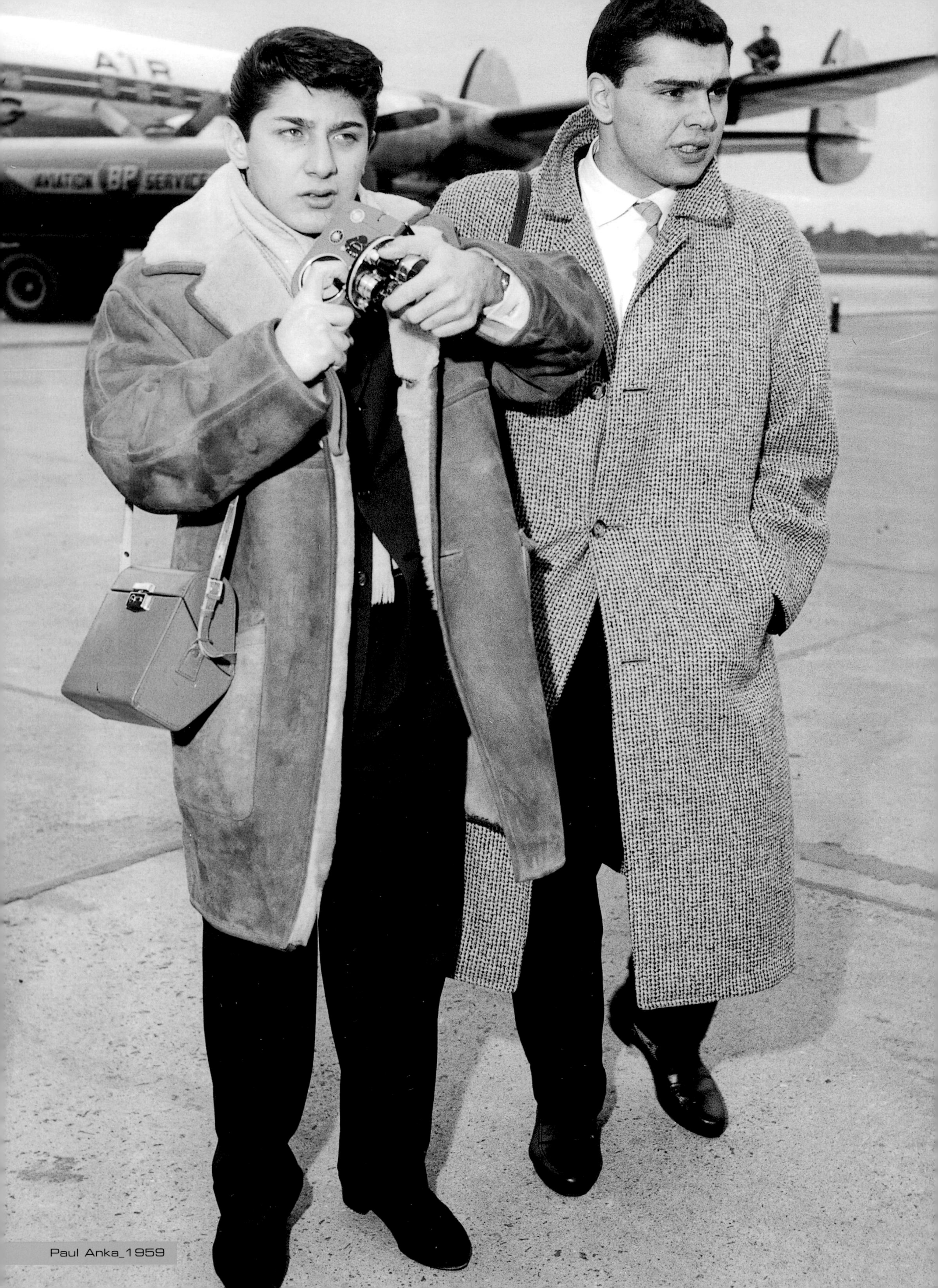

Paul Anka_1959

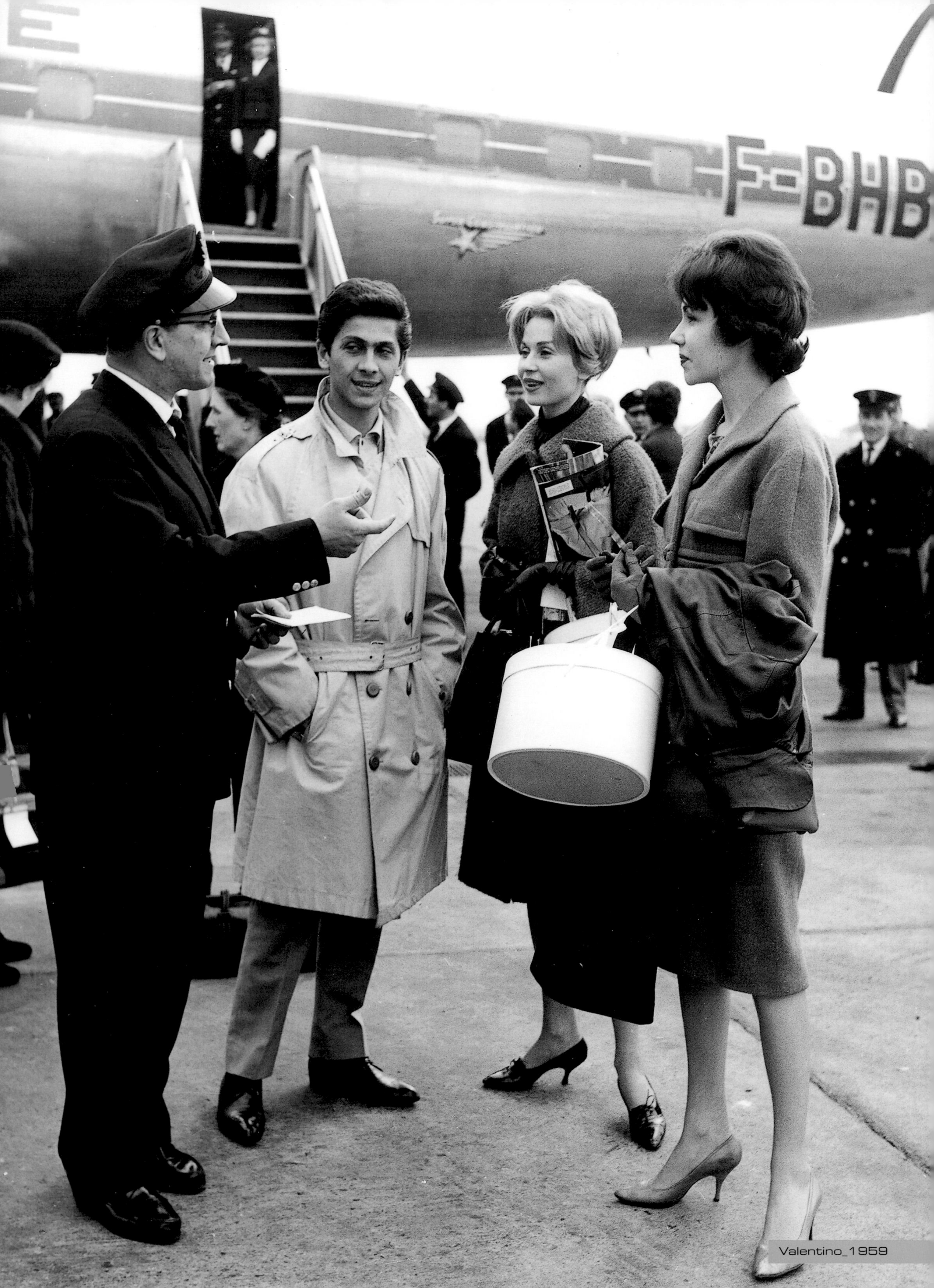

Valentino_1959

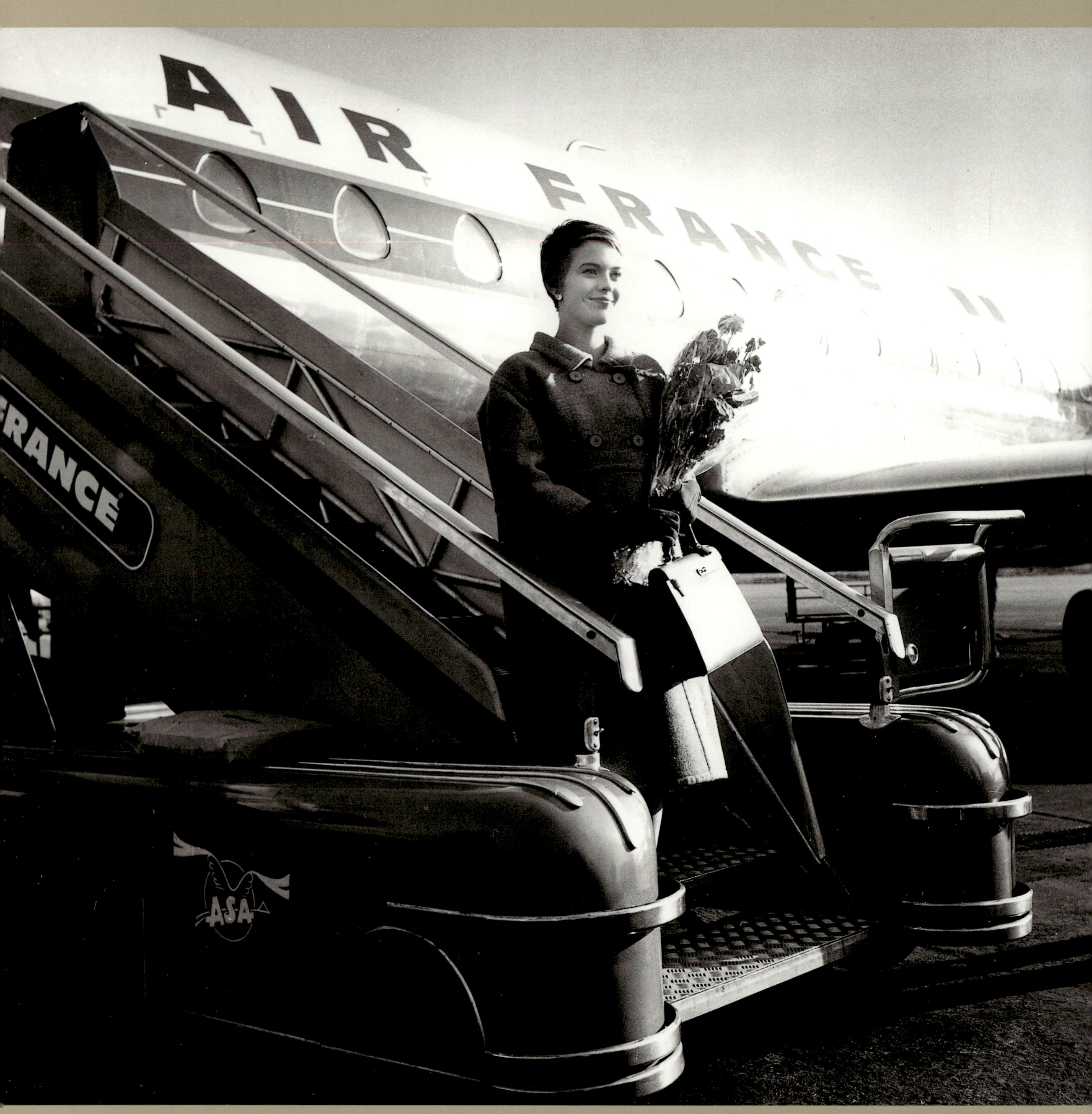

Jean Seberg_1959

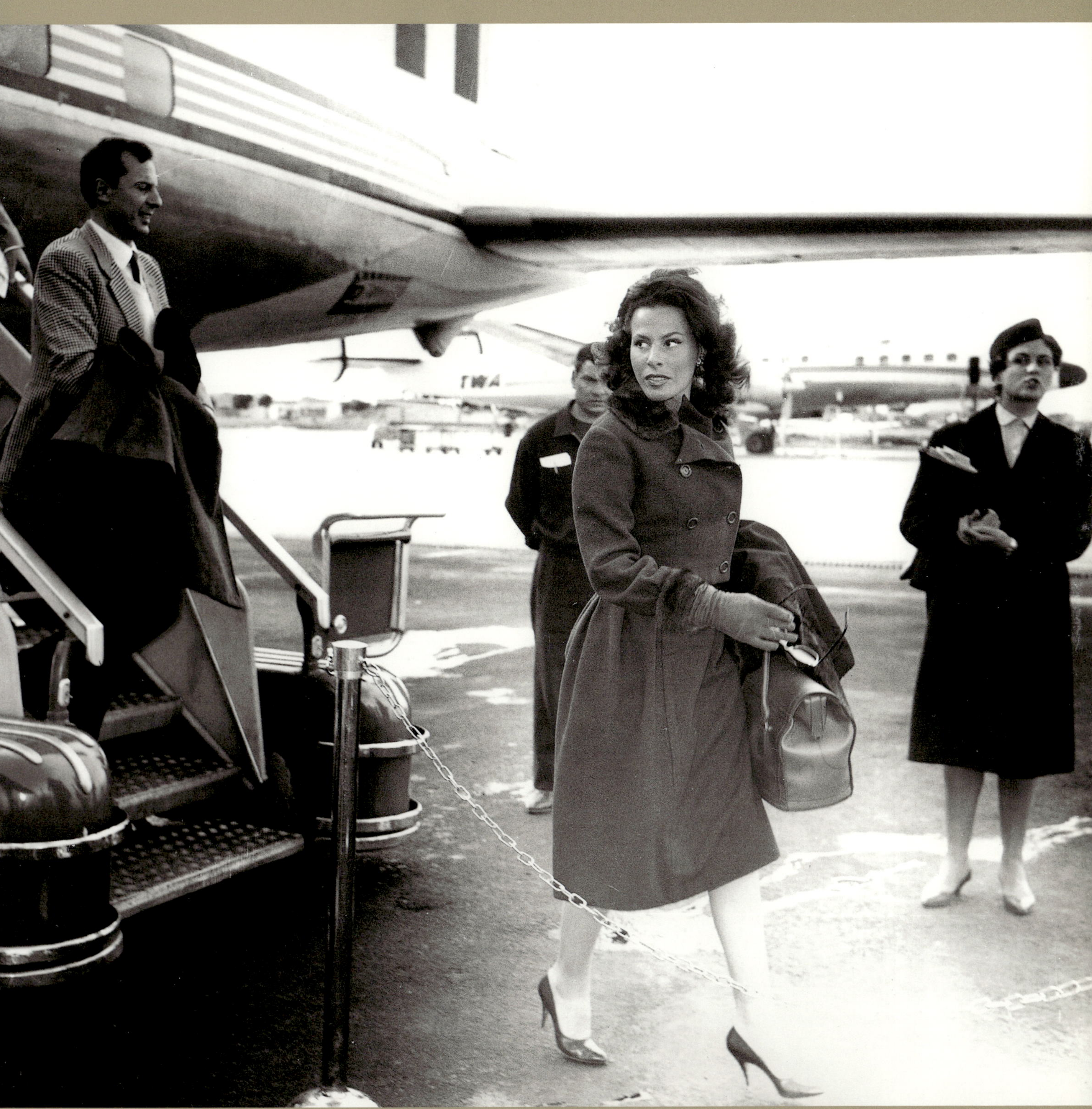

Ornella Vanoni_1960

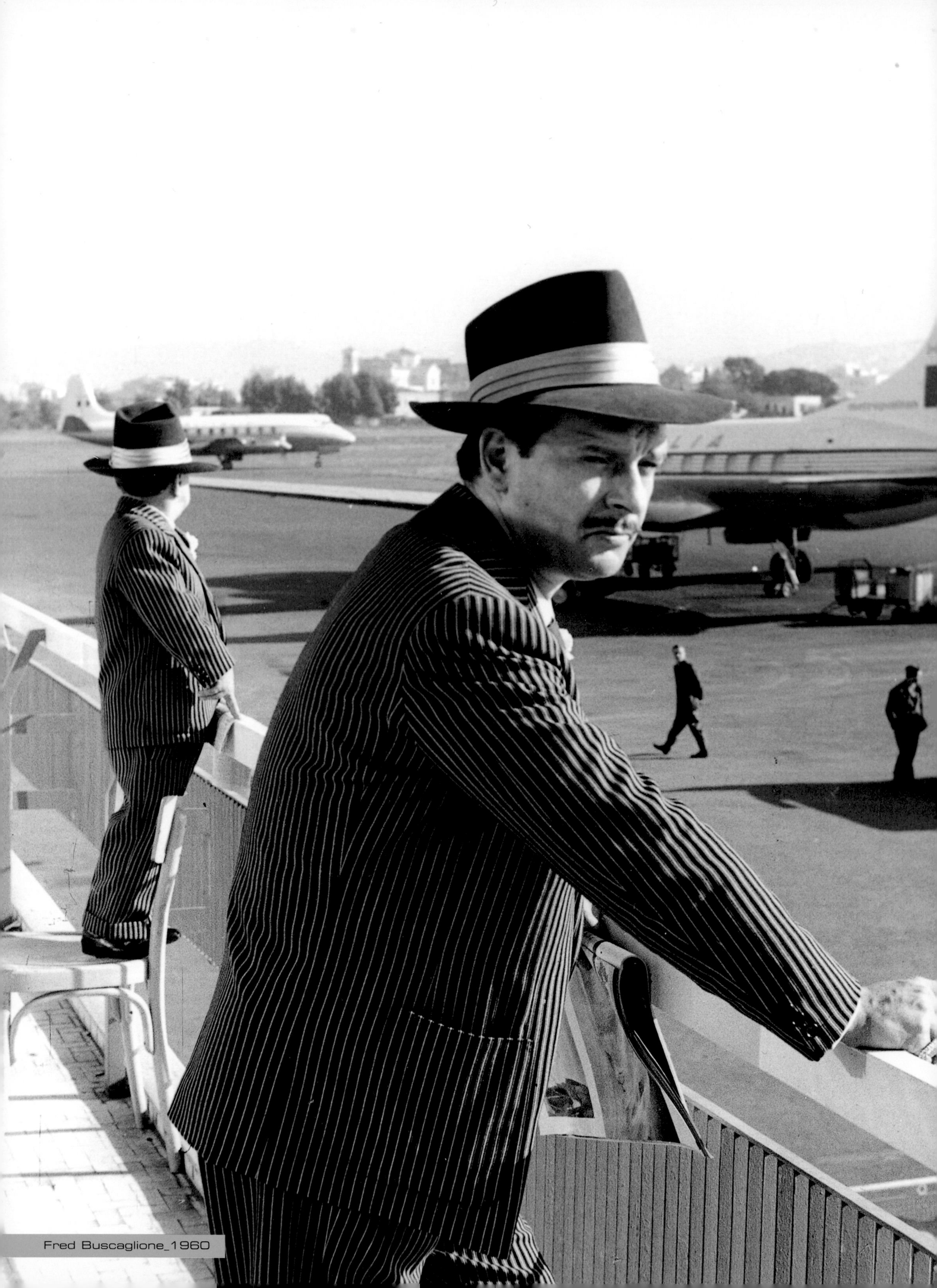

Fred Buscaglione_1960

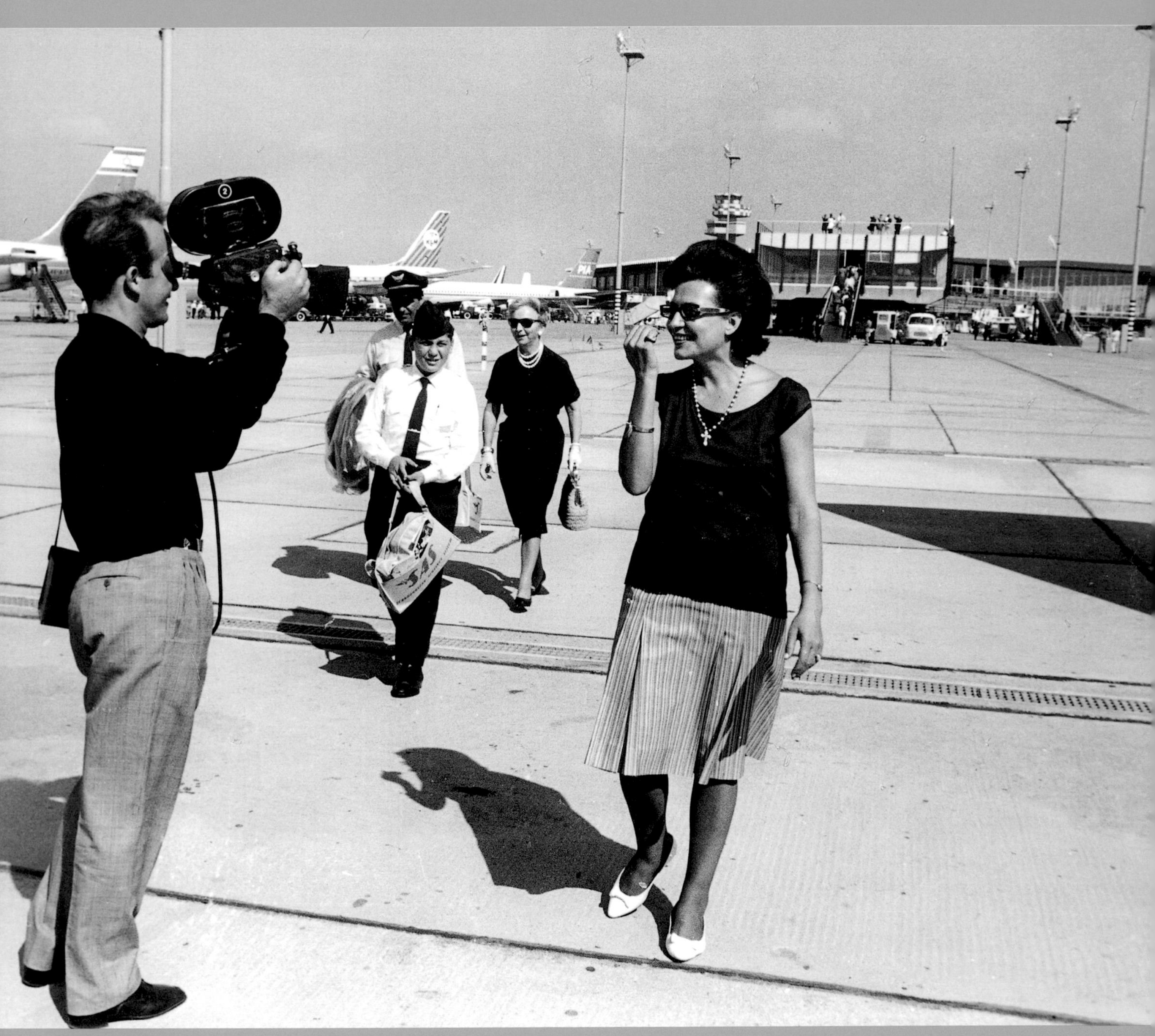

Nilla Pizzi_1960

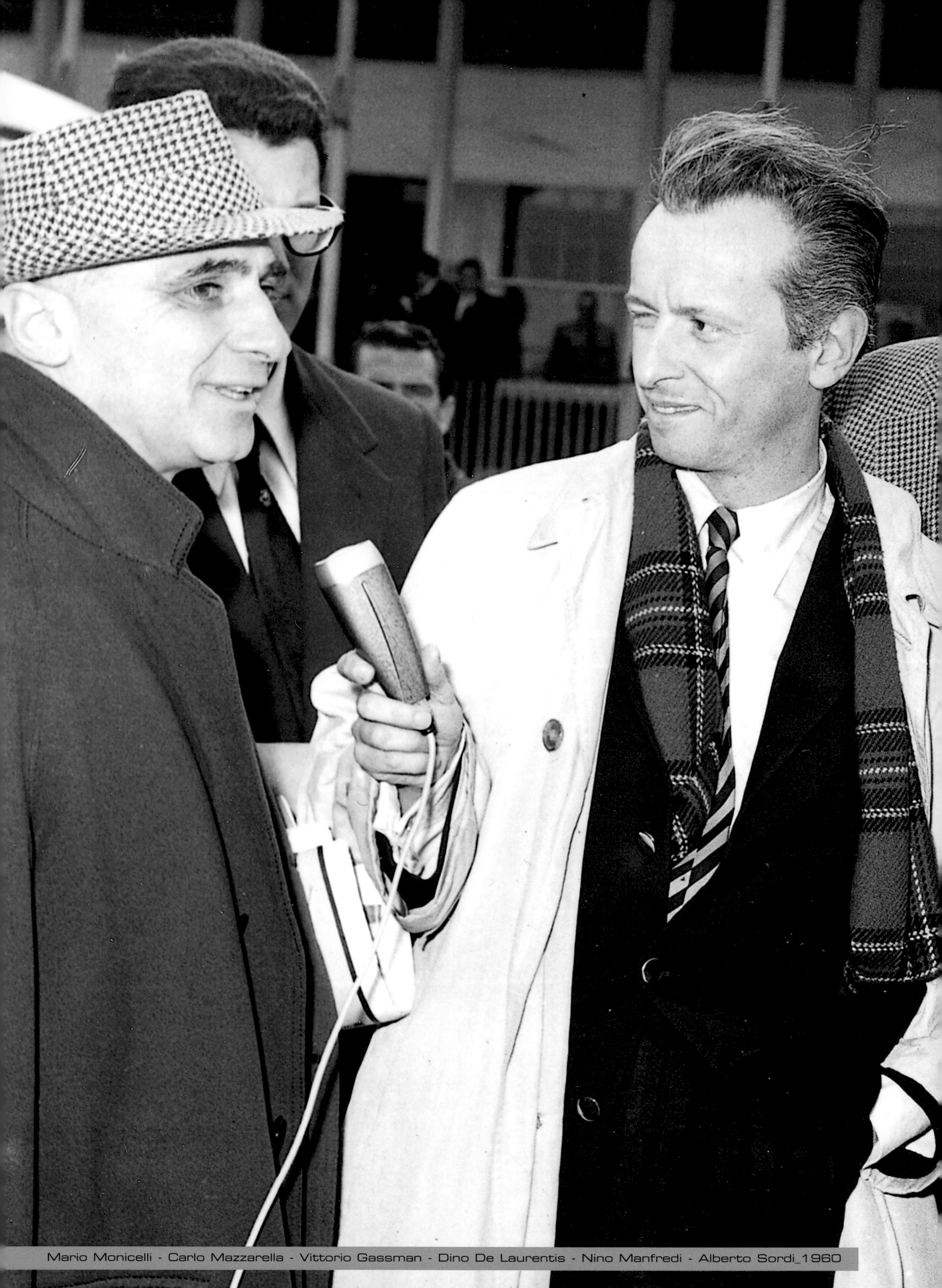

Mario Monicelli - Carlo Mazzarella - Vittorio Gassman - Dino De Laurentis - Nino Manfredi - Alberto Sordi_1960

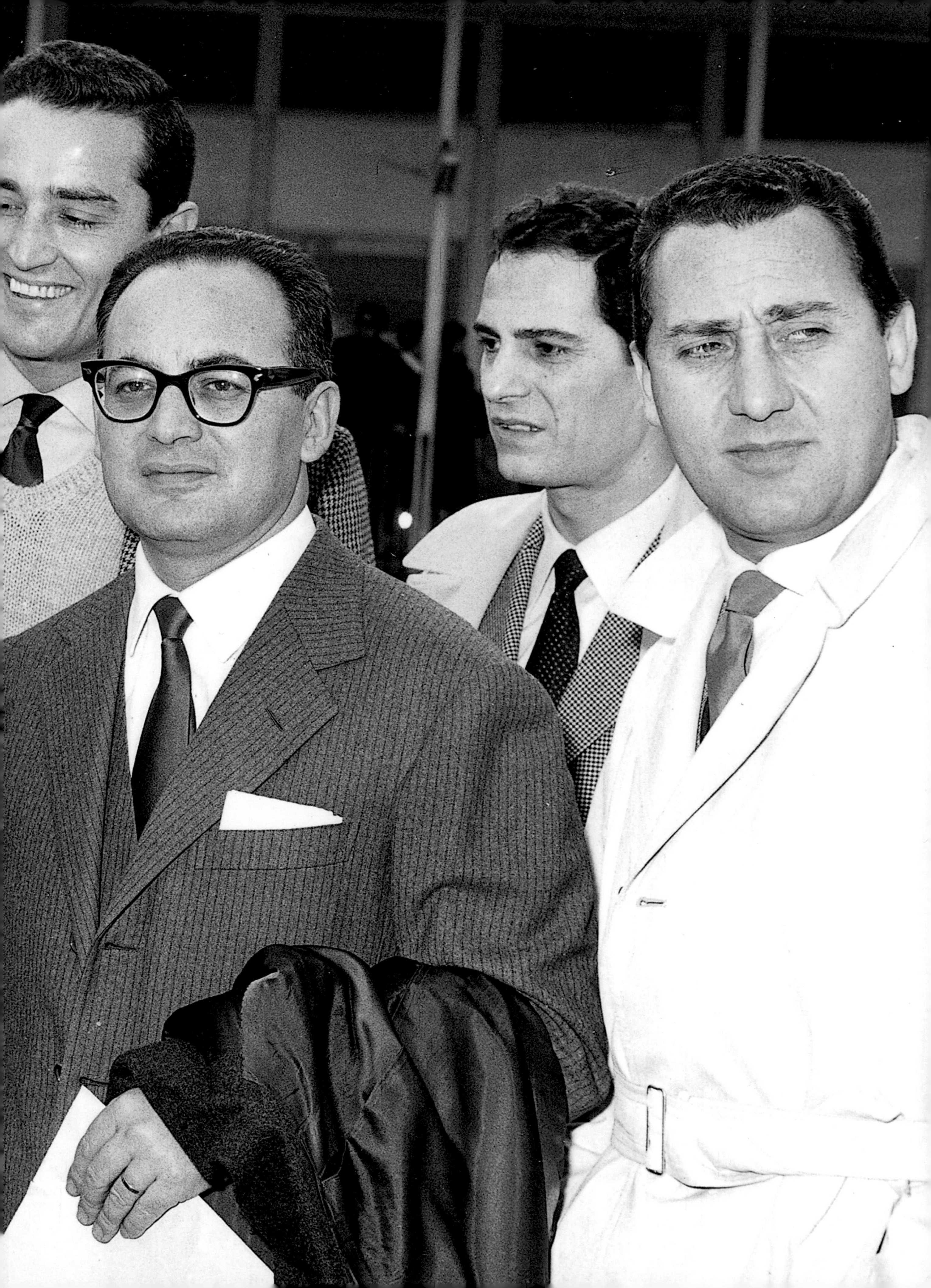

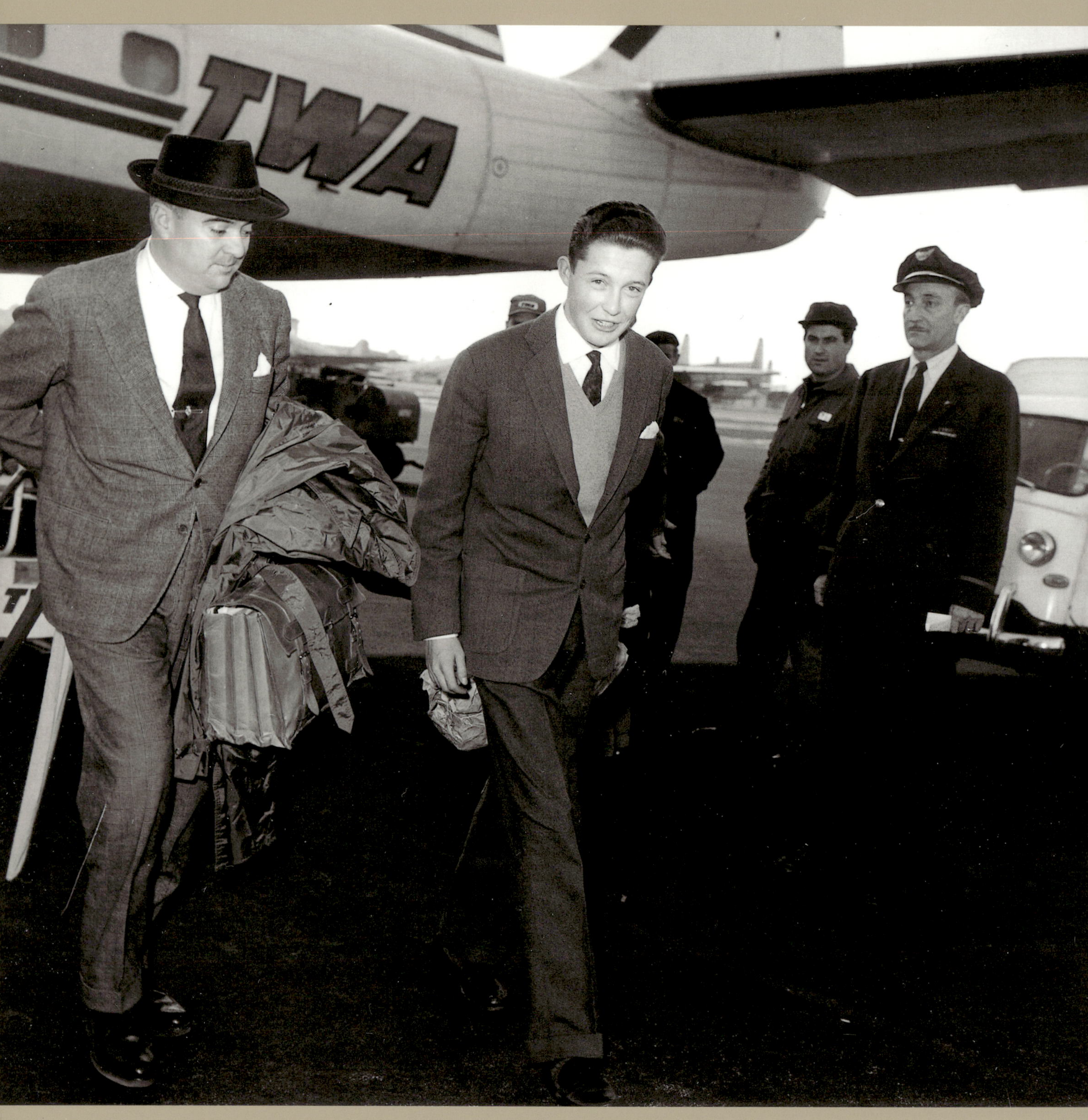

Carlos Alfonso Maria di Borbone_1960

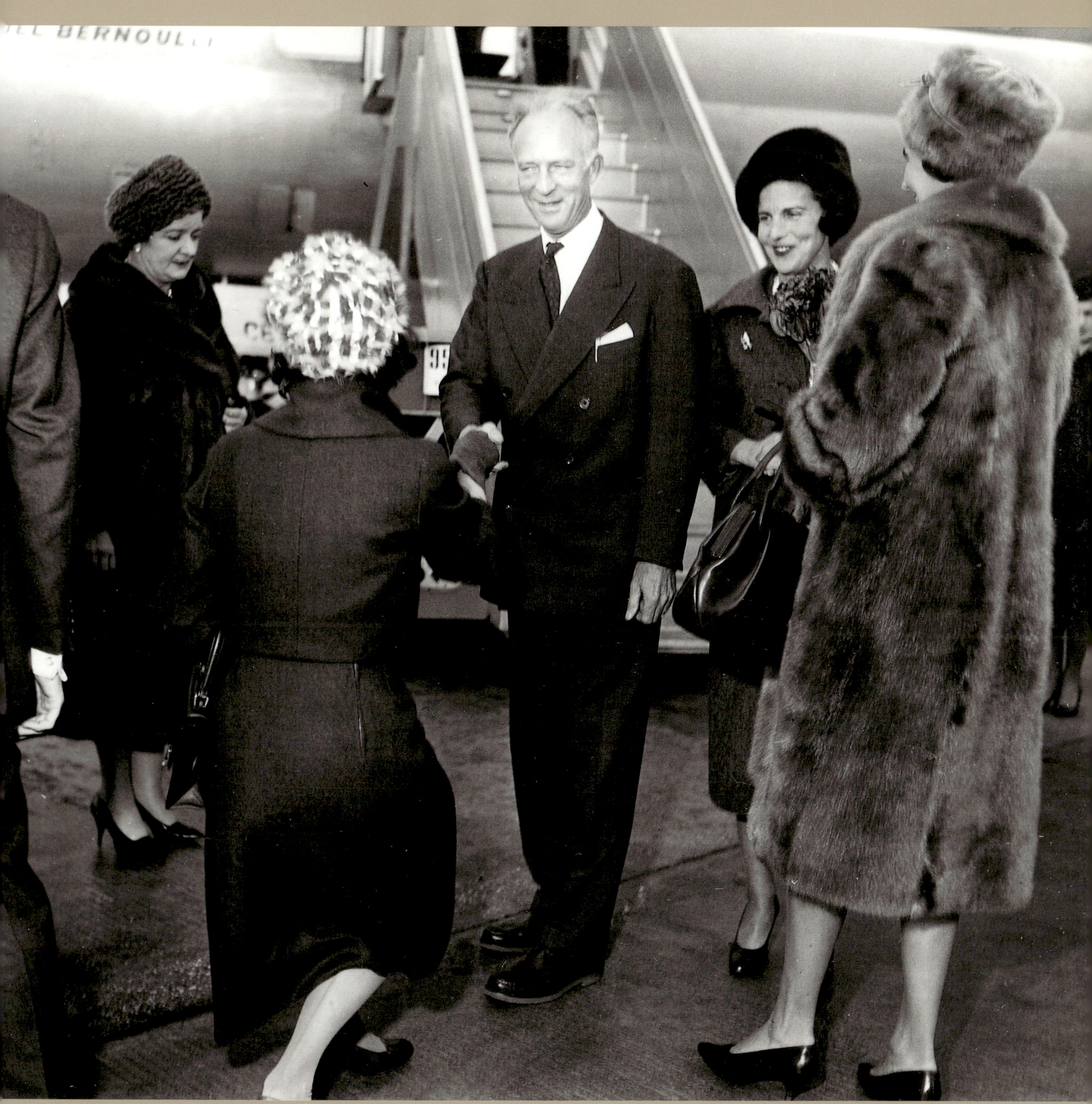

Leopoldo Re di Belgio_1960

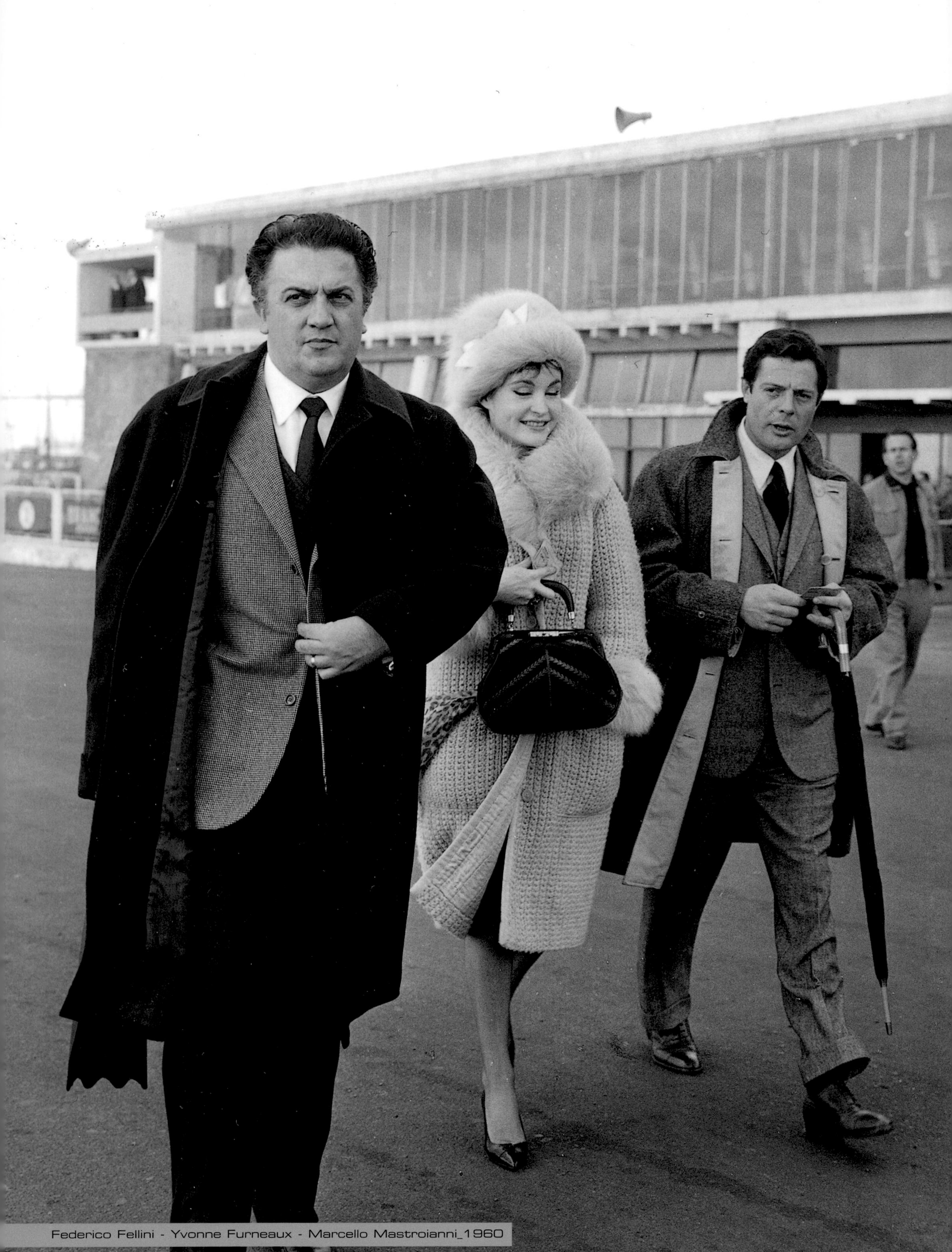

Federico Fellini - Yvonne Furneaux - Marcello Mastroianni_1960

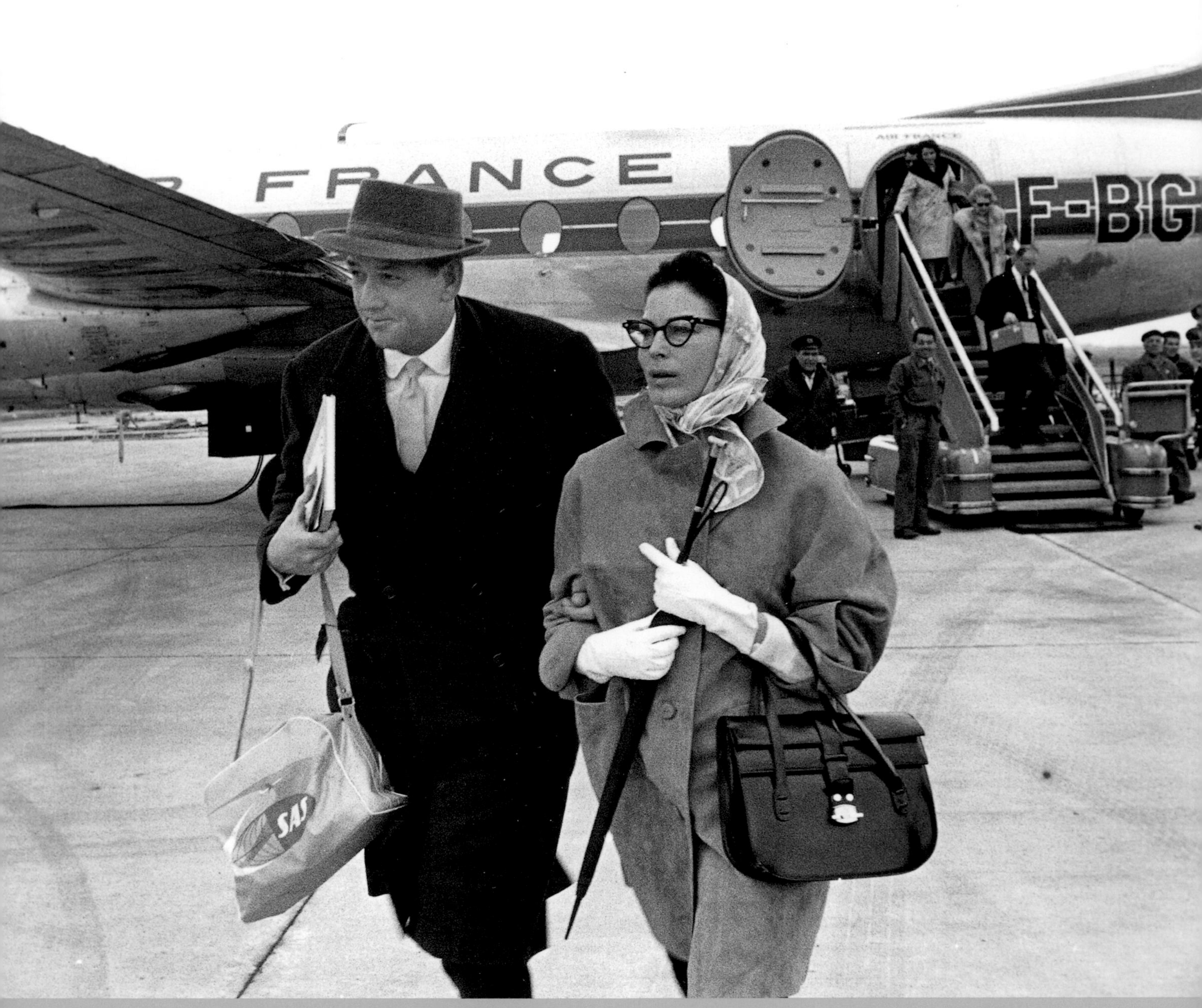

Ava Gardner_1960

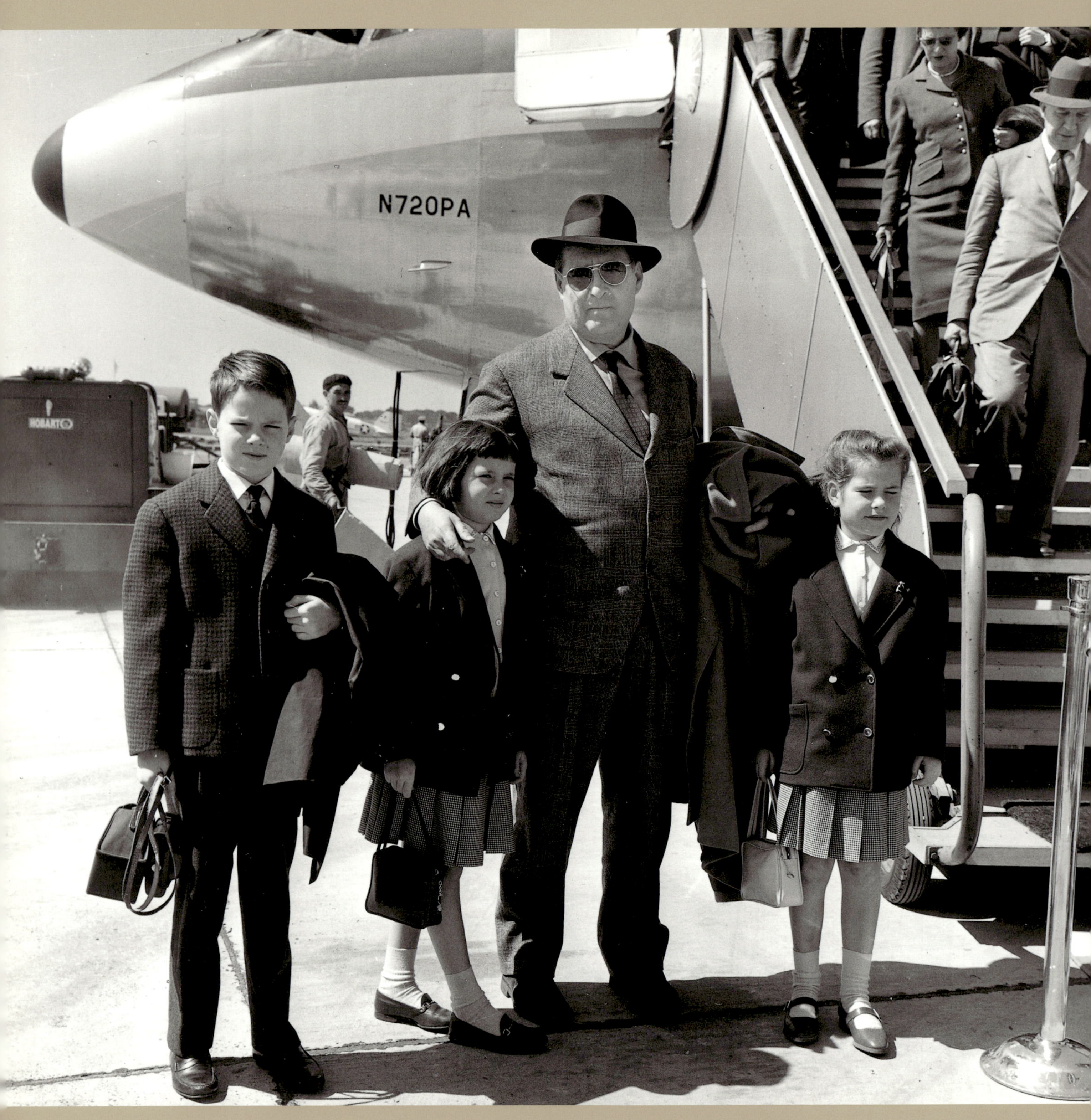

Roberto Rossellini - Robertino - Isabella - Isotta_1960

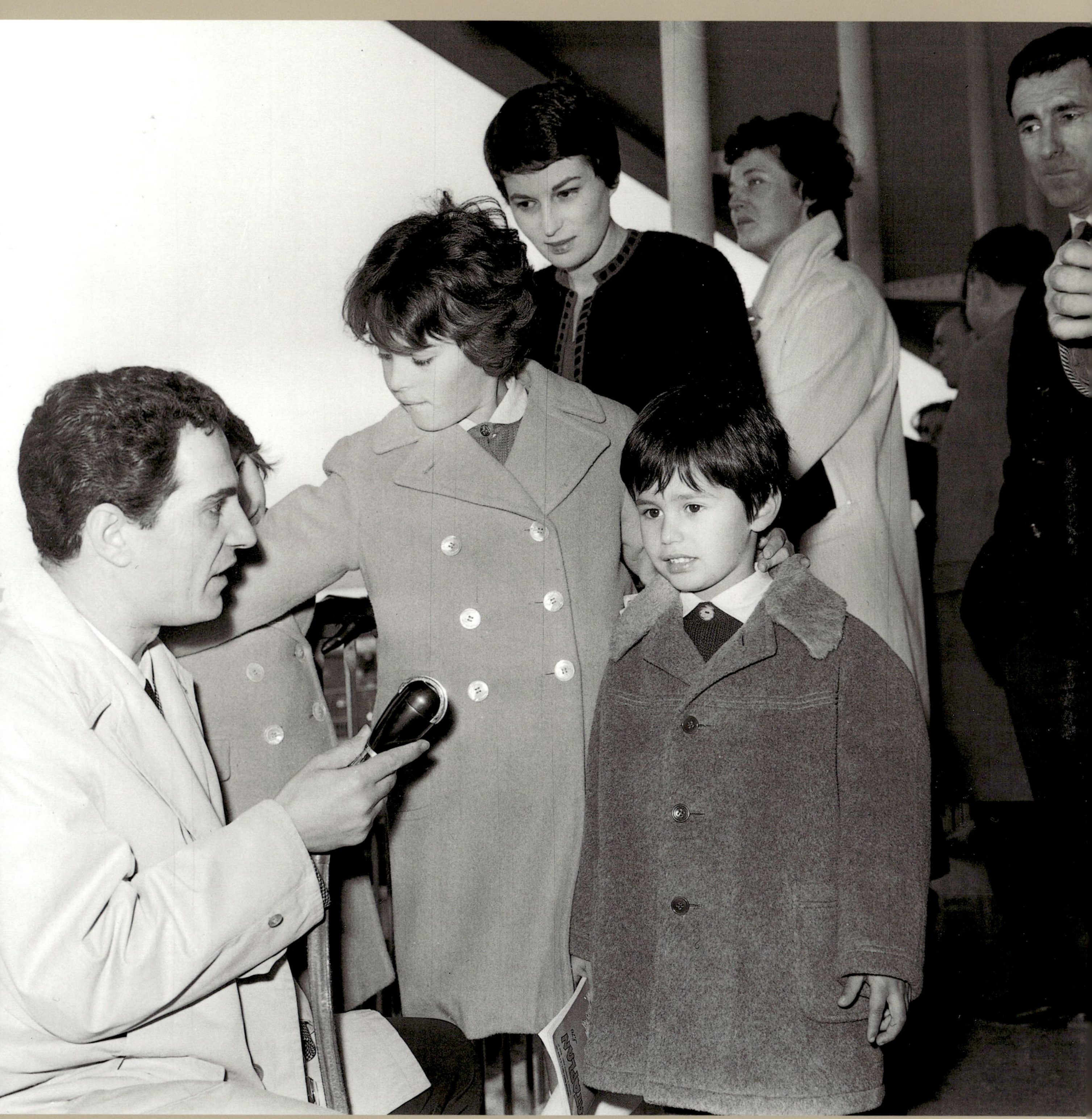

Nino Manfredi - Silvana Mangano_1960

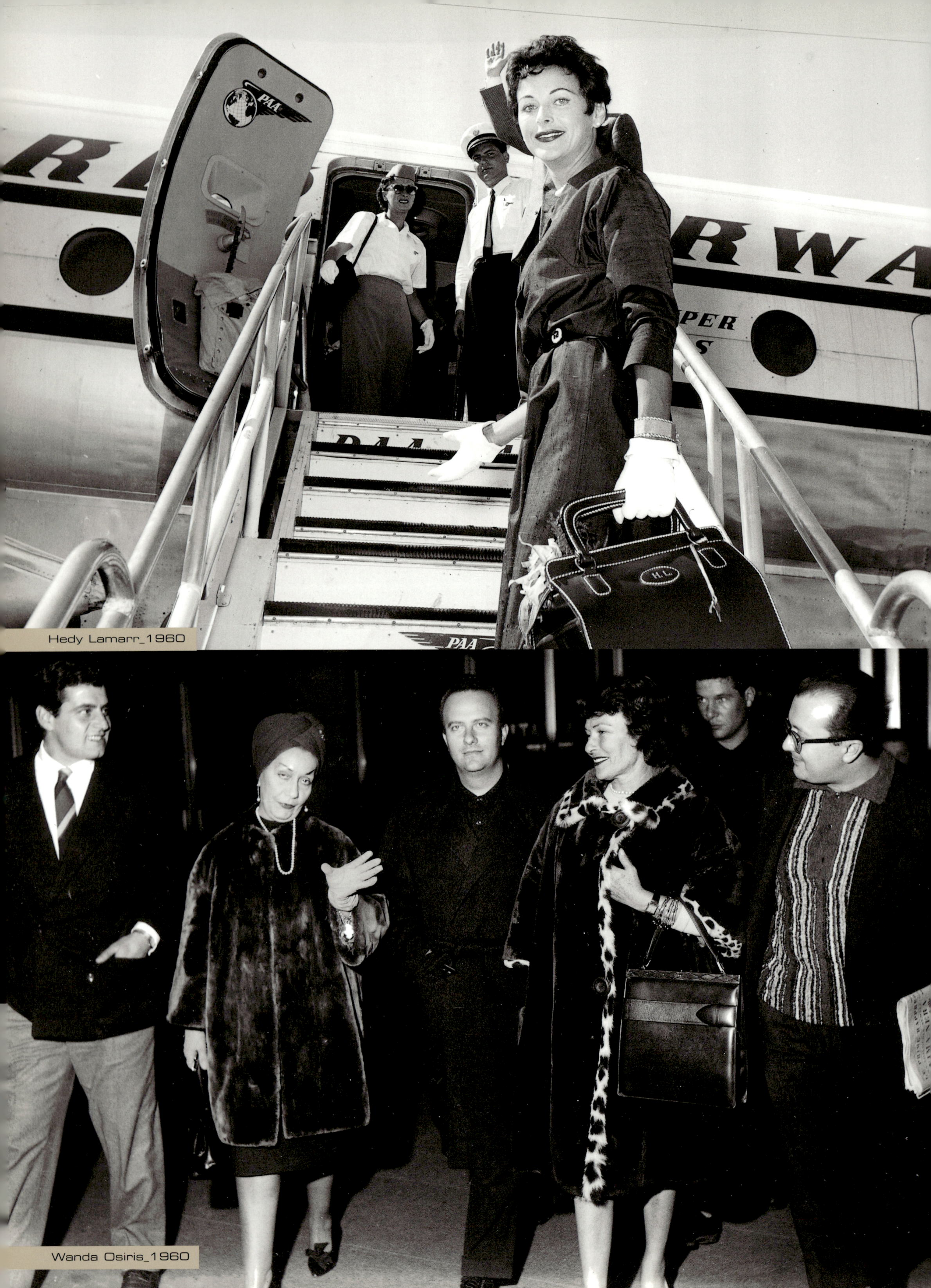
Hedy Lamarr_1960

Wanda Osiris_1960

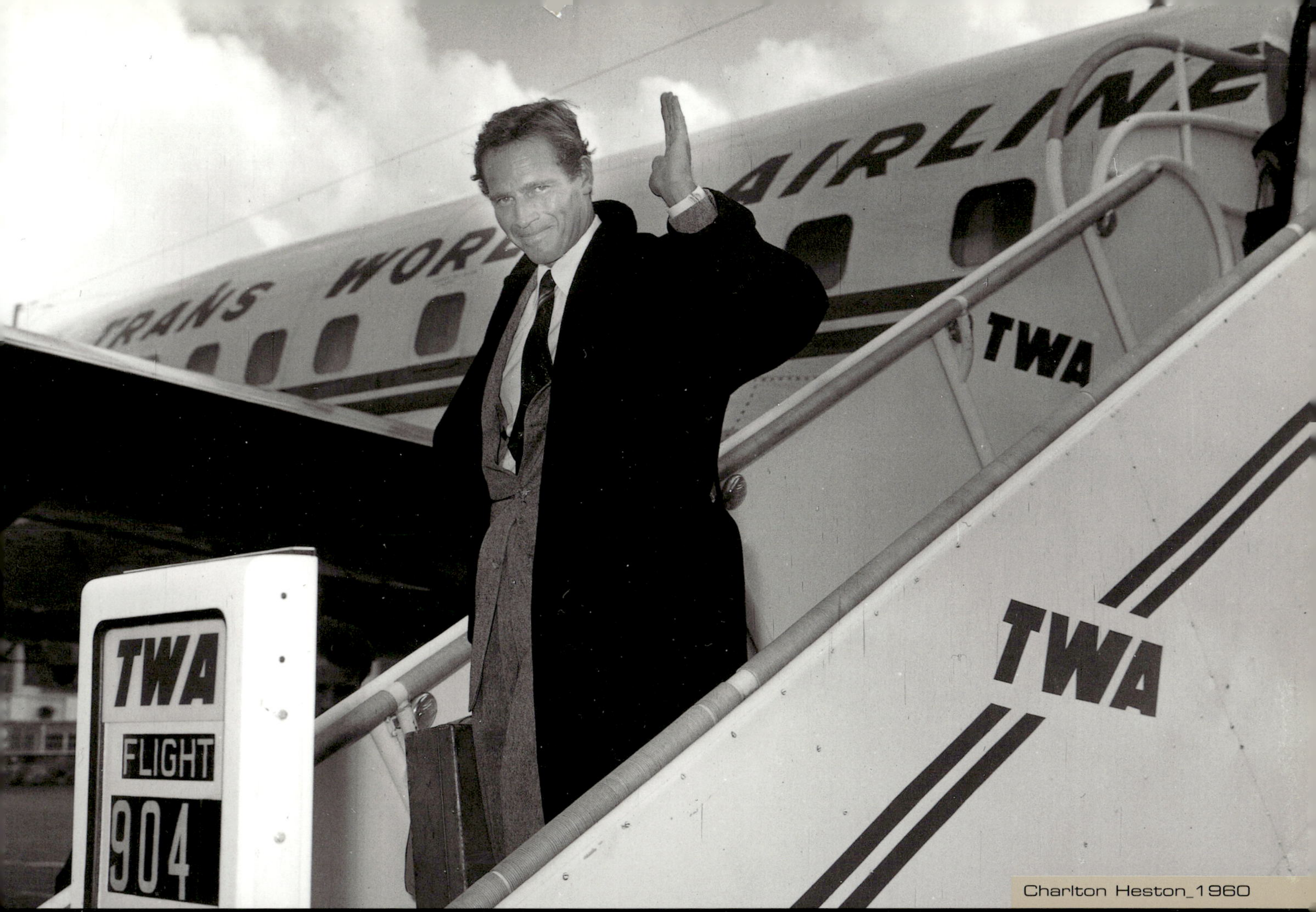

Charlton Heston_1960

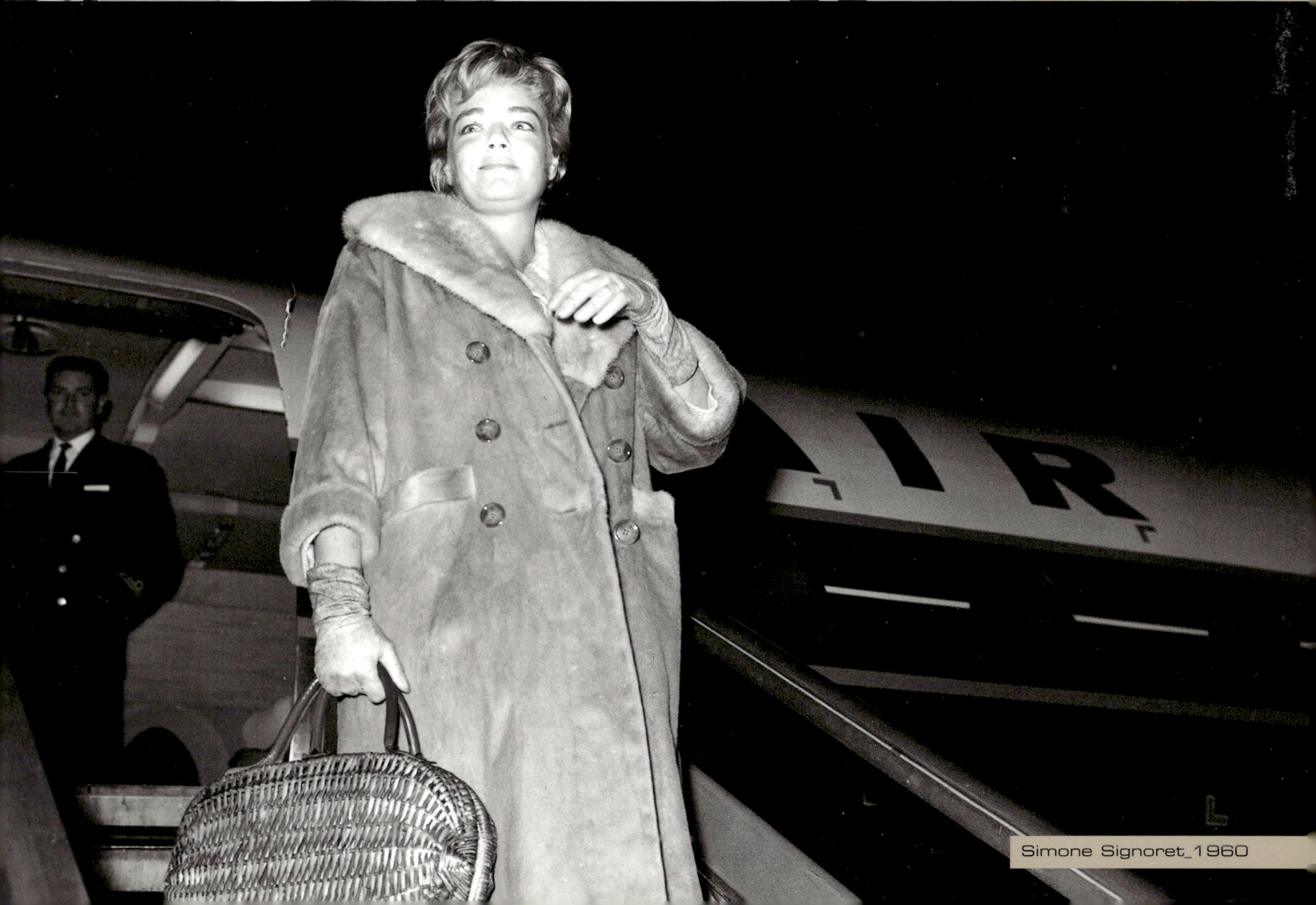

Simone Signoret_1960

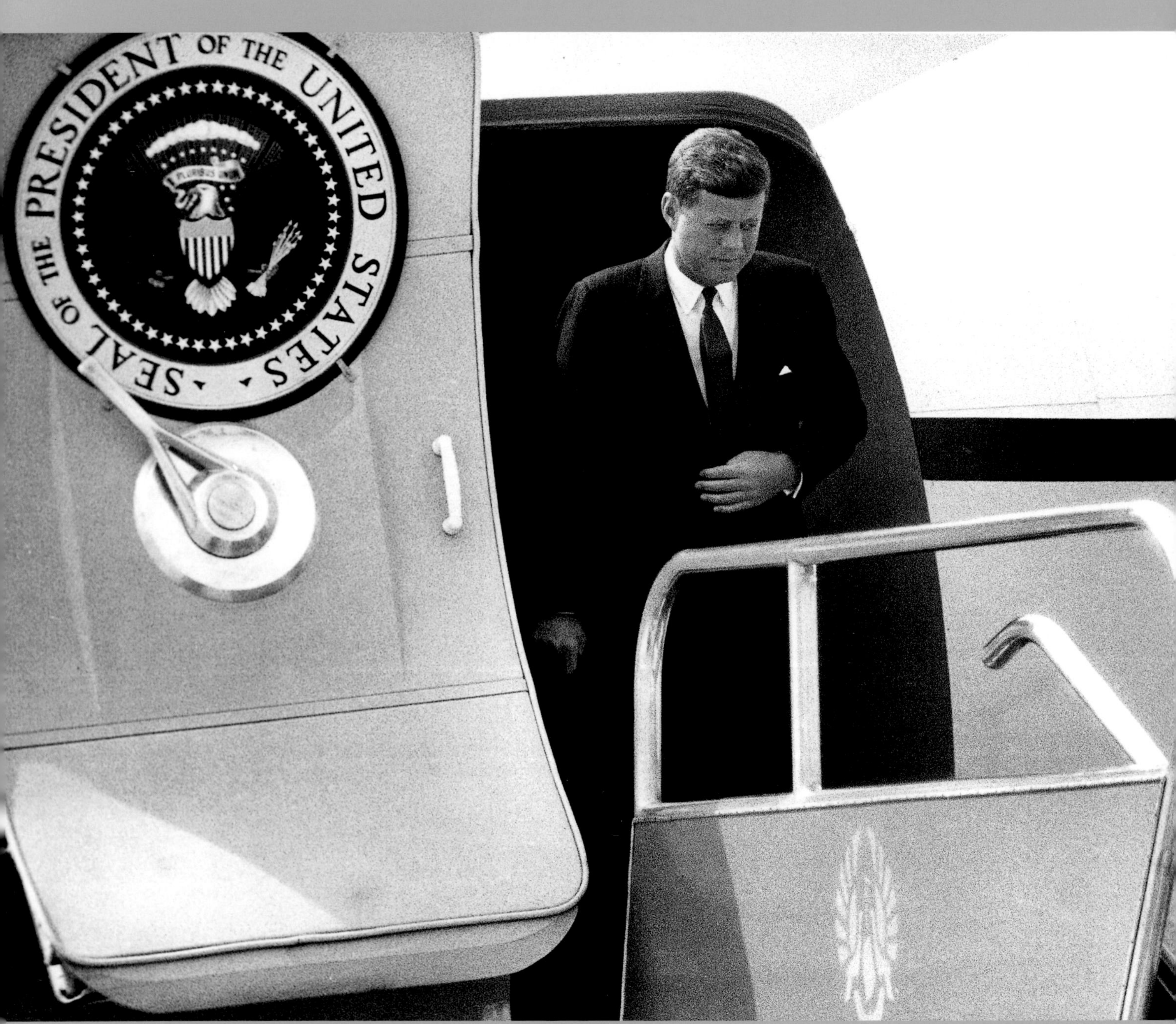

John Kennedy - Jacqueline Kennedy_1961

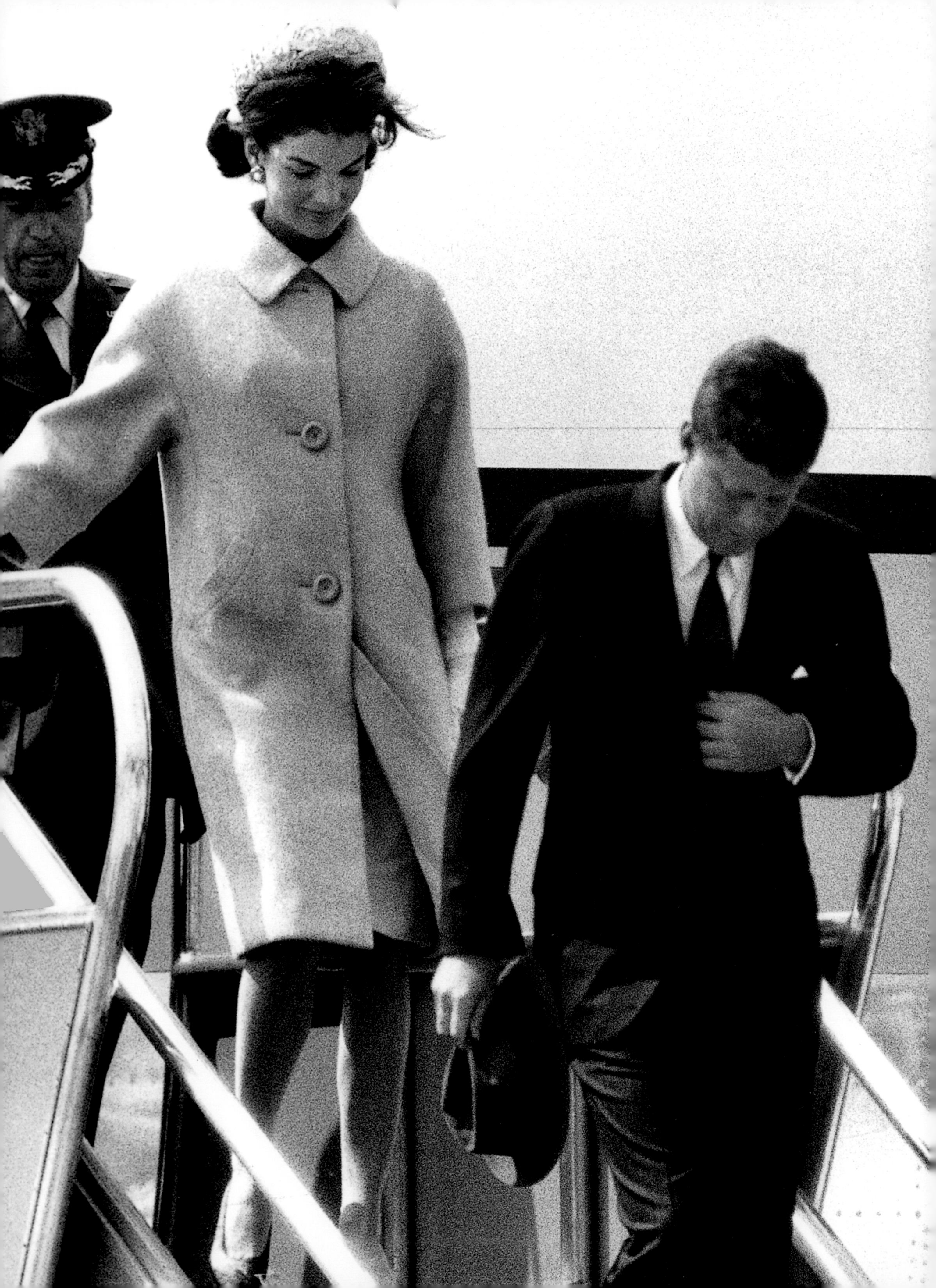

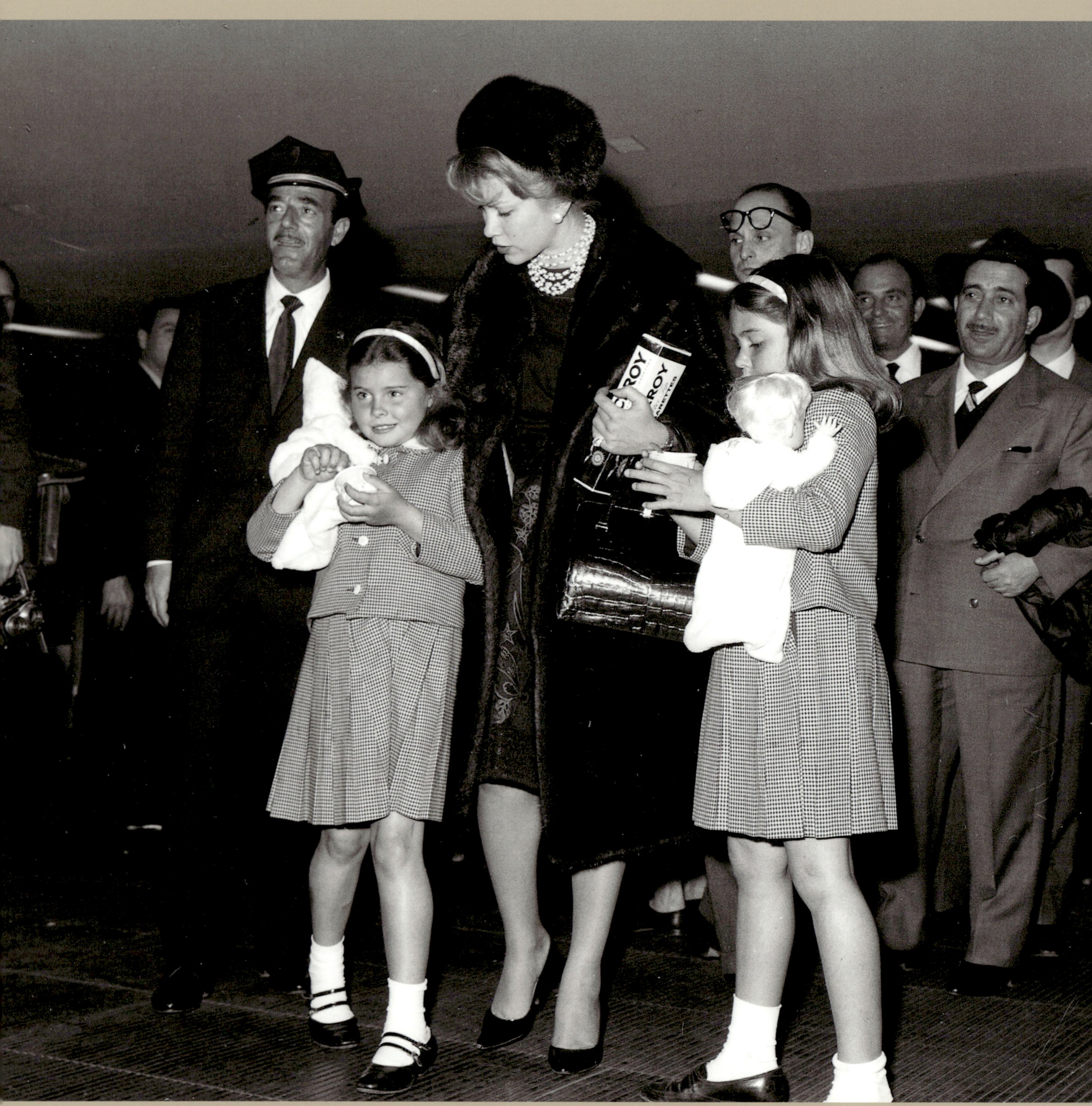

Linda Christian Power - Romina - Tyrina_1960

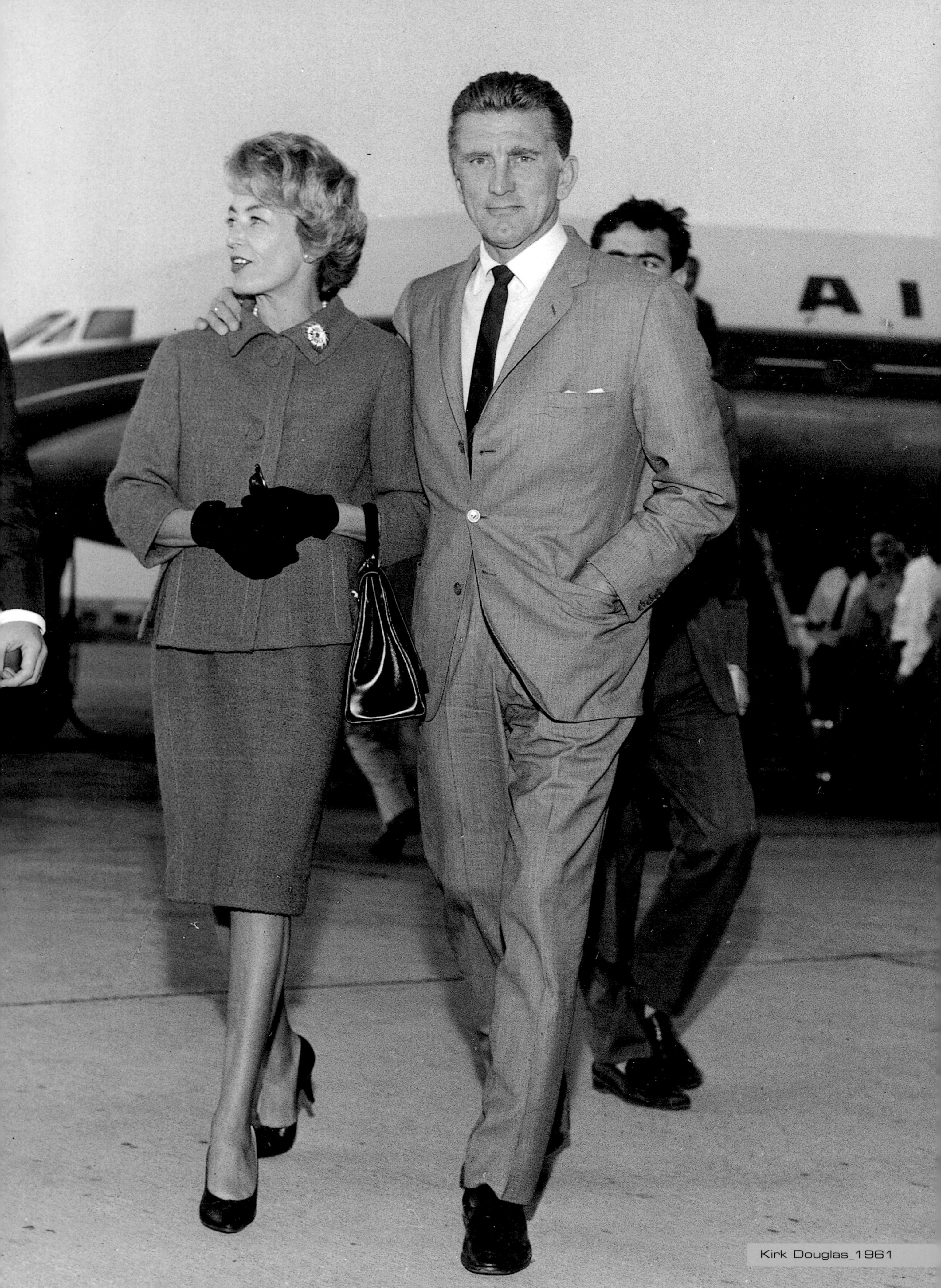

Kirk Douglas_1961

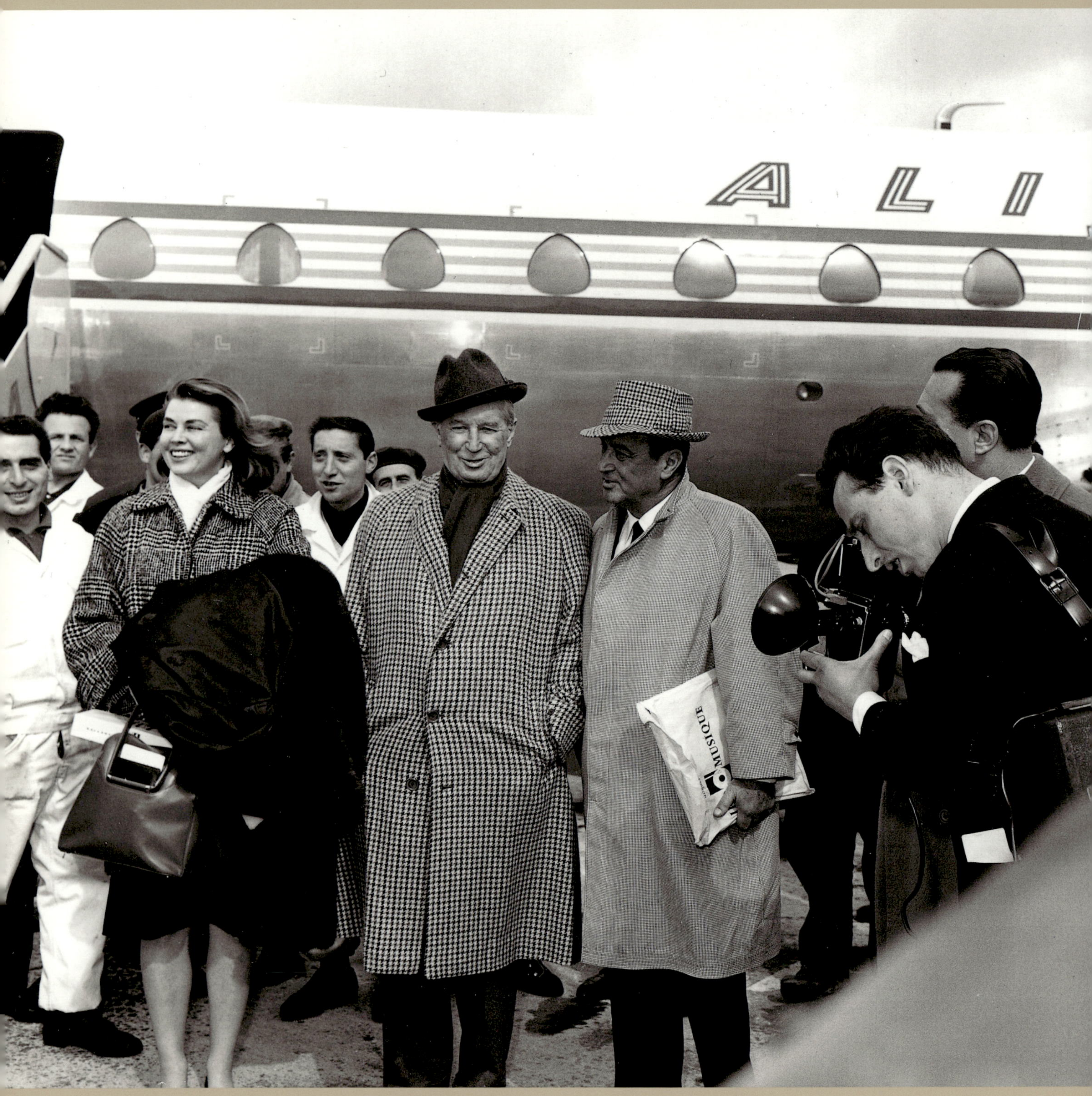

Maurice Chevalier_1961

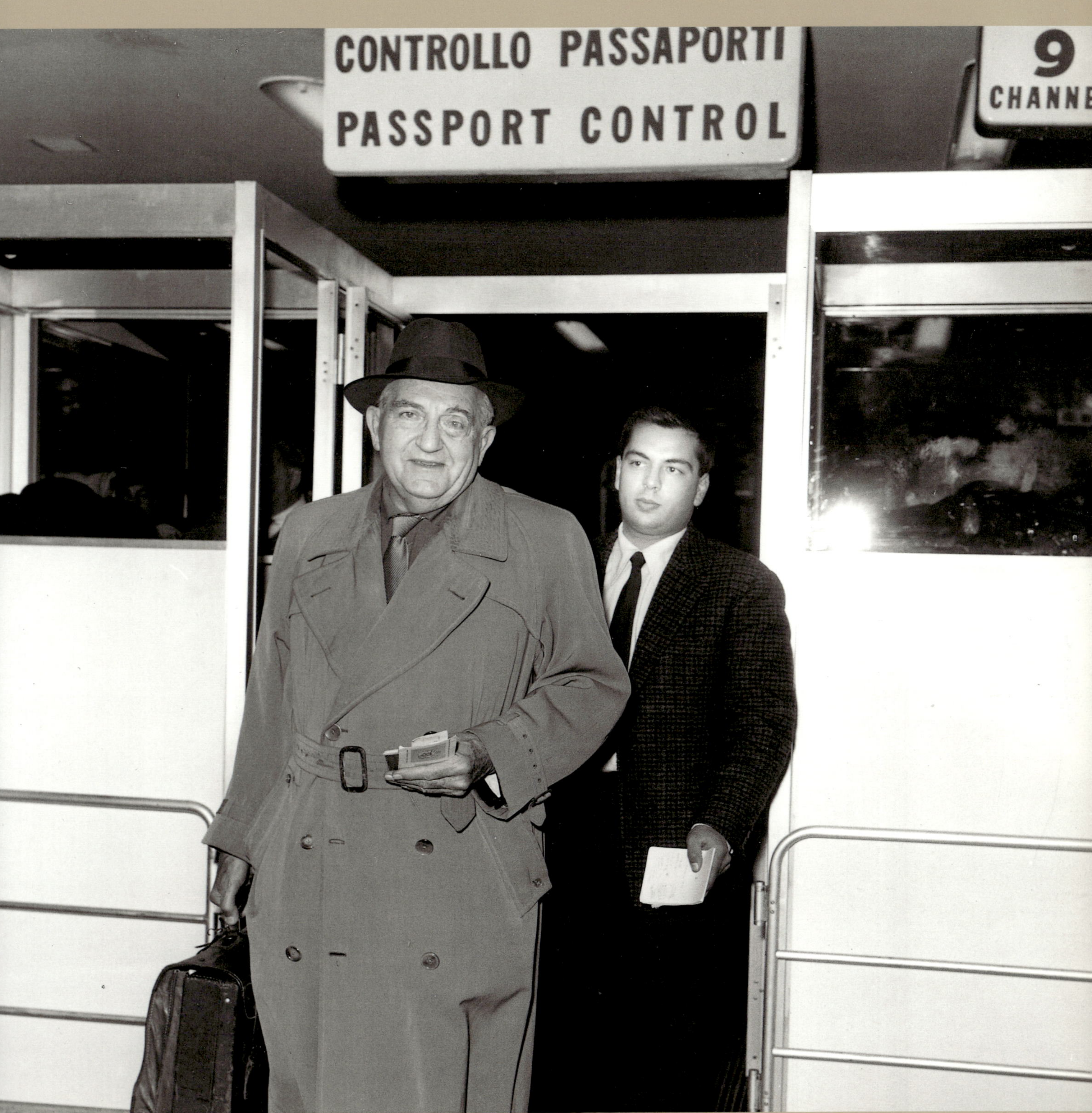

Fritz Lang_1961

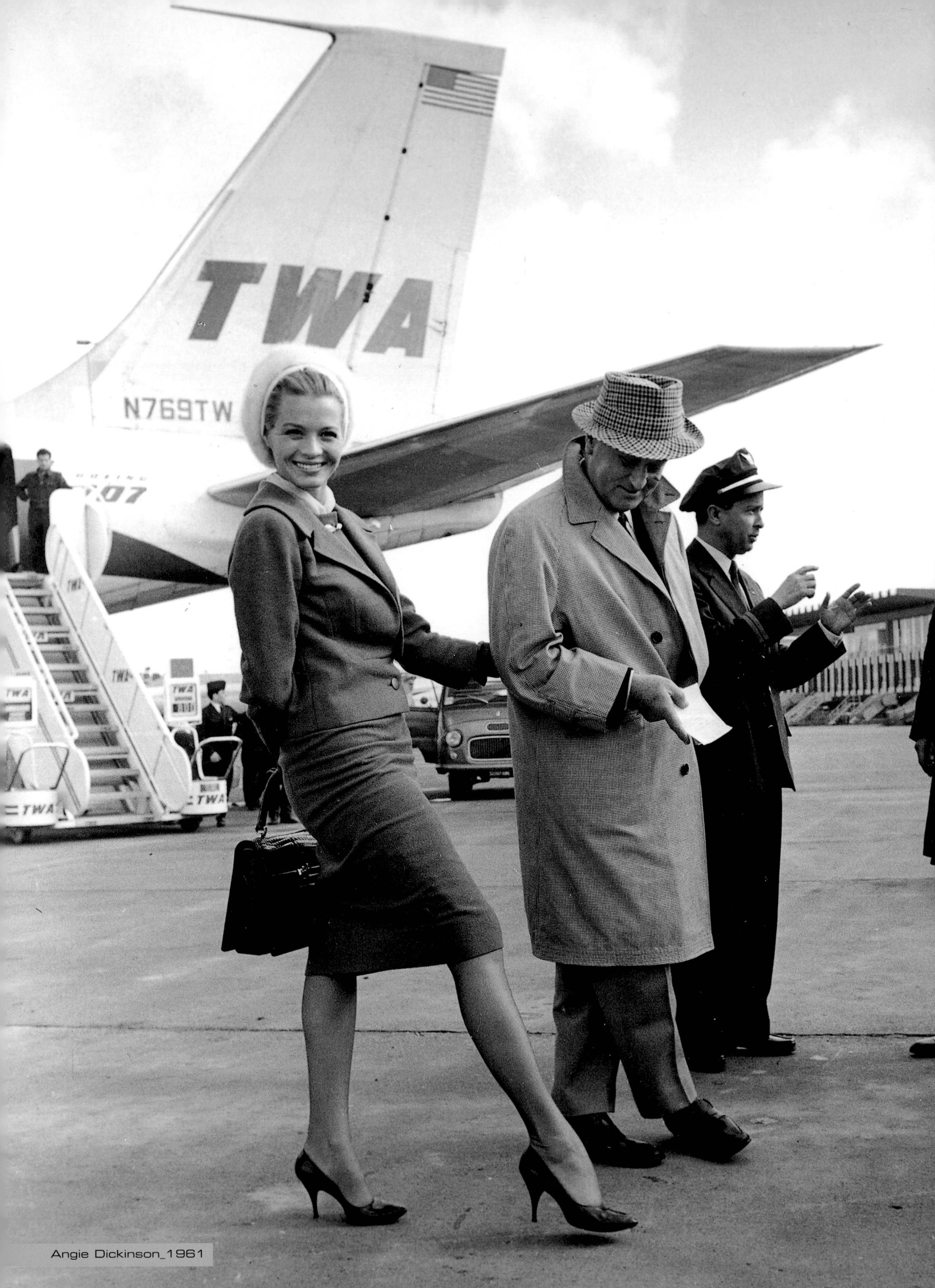

Angie Dickinson_1961

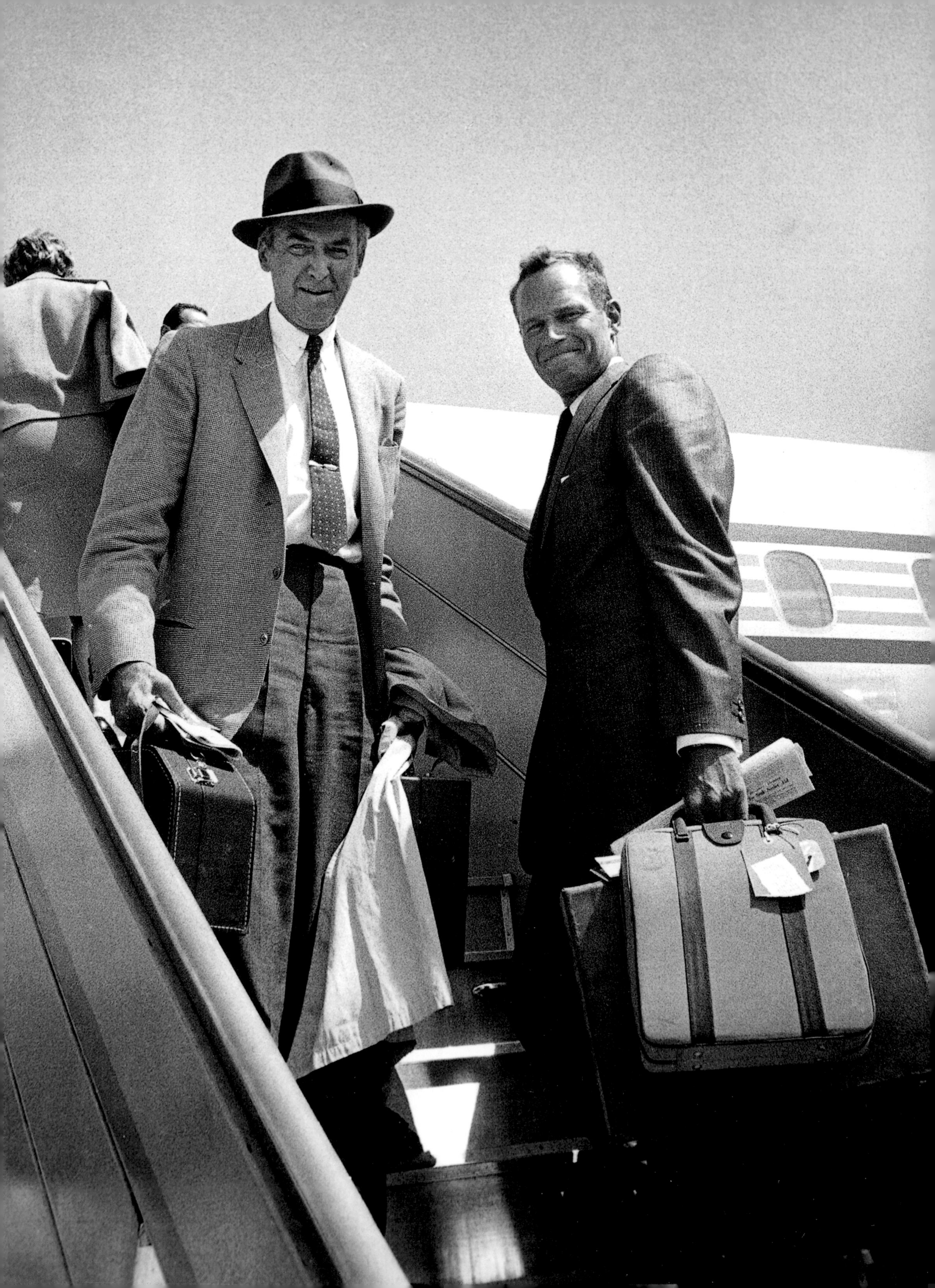

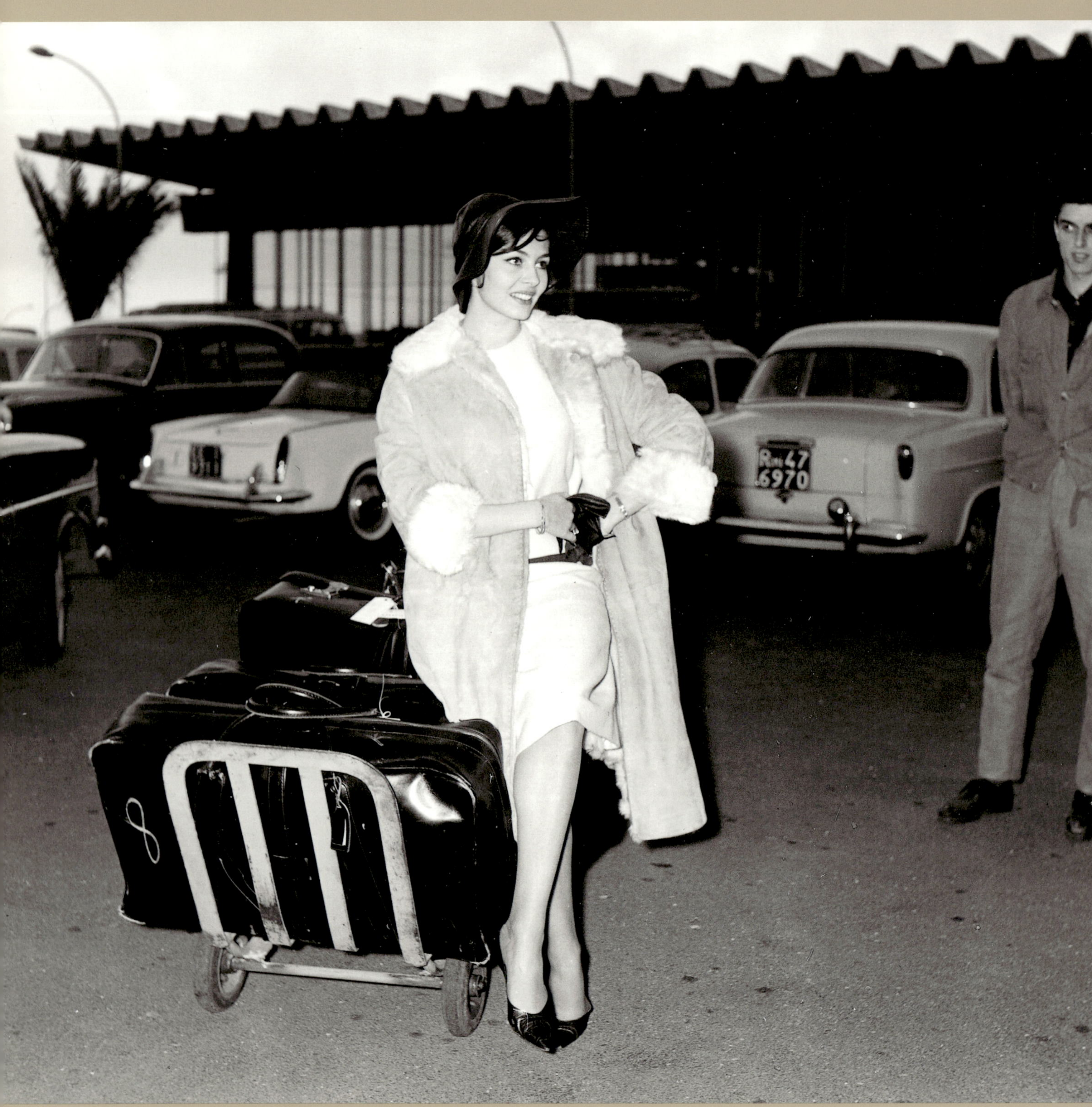

Michèle Mercier_1962

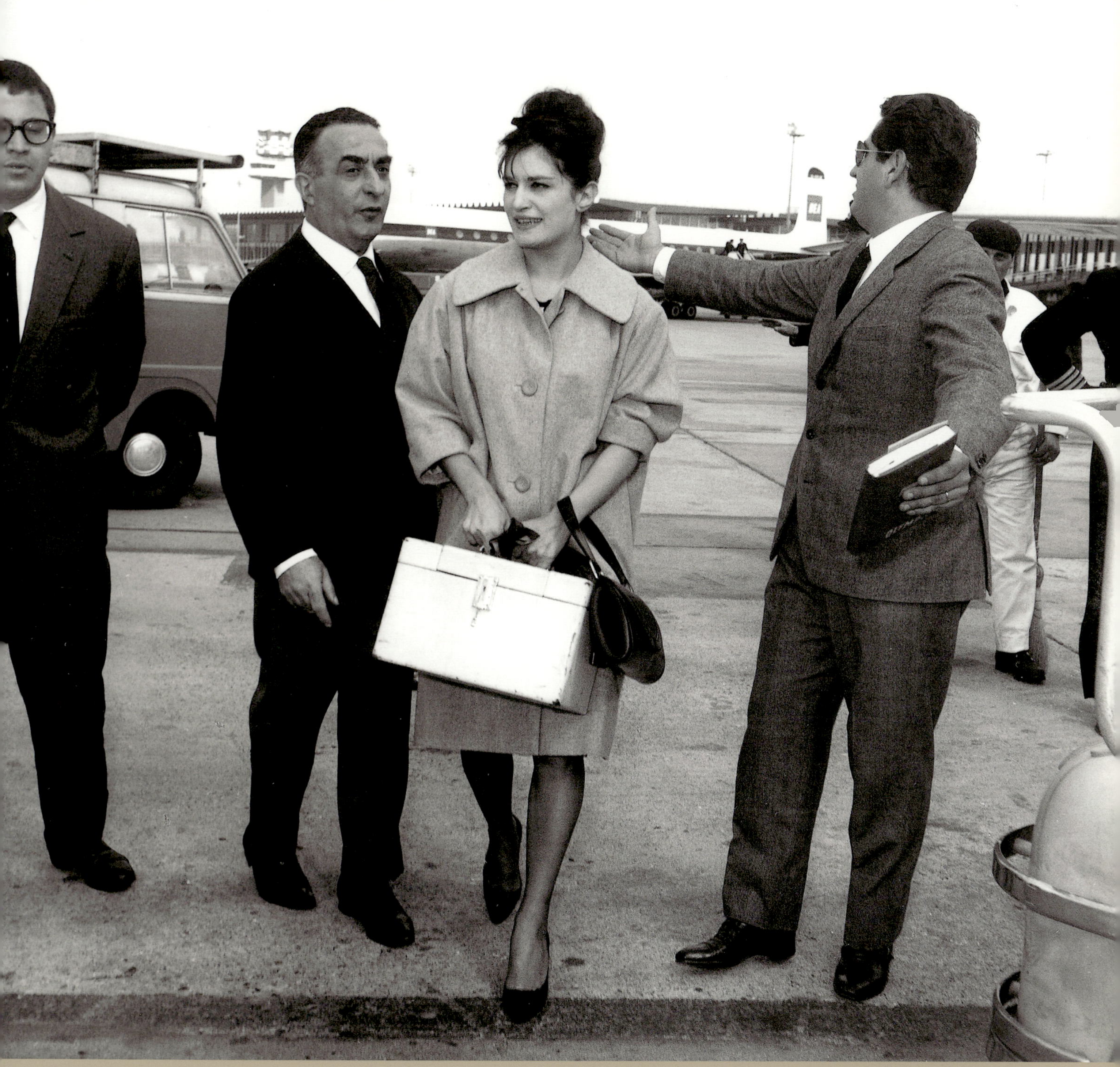

Dalidà_1962

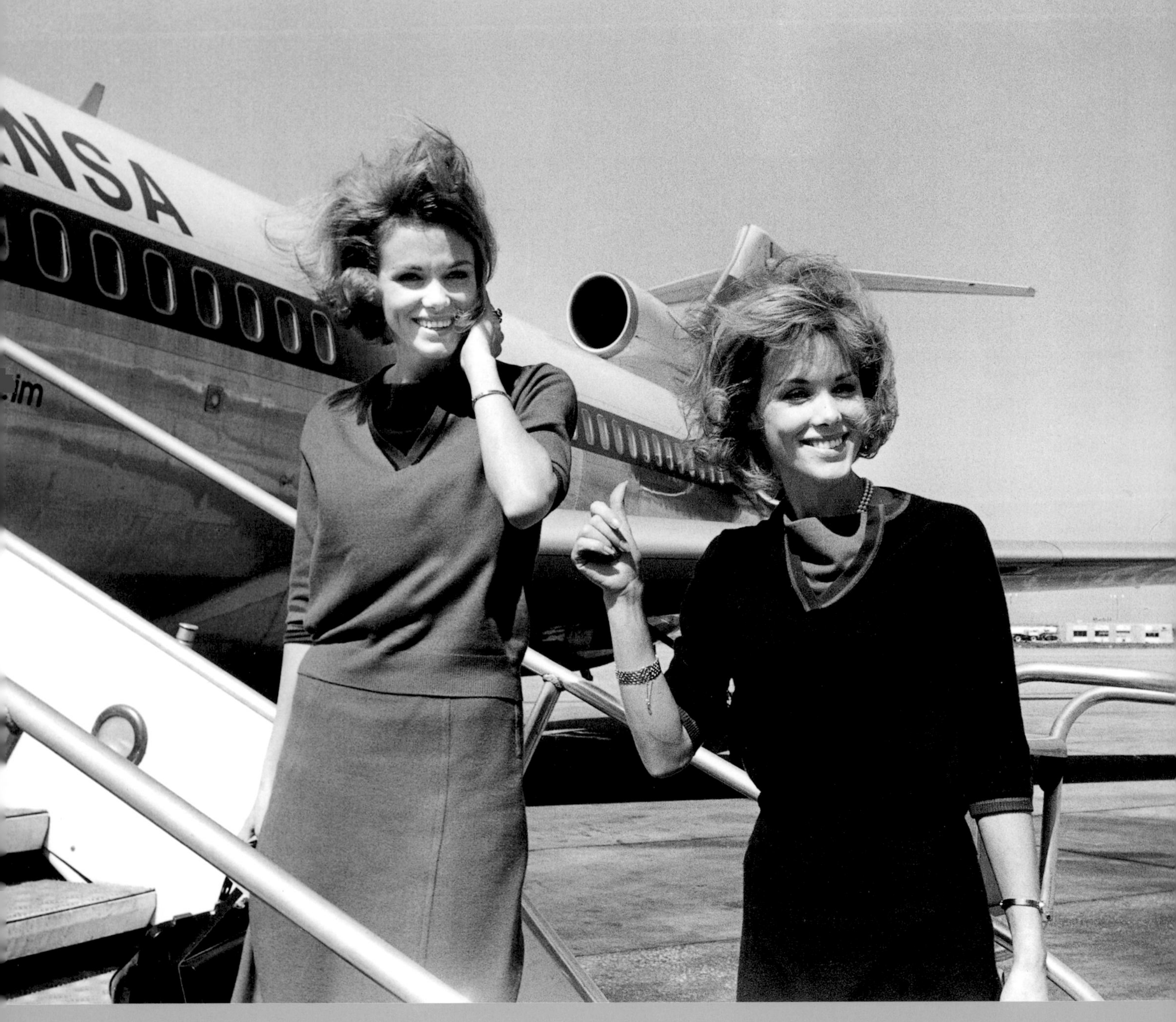

Alice e Ellen Kessler_1962

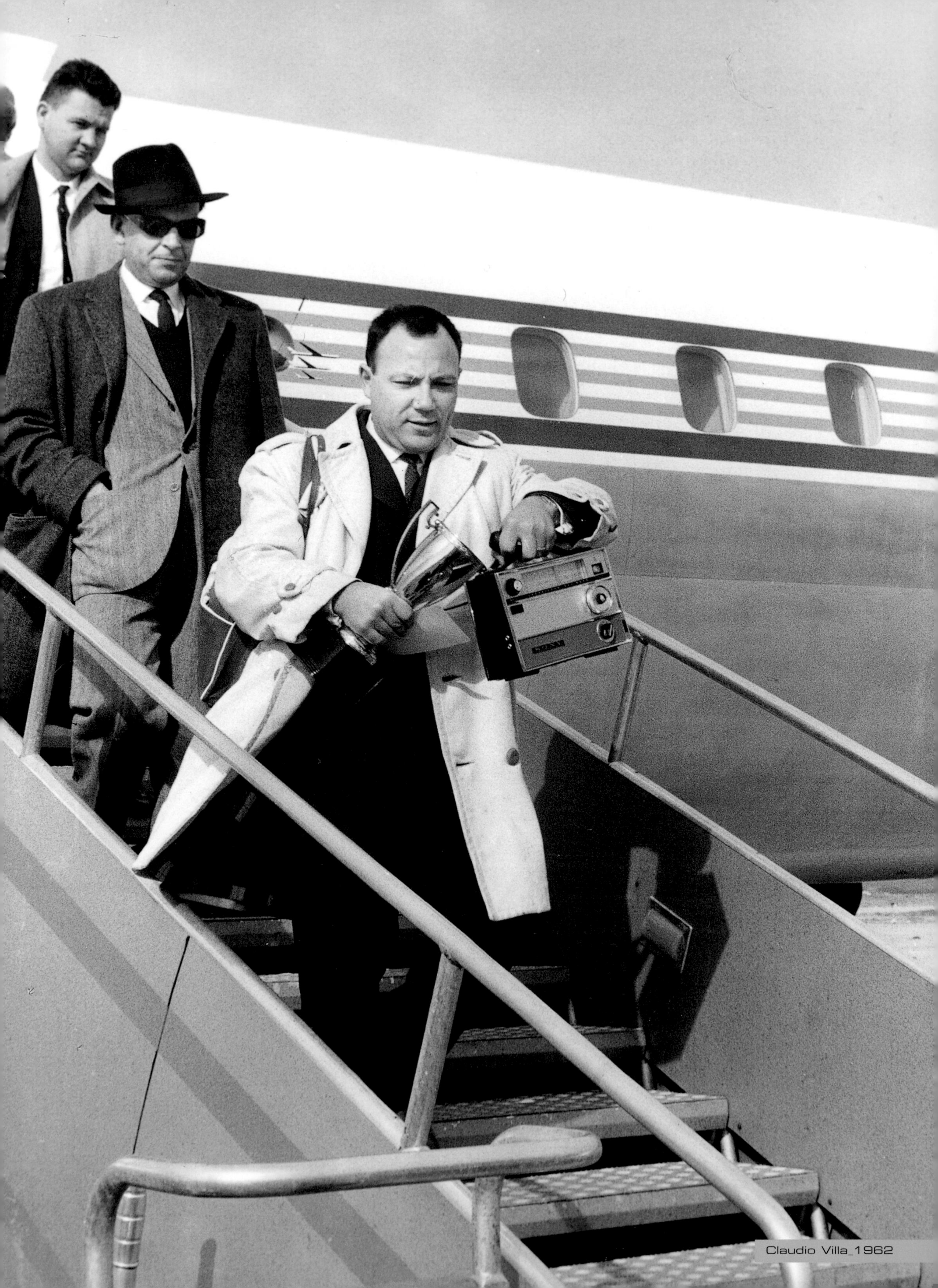

Claudio Villa_1962

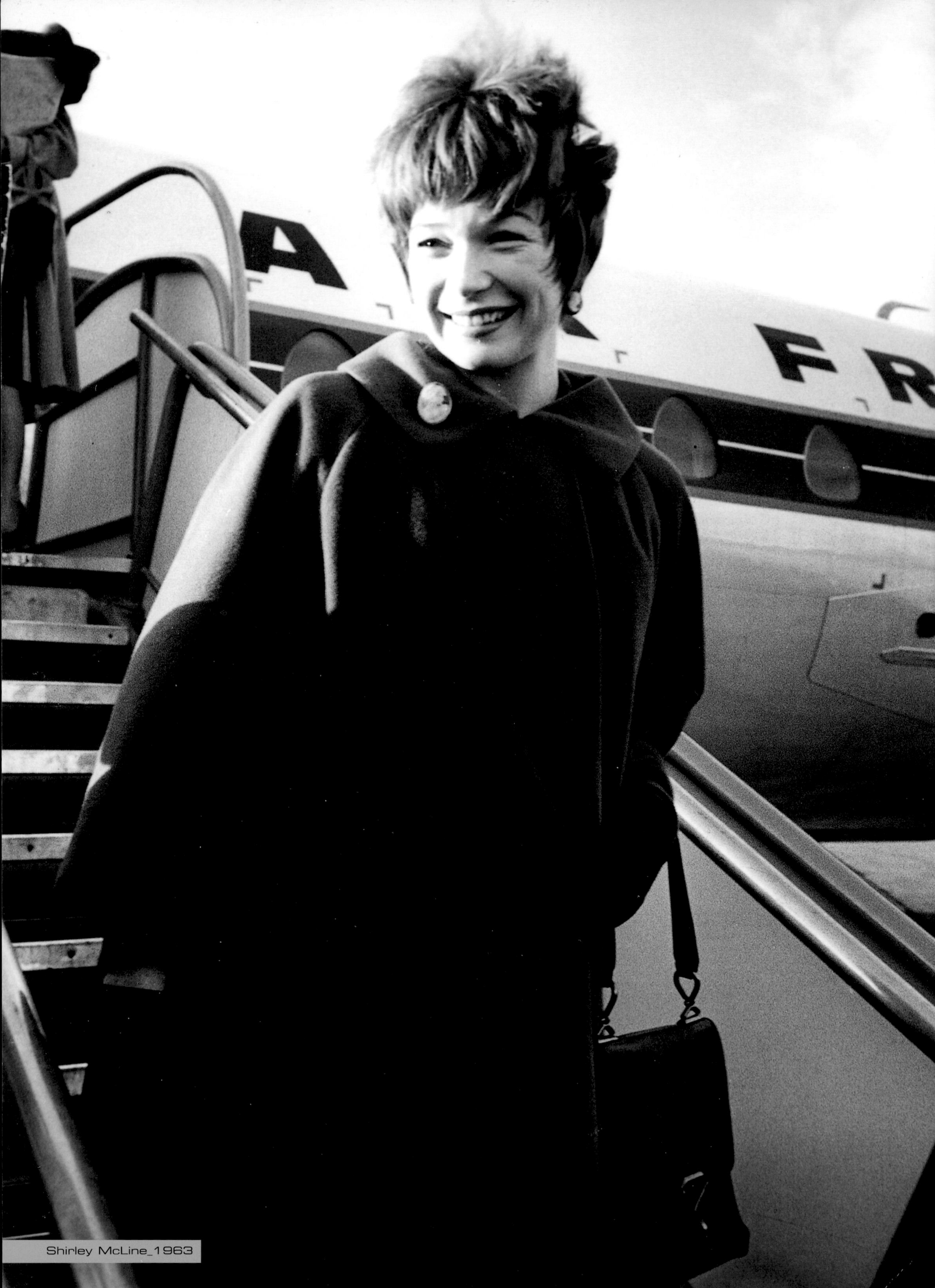

Shirley McLine_1963

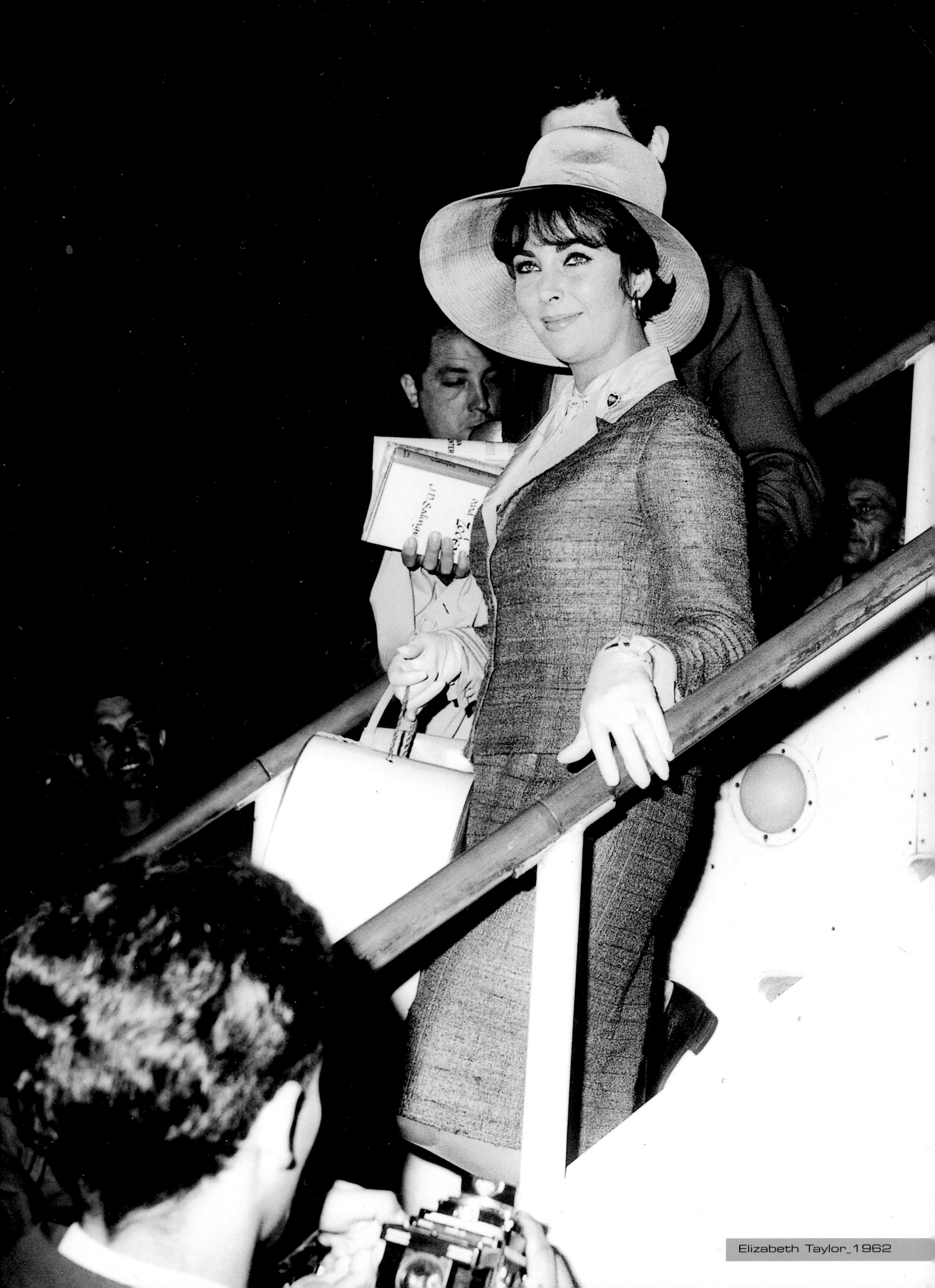

Elizabeth Taylor_1962

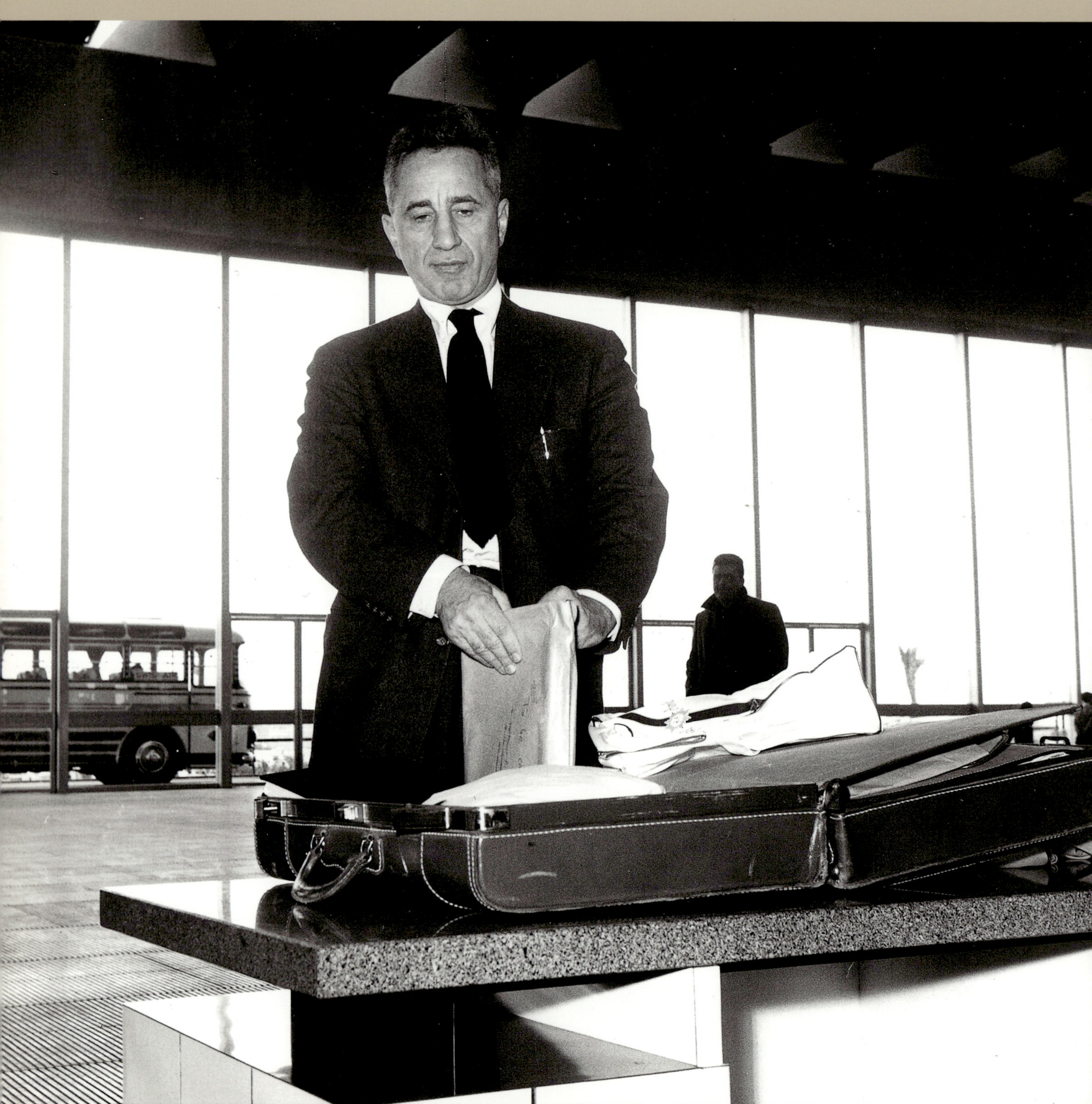

Elia Kazan_1962

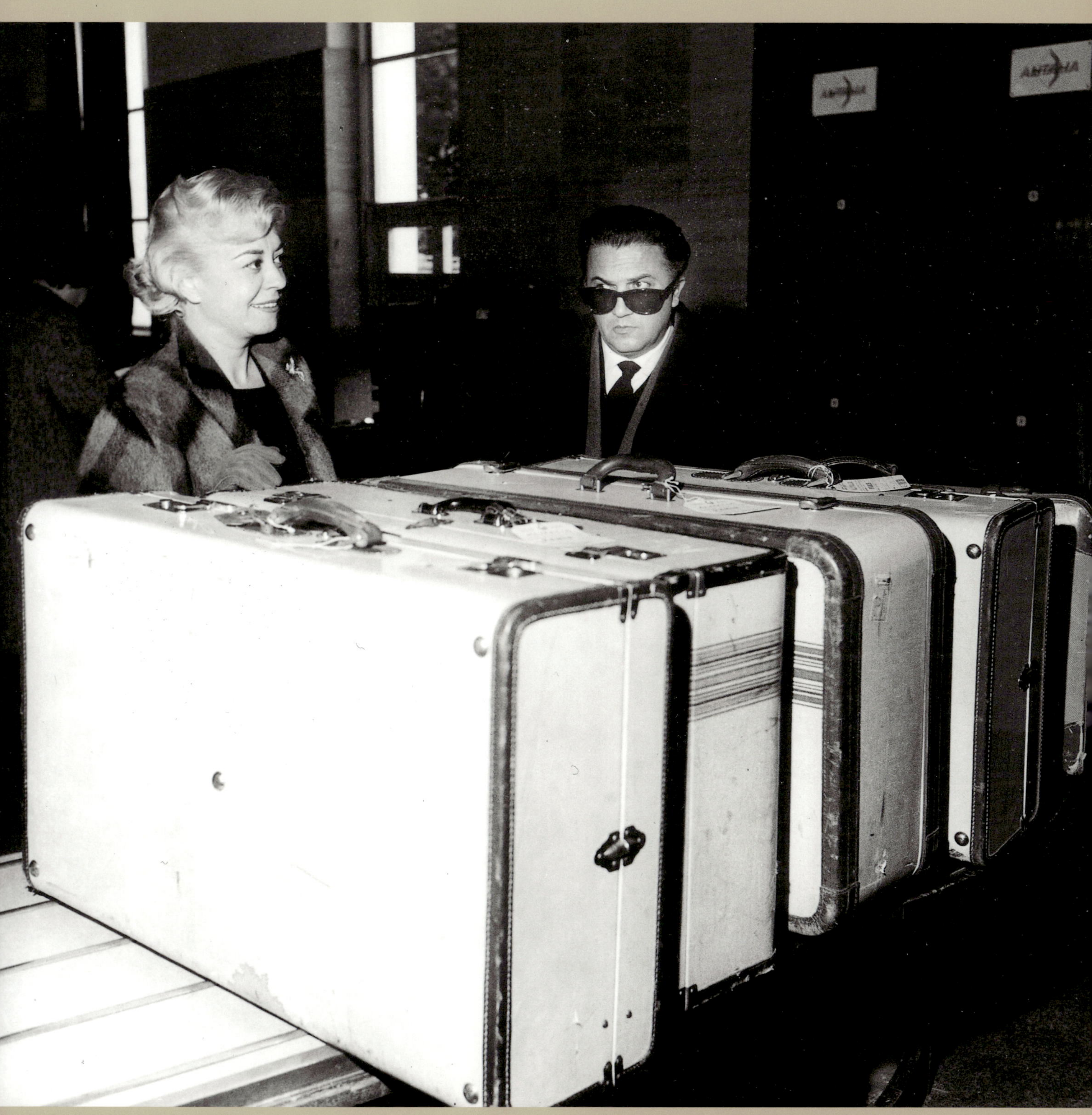

Giulietta Masina - Federico Fellini_1961

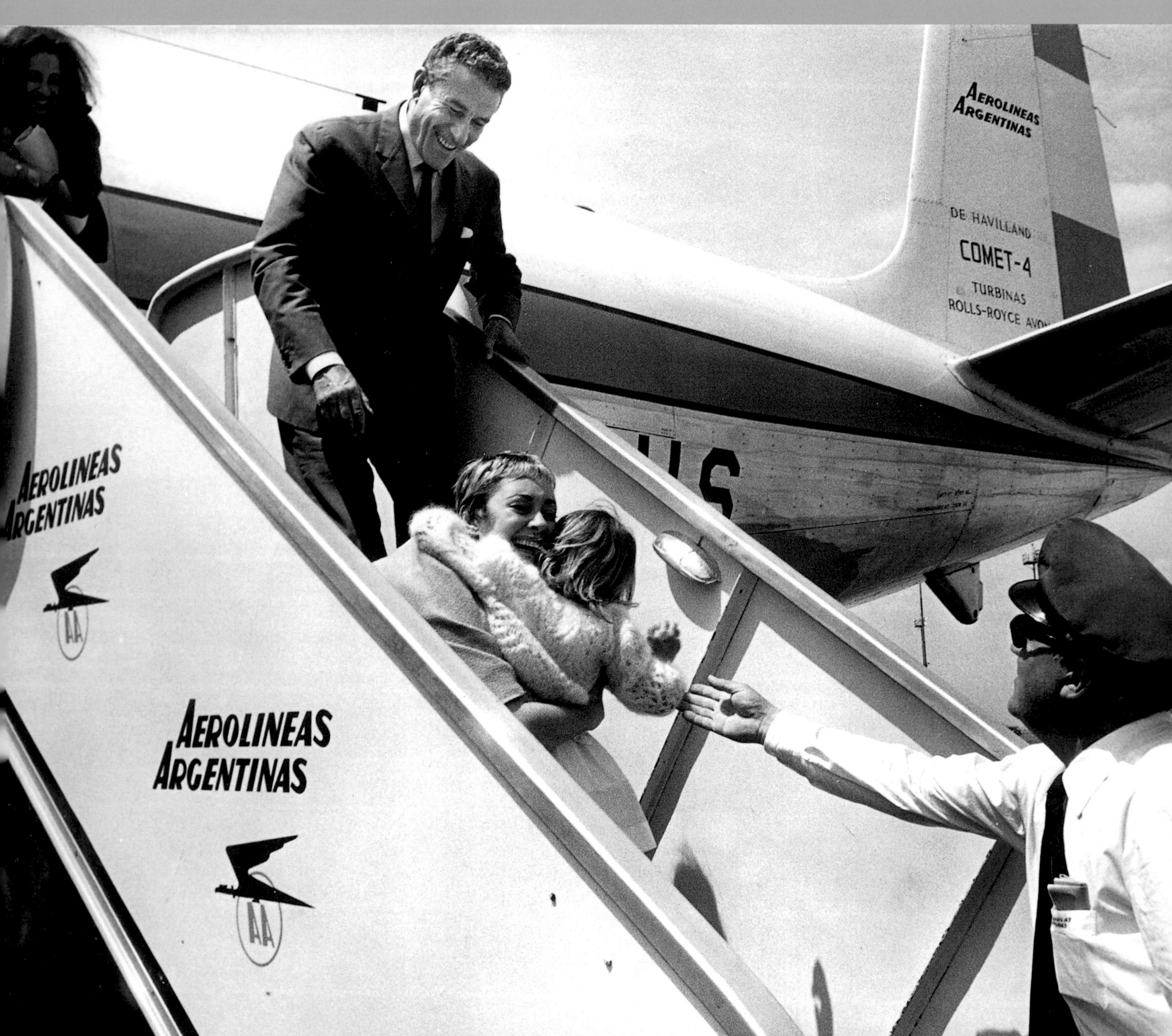

Amedeo Nazzari - Irene Genna - Evelina_1964

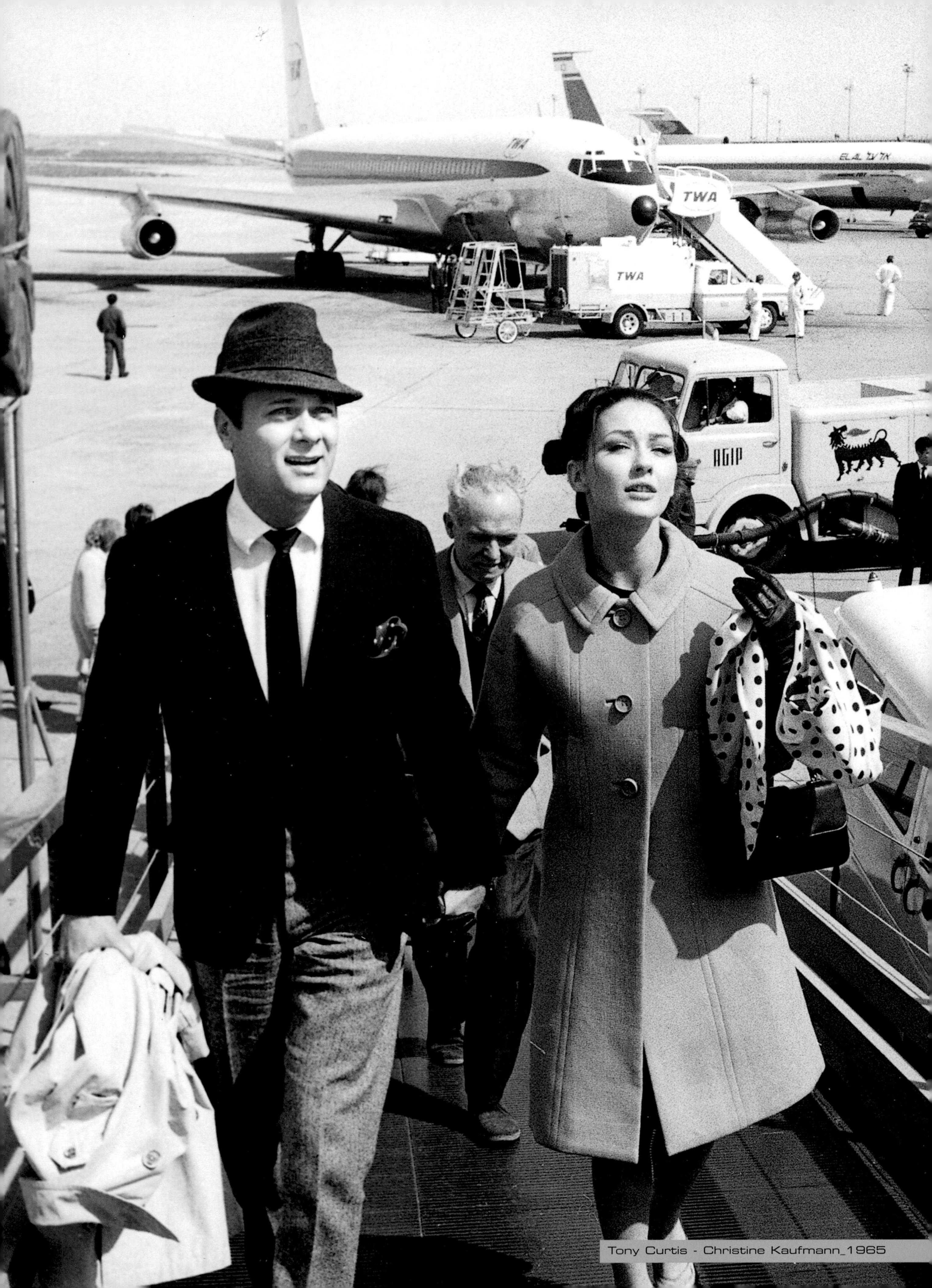

Tony Curtis - Christine Kaufmann_1965

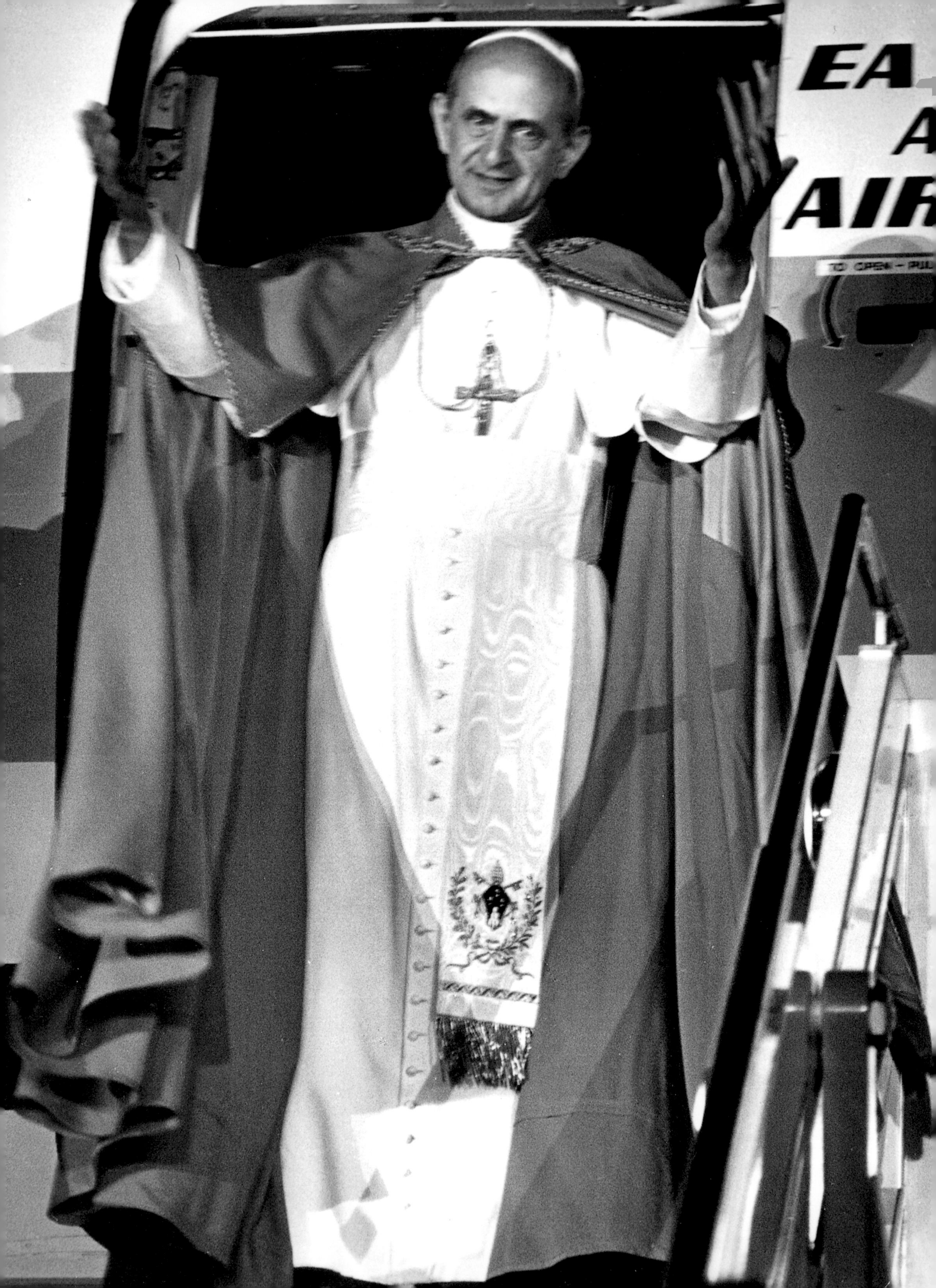

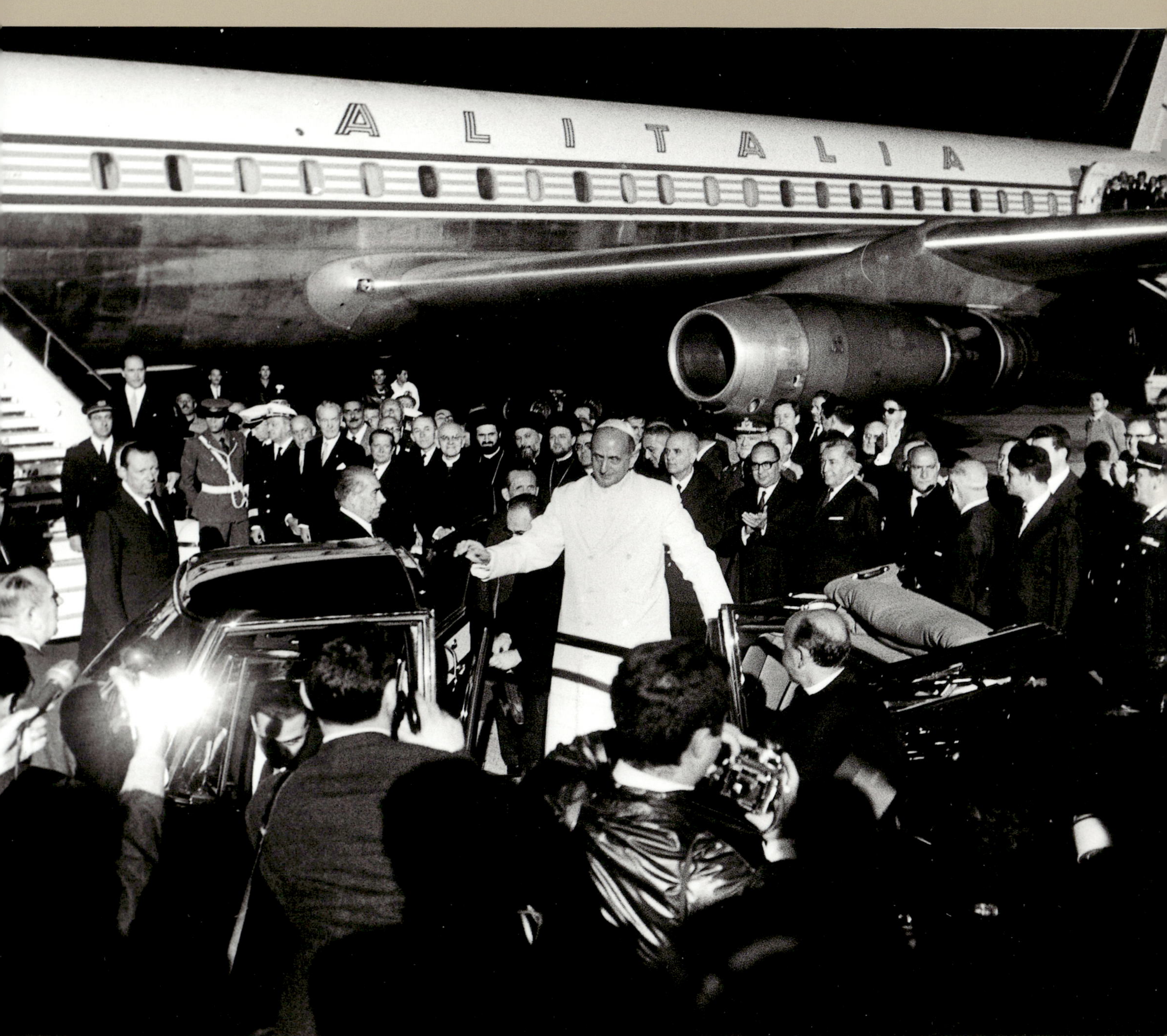

Papa Paolo VI_1965

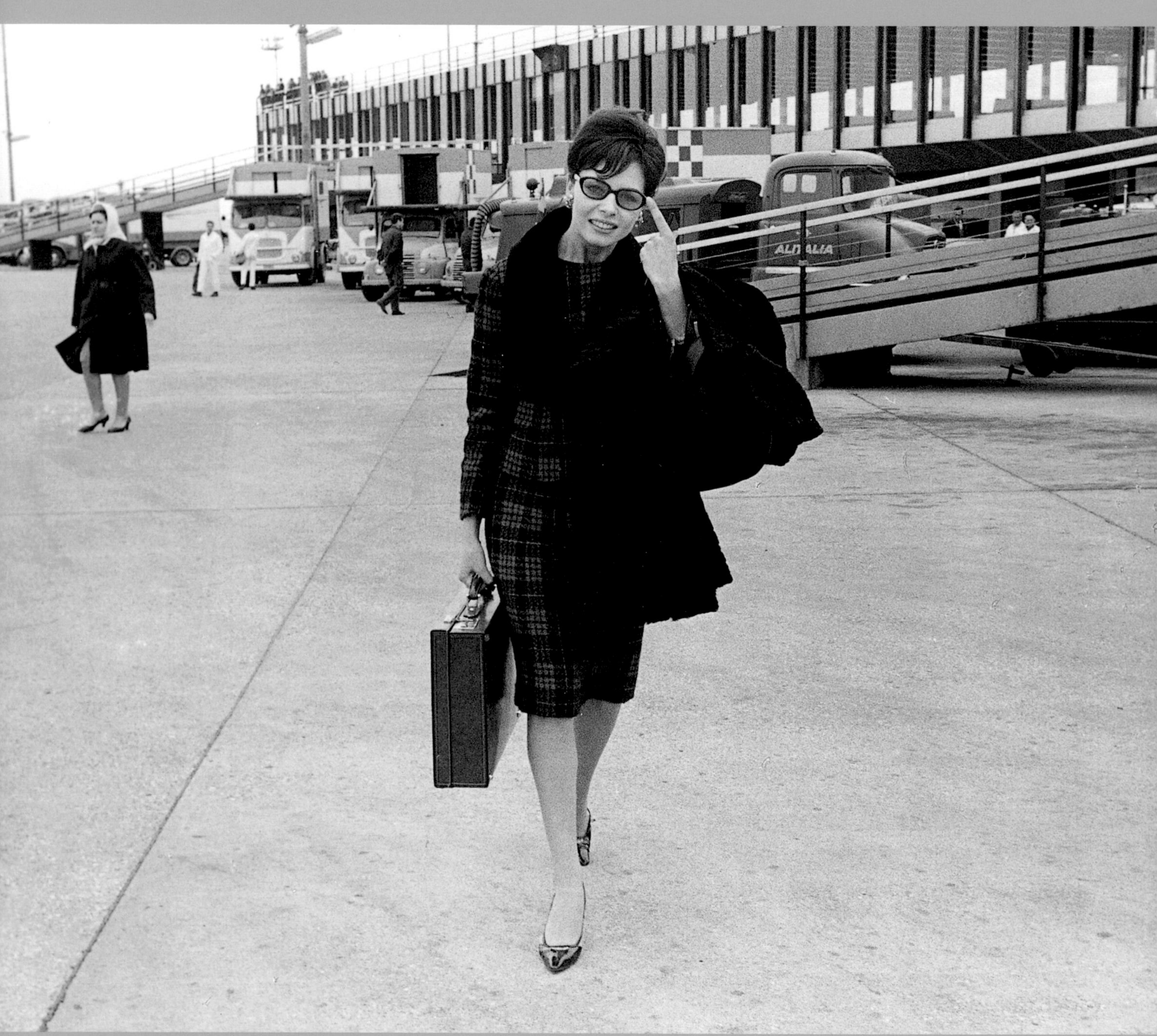

Michèle Mercier_1965

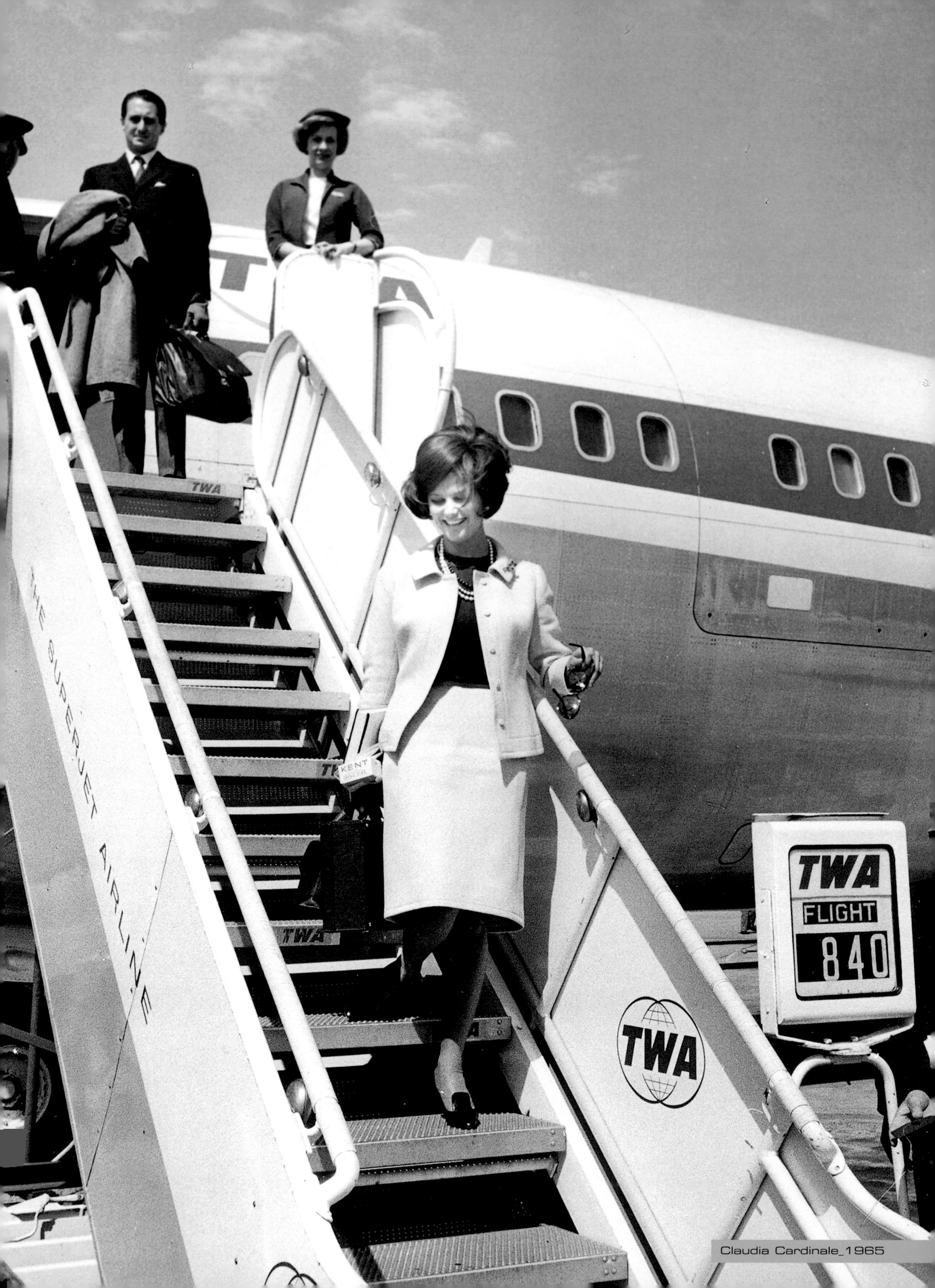

Claudia Cardinale_1965

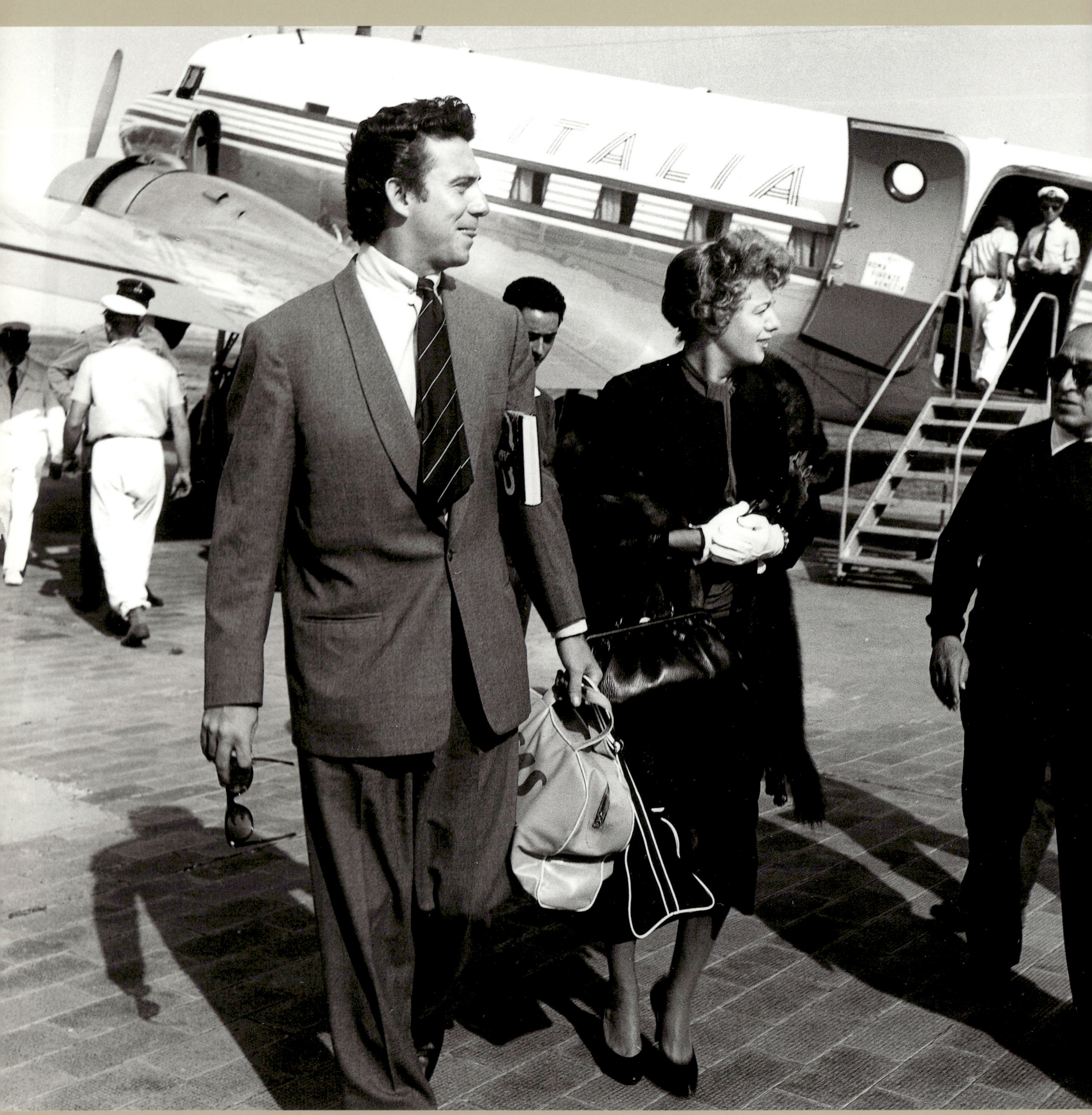

Anthony Franciosa - Shelley Winters_1967

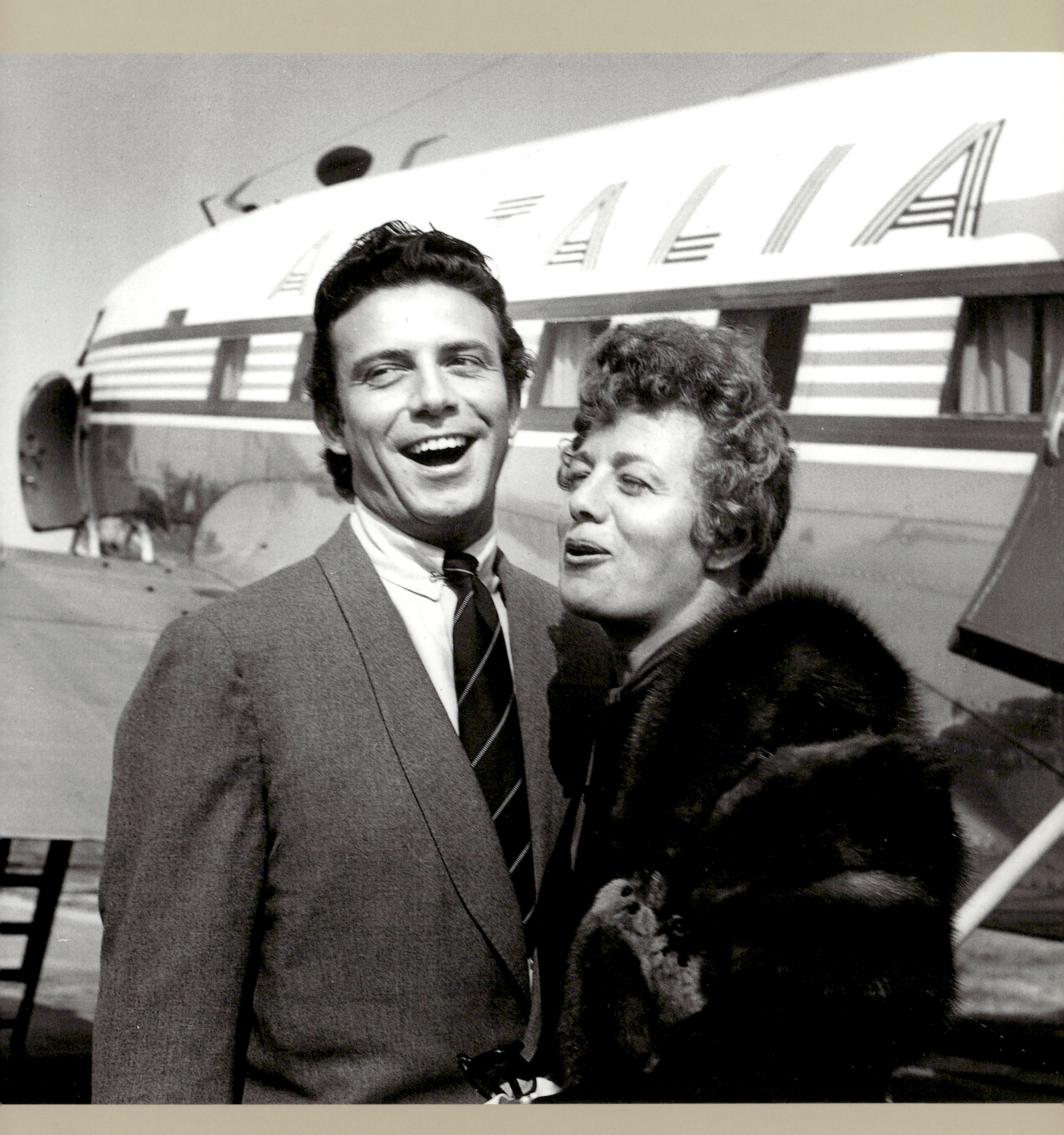

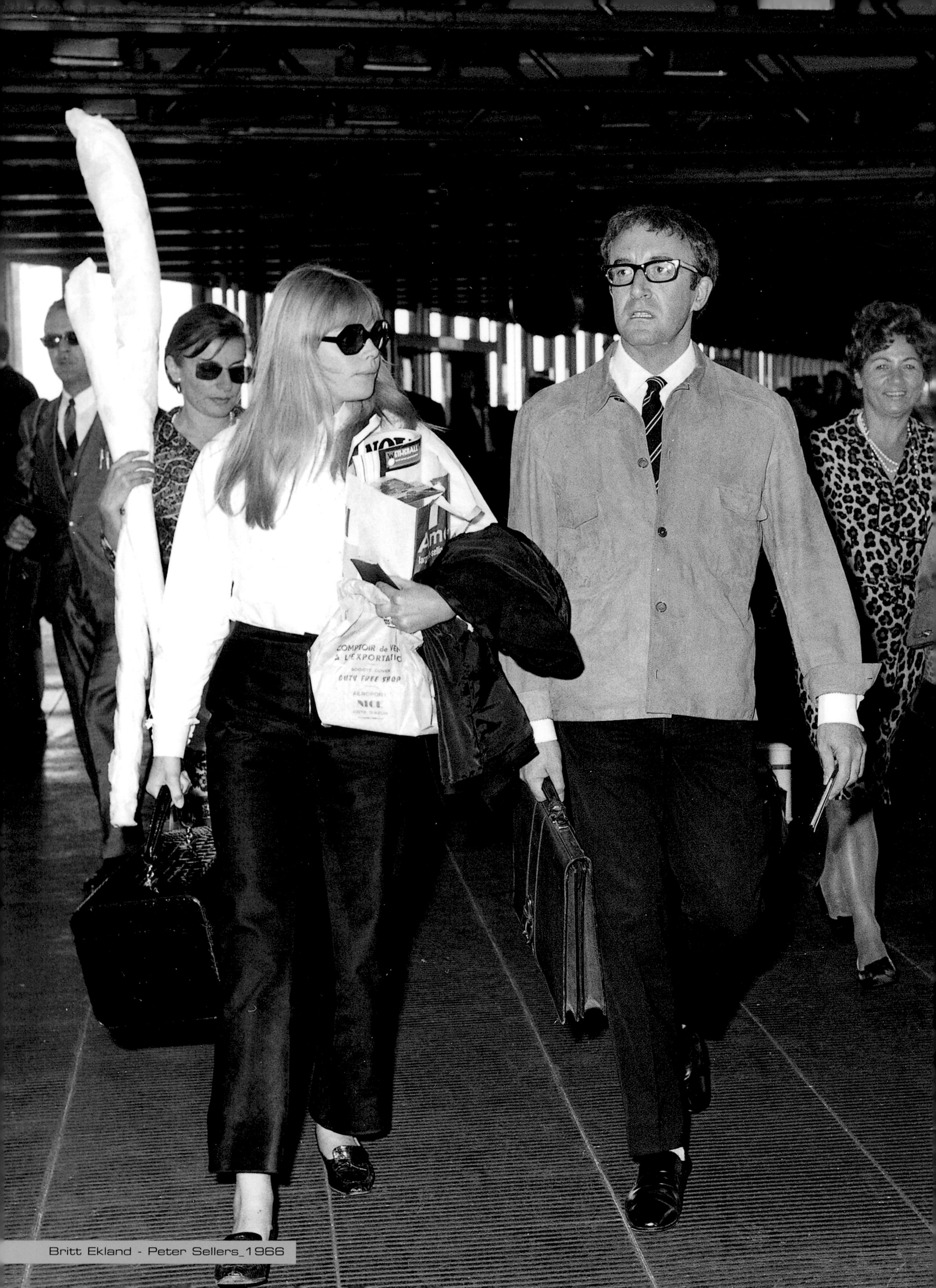

Britt Ekland - Peter Sellers_1966

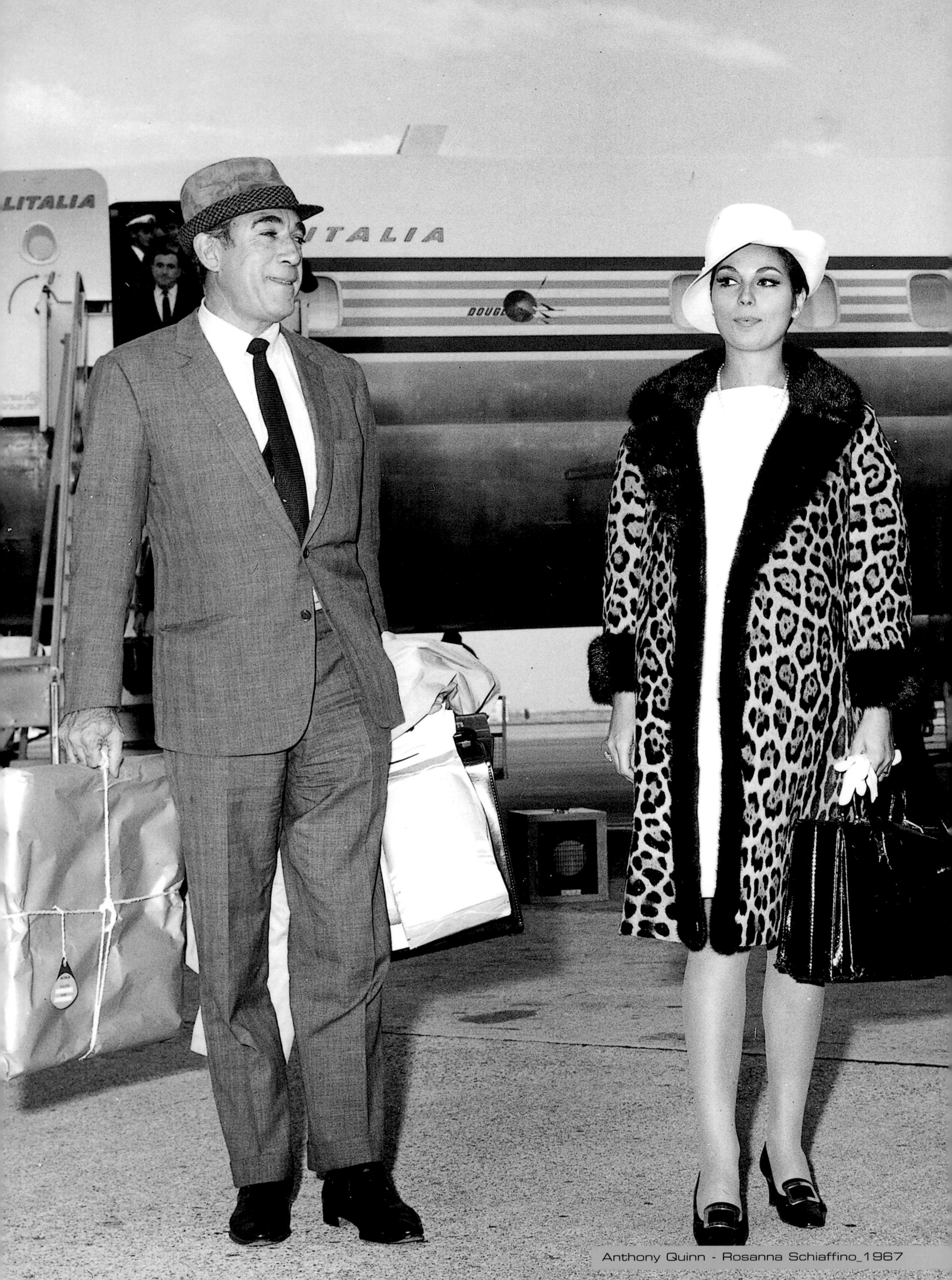

Anthony Quinn - Rosanna Schiaffino_1967

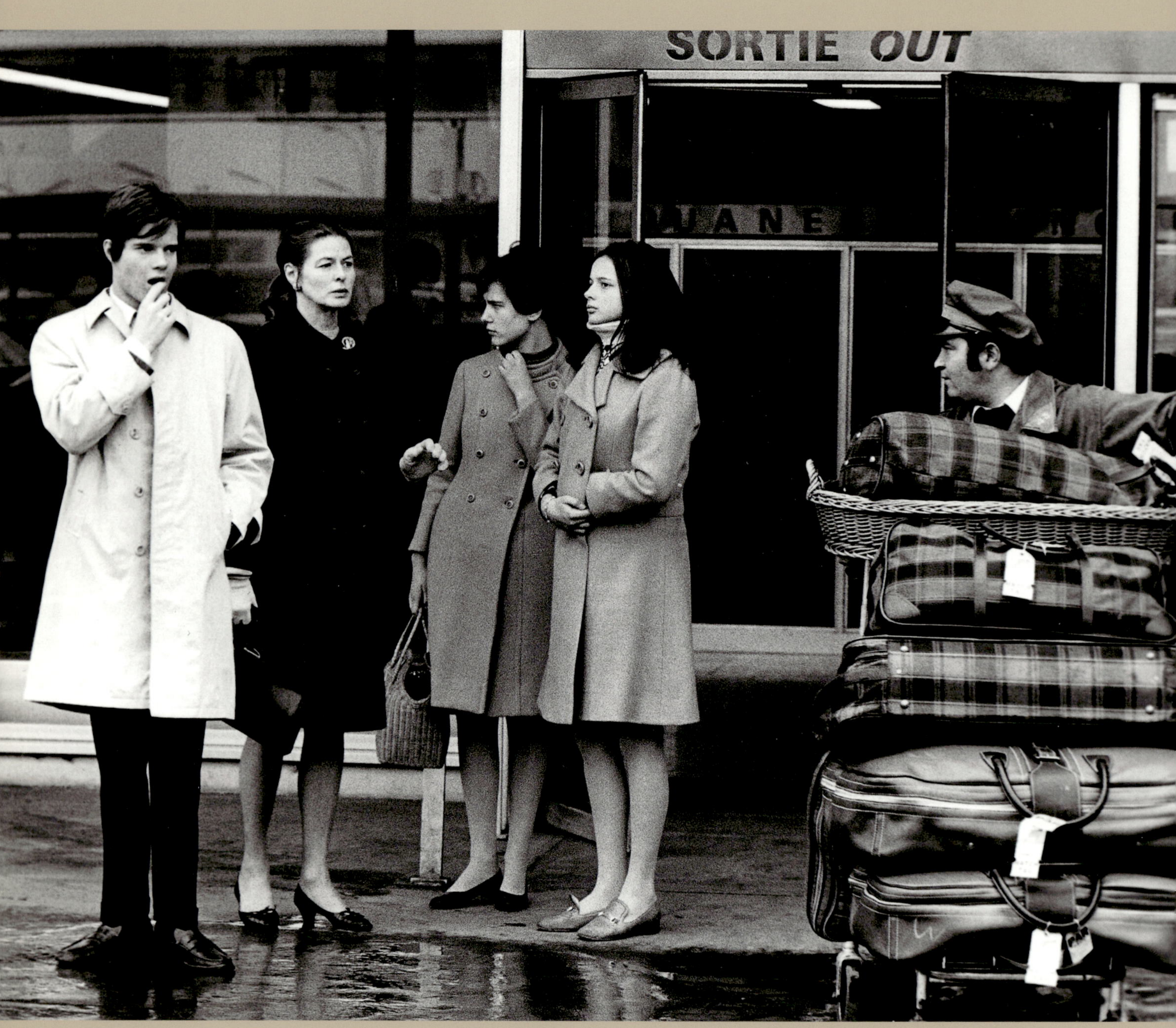

Ingrid Bergman - Robertino - Isotta - Isabella_1967

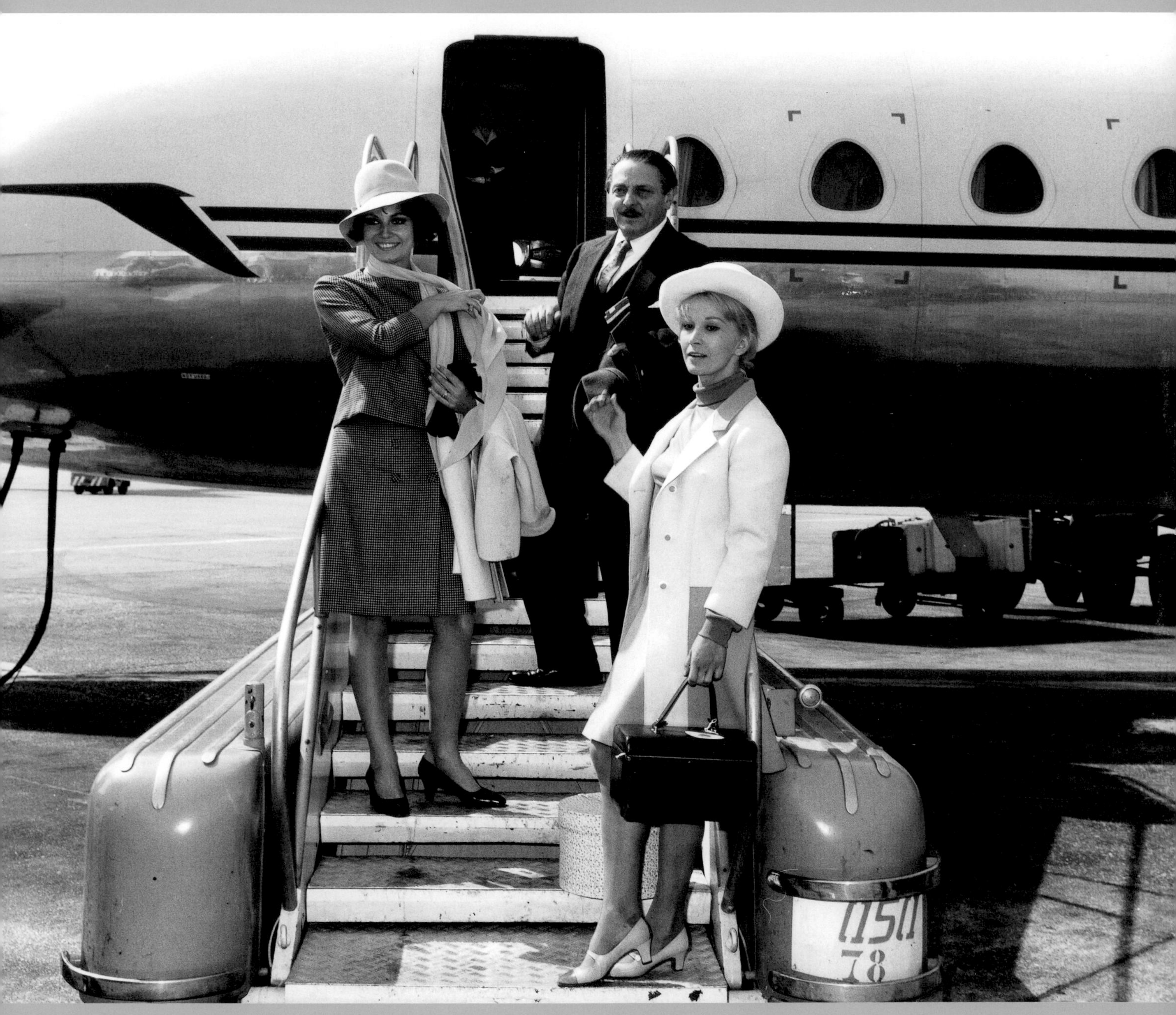

Rosanna Schiaffino - Alessandra Blasetti_1968

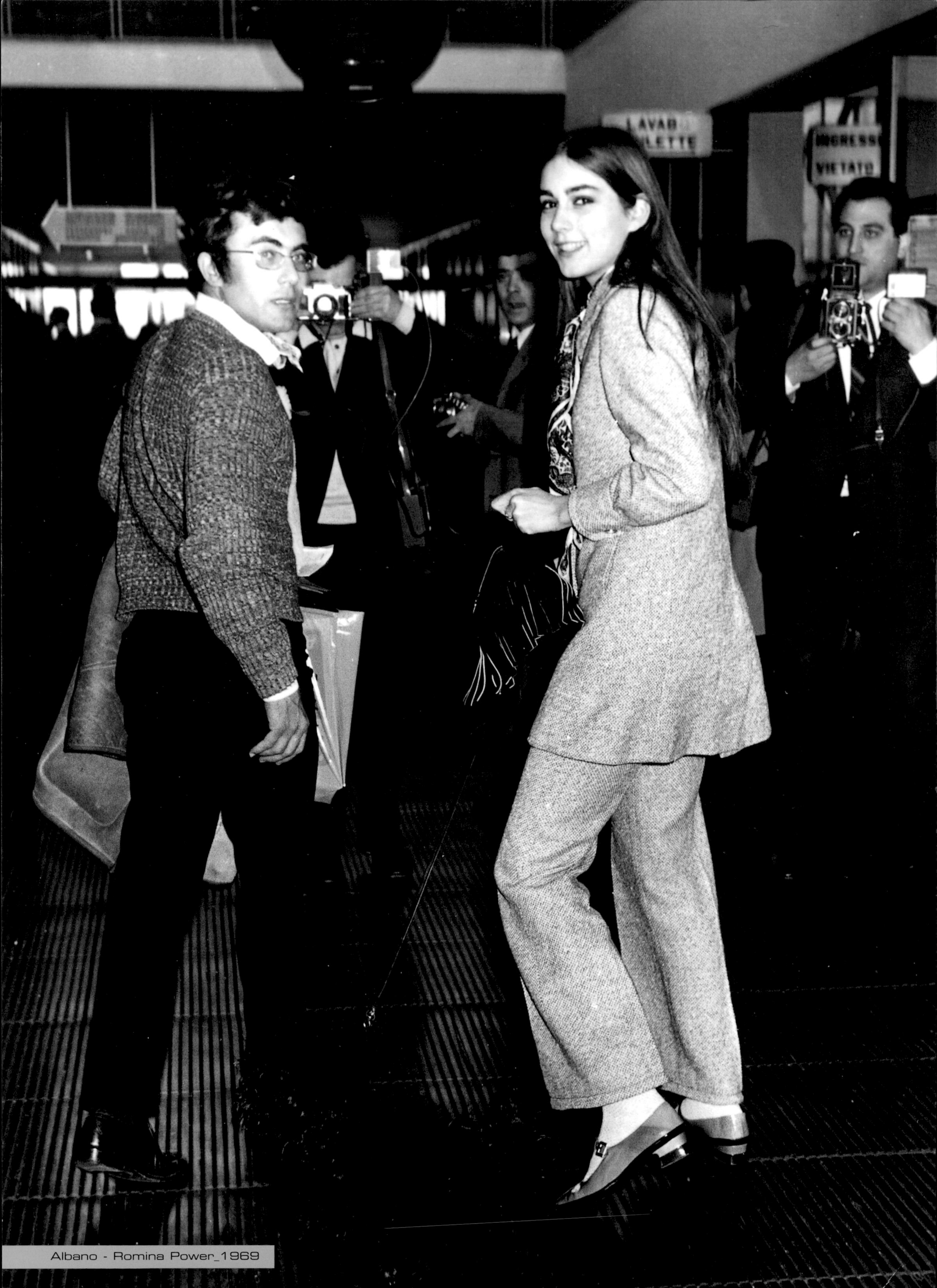

Albano - Romina Power_1969

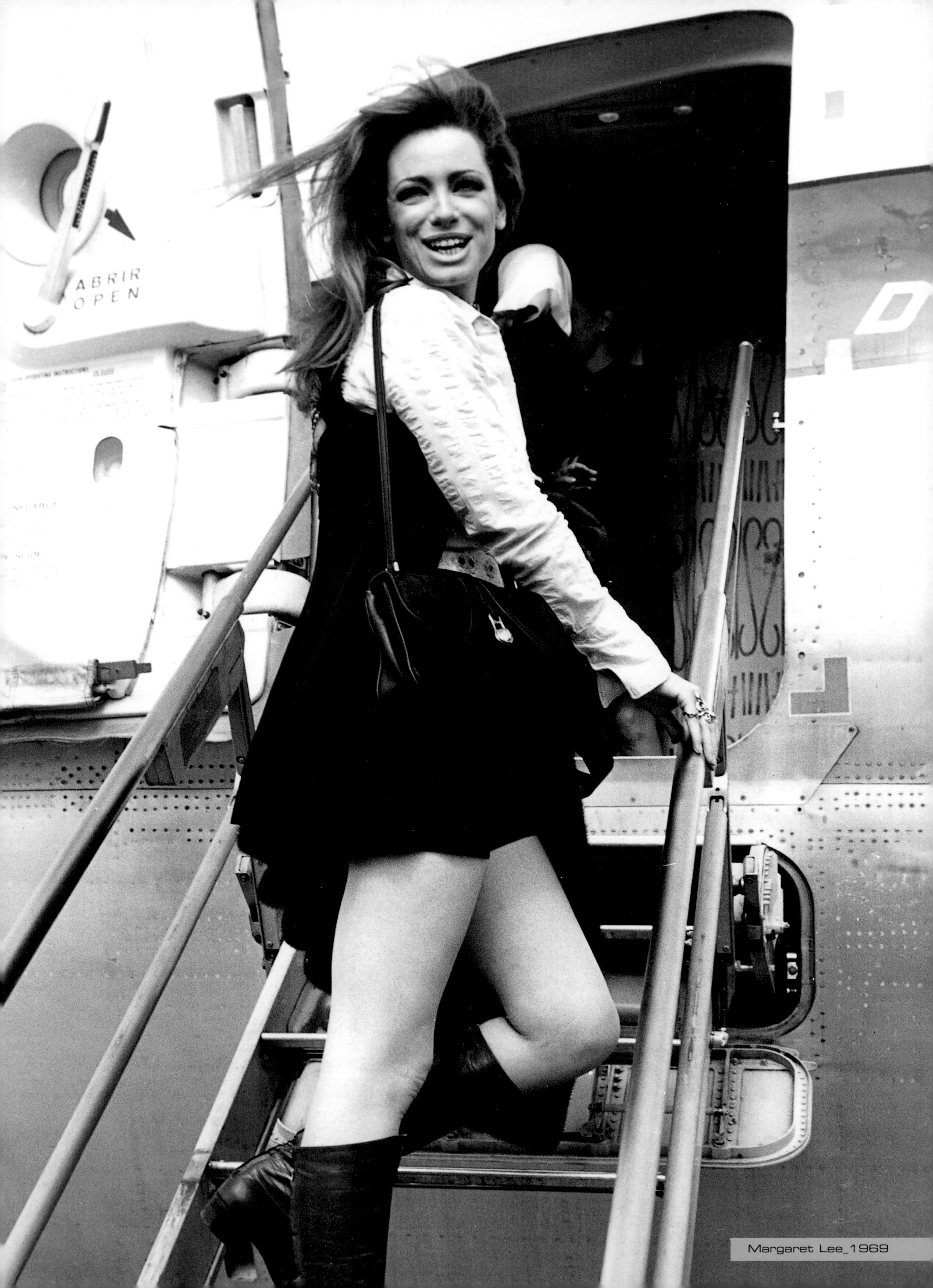

Margaret Lee_1969

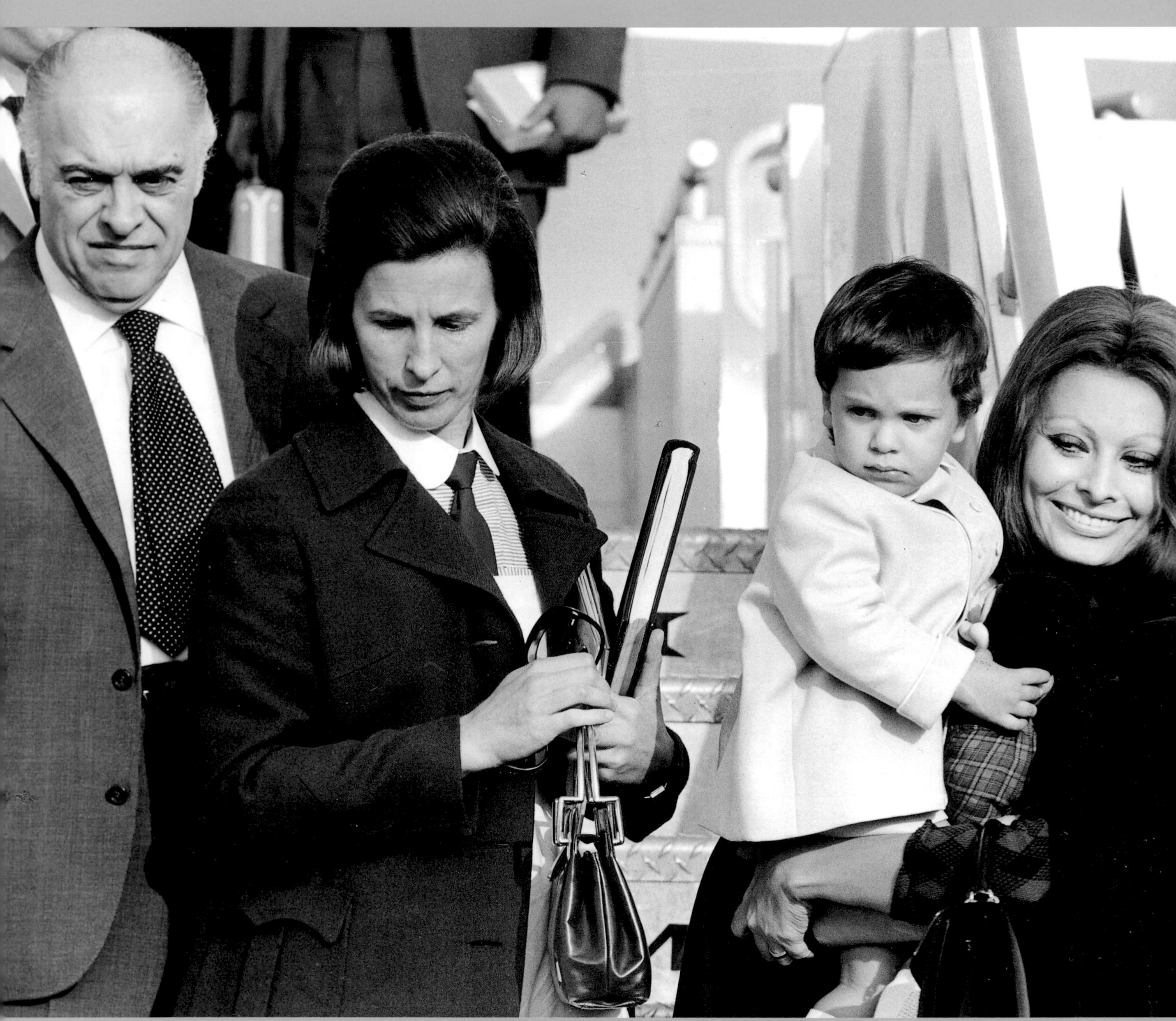

Carlo Ponti - Sophia Loren - _1970

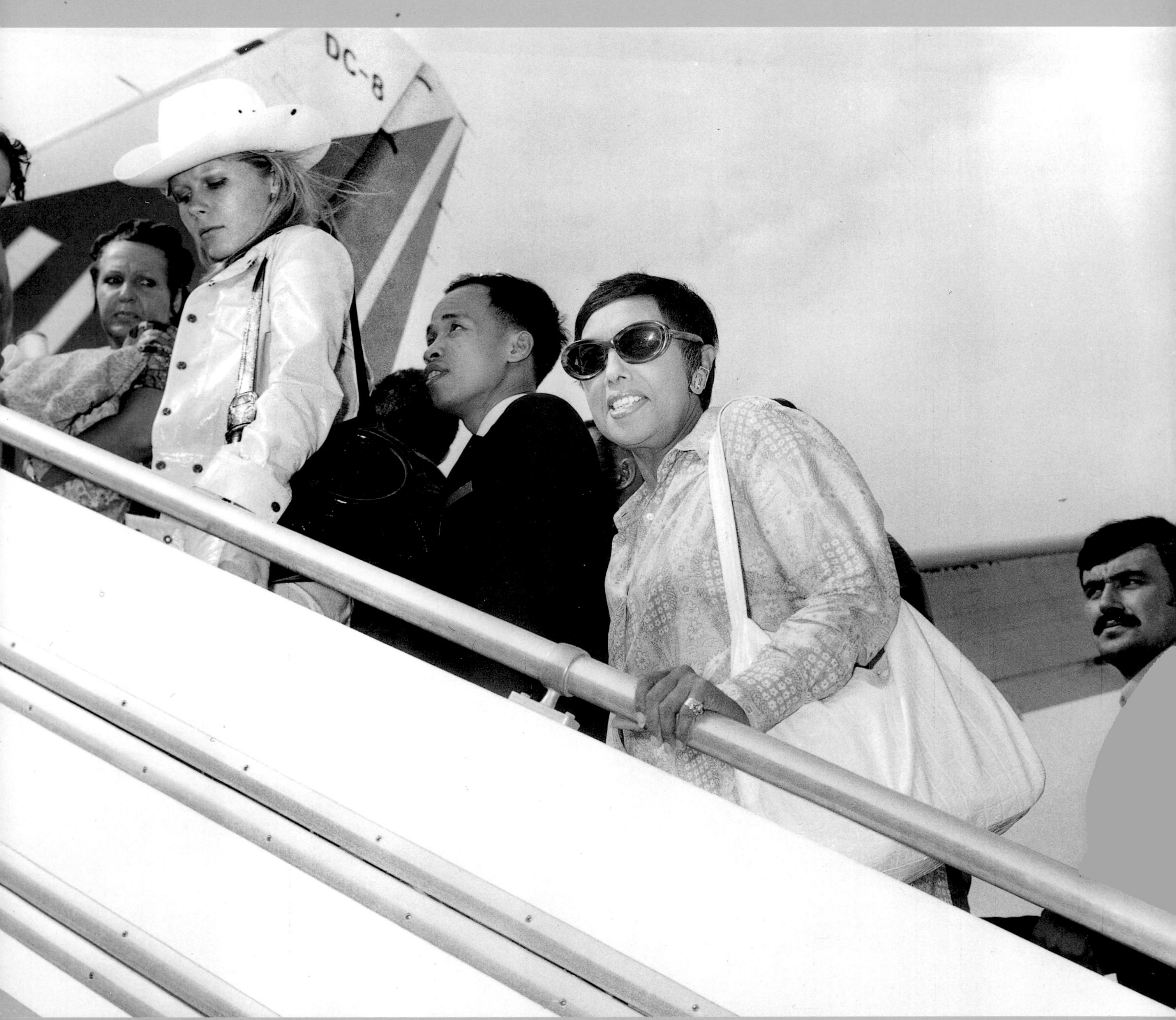

Josephine Baker_1971

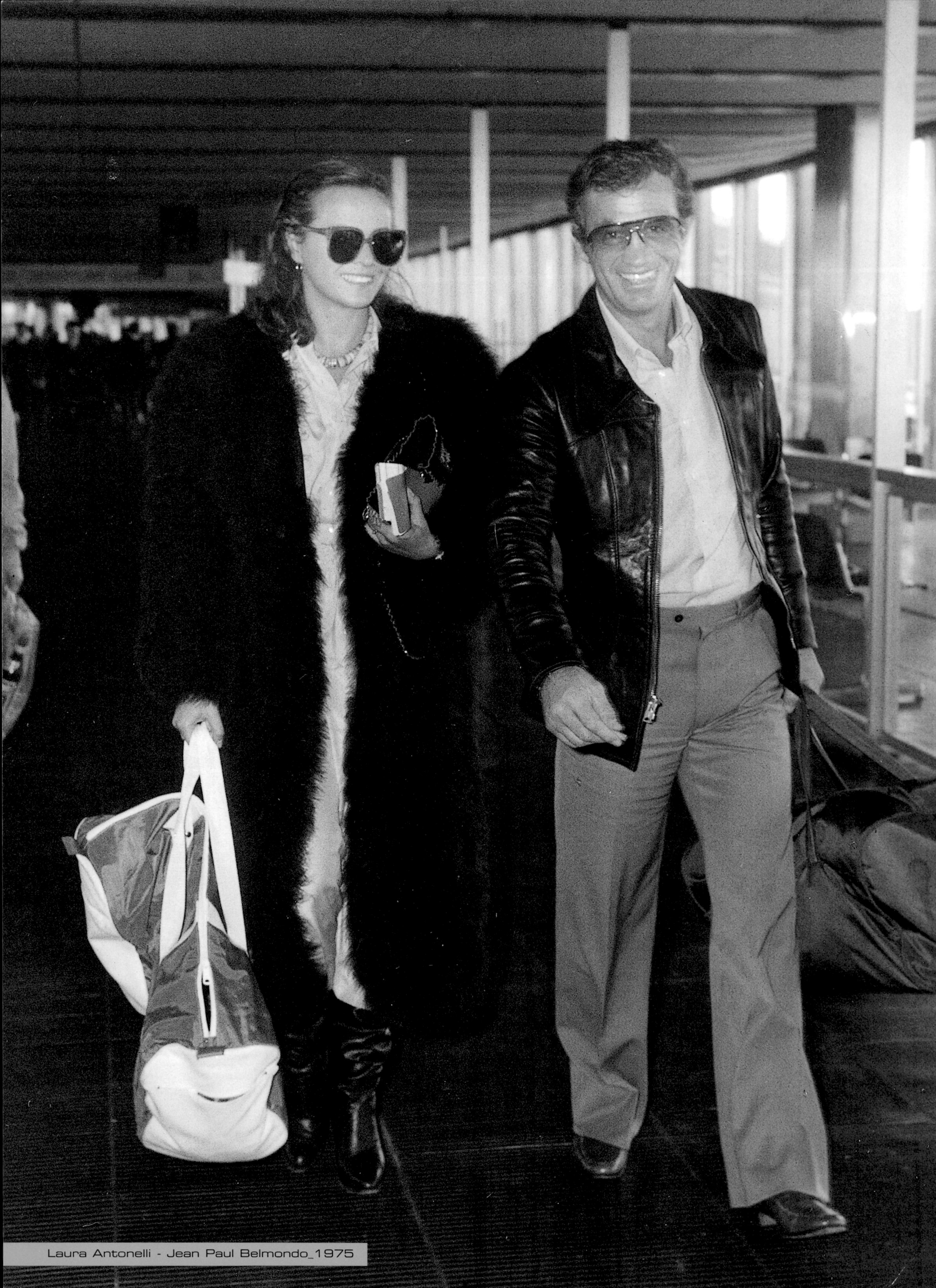

Laura Antonelli - Jean Paul Belmondo_1975

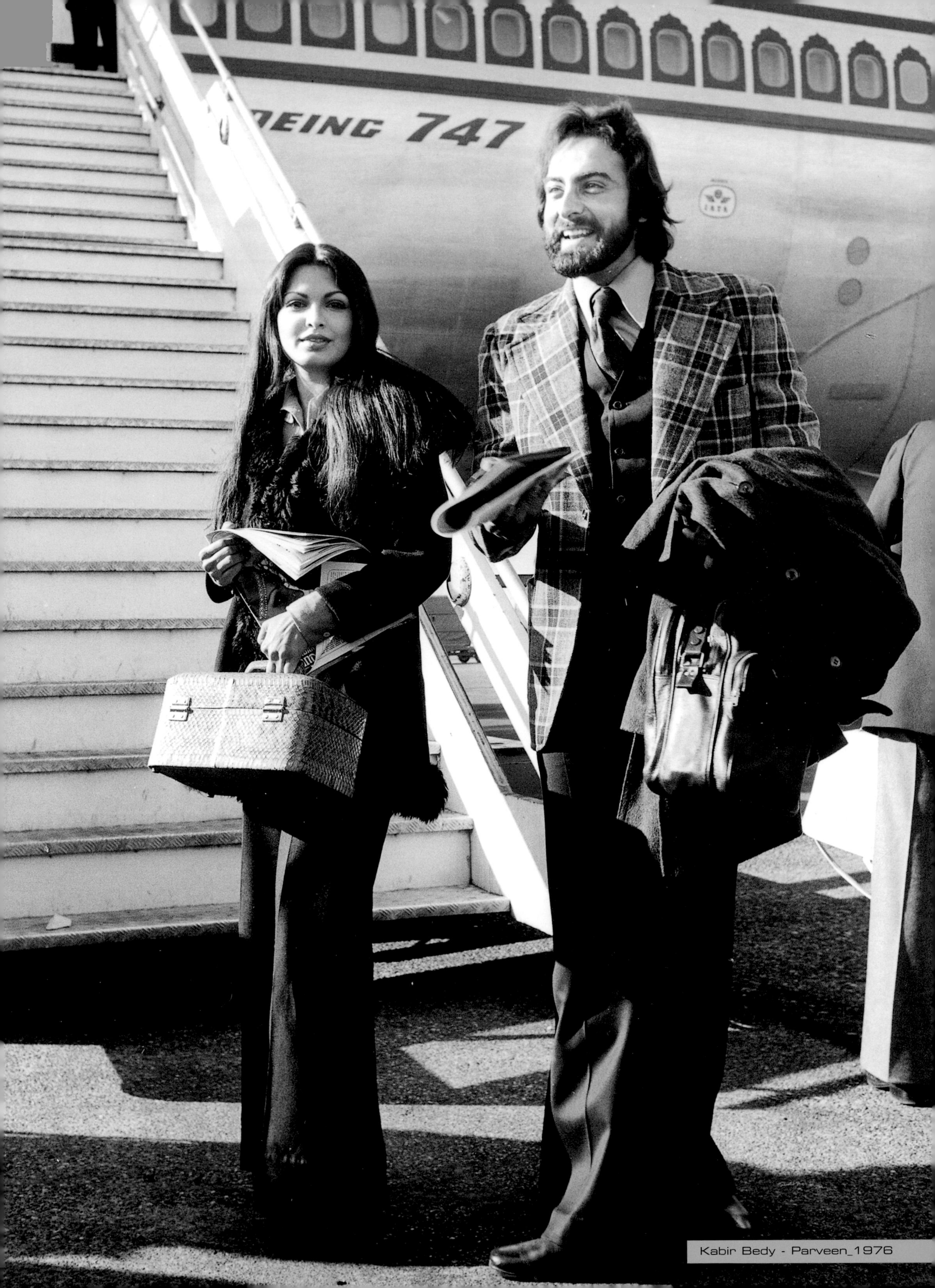

Kabir Bedy - Parveen_1976

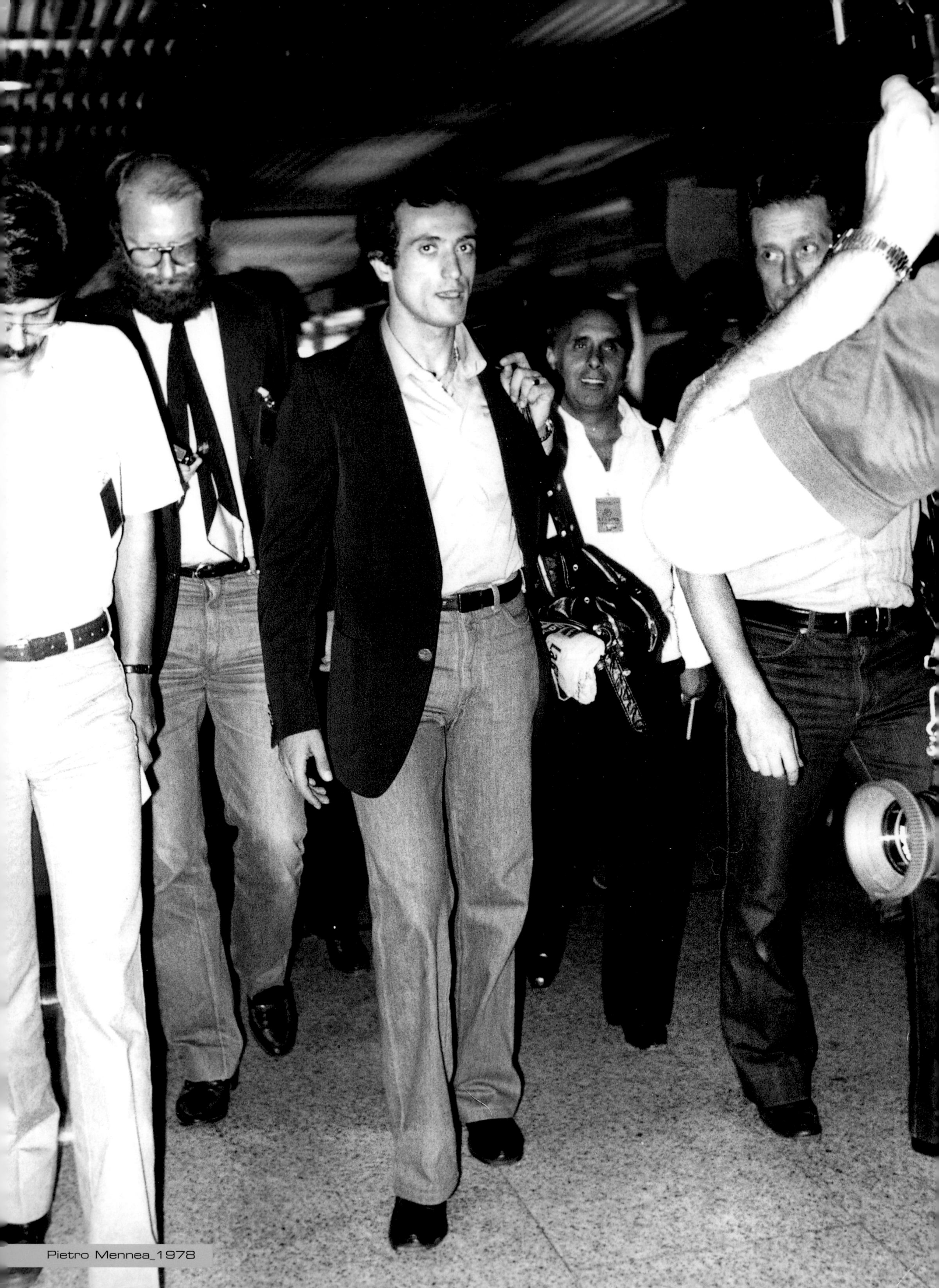

Pietro Mennea_1978

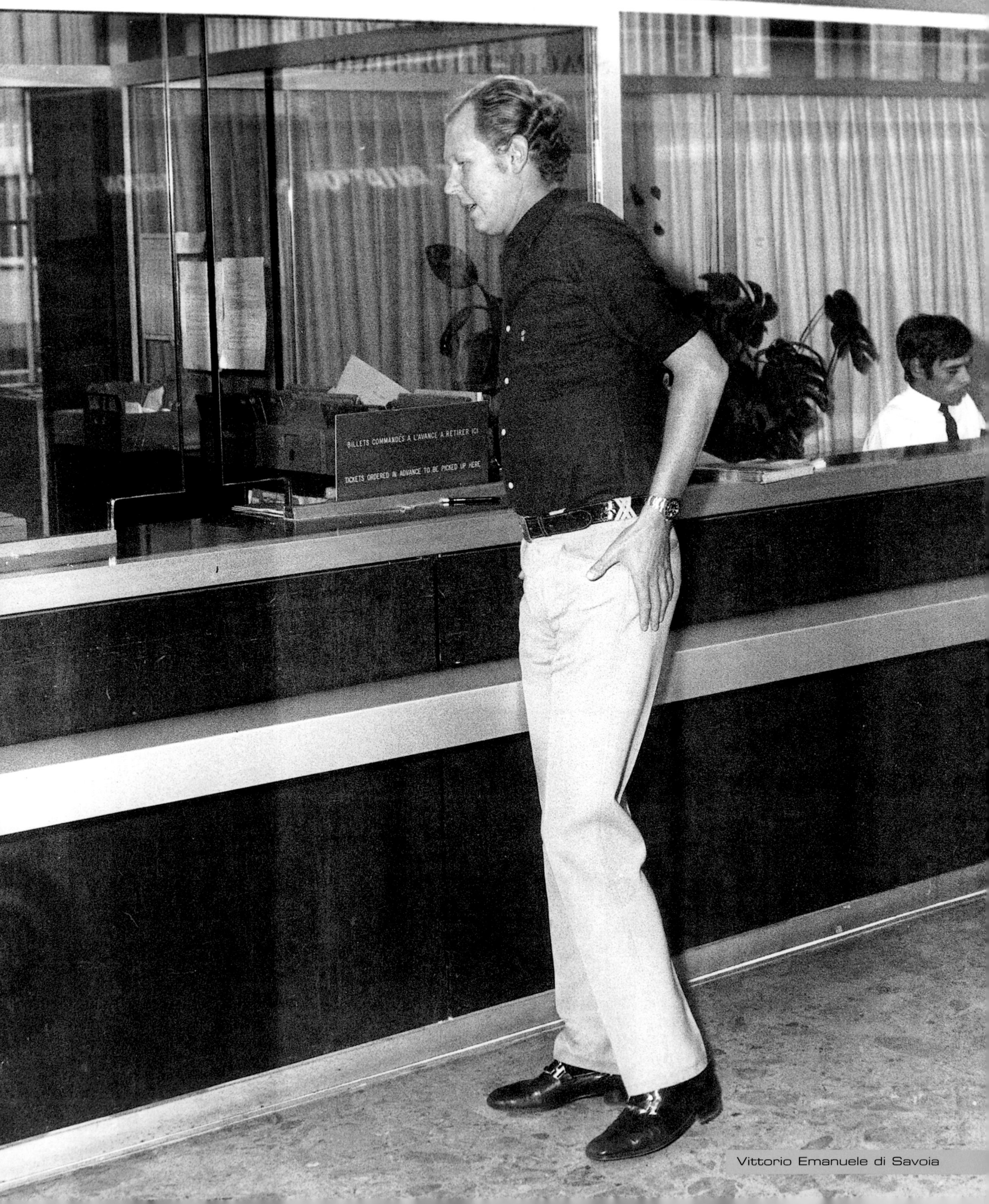

Vittorio Emanuele di Savoia

SERIES STARS / *COLLANA STARS*

CAFFÈ & STARS

SPAGHETTI & STARS

THANKS FOR THE PICTURES
GRAZIE PER LE FOTO

Francesco Alessi

Giovanni Assenza

Alfonso Avincola

Adriano Bartoloni

Franco Biciocchi

Luigi Bozzer

Bruno Bruni

Sandro Canestrelli

Roberto Carnevali

Antonio Casolini

Velio Cioni

Sergio Colombari

Guglielmo Coluzzi

Ermanno Consolazione

Antonio Cristofaro

Licio D'Aloisio

Mario Fabbi

Franco Fedeli

Gianni Girani

Paolo Pavia

Pierluigi Praturlon

Tazio Secchiaroli

Nino Serafini

Sergio Spinelli

Bruno Tartaglia

Antonio Tridici

Mario Tursi

Franco Vitale

Printed in Italy, September 2005 by

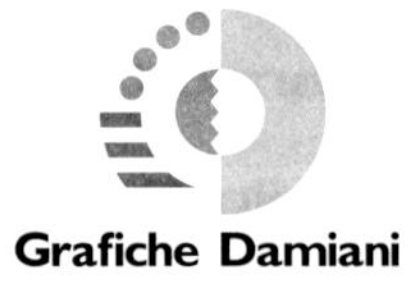